Lk² 136

ARCHIVES D'ANJOU.

TOME DEUXIÈME.

ARCHIVES D'ANJOU.

TOME DEUXIÈME.

Tous les exemplaires doivent être revêtus de la signature de l'auteur.

IMPRIMERIE DE CORNILLEAU ET MAIGE, A ANGERS.

ARCHIVES D'ANJOU,

RECUEIL

DE DOCUMENTS ET MÉMOIRES INÉDITS SUR CETTE PROVINCE,

PUBLIÉ

SOUS LES AUSPICES DU CONSEIL GÉNÉRAL DE MAINE ET LOIRE,

PAR PAUL MARCHEGAY,

ARCHIVISTE DU DÉPARTEMENT,

ANCIEN PENSIONNAIRE DE L'ÉCOLE DES CHARTES.

TOME DEUXIÈME.

PARIS,	ANGERS,
CHEZ POTIER, LIBRAIRE, QUAI VOLTAIRE, 7.	CHEZ L'AUTEUR ET AUX ARCHIVES.

MDCCCXLIX.
1850

CARTÆ
DE CARBAIO.

I. QUALITER VILLA QUERBAI CONCESSA EST MAJORI MONA-
STERIO A GAUFREDO MARTELLO COMITE ANDEGAVENSI (1).

Per guerram quam contra se invicem Brientius et Robertus de Vitriaco agebant, domnus Jonas Majoris hujus Monasterii sancti Martini monachus, obedientiæ de Marcilliaco tunc temporis præpositus, res nostras quæ ibidem erant, timens a prædonibus invahi, adduxit omnes ad Poenciacum. Verum hominibus de Poenciaco dicentibus se minime receptare sine jussione comitis Gaufredi, eo quod de Britannia aufugerat, Andegavum monachus advenit comitemque invenit in sua camera manducantem. Cui, post mutuam salutationem, causam adventus sui his verbis intimavit dicens : « bellum quod inter Brientium est et Robertum de Vitriaco fugiens, vestram, domine, adeo sublimitatem; deprecans ut res sancti

(1) Hist. Mste de Marmoutier par Dom Martène, IIe Partie, Vol. 1, N° 190.

Martini et me in terra vestra non dedignemini receptare. » Comes autem requisivit si locum quem haberet ad id opportunum monachus prævidisset. Cumque ille respondisset : » Querbai, inter Poenciacum et Castrum Brientii villam esse; hanc utilitatibus nostris......., si comitis daretur auctoritas, congruere. » « Totam terram, ait comes, quæ inter Poenciacum est et Castrum Brientii, cultam esse vellem a vobis si inimicus meus non vastaret Brientius. » Verum ad hæc monacho dicente ; « Brientius nobis fiduciam dedit, a se scilicet et a suis servatum iri res nostras, si auctoritas vestra non desit qua juris nostri propria villa fiat. » « Ecce, ait comes, villam vobis concedo totam cum appendiciis suis. Superest ut inde concordetis cum his qui illam de me habent sive de hominibus meis. » Mox etiam vocavit Landricum vicarium de Poenciaco eique, quomodo oculos suos, res nostras custodire præcepit. Acta sunt hæc testibus istis : Griscia conjuge comitis Gaufredi, Rainaldo de Castro Gunterii, Eudone de Blazone, Bucardo de Blaiaco, Hamelino filio Hervei de Martinaco, Landrico vicario, Roberto Costeret famulo nostro.

Est autem villa supradicta inter duo præfata castella, Castellum scilicet Brientii et Poenciacum ; quorum primus, id est Castellum Brientii, tribus ab ea versus occidentem distat leugis, et alterum, id est Poenciacum, versus orientem duobus millibus. Cujus longitudinem ab oriente determinat villa quædam nomine Piperatura et ab occidentali torrens qui dicitur Mala Noa. Latitudo vero ejus terminum habet, a septentrionali plaga, viam publicam Novæ Villæ quæ ducit in Britanniam et in Andegaviam ; a meridiana fluviolum quemdam Verranum appellatum atque villulam quam Volvaner dicunt.

His undique finibus determinatam villam superius nominatam, a Gaufrido nobis comite concessa, a suis hominibus ita tamen obtinuimus.

Rivallonio de Salronio dedimus, pro medietate, solidos XII. et beneficium nostræ societatis, et guerpivit eam sancto

Martino pro anima sua, annuentibus uxore ejus Orquen et filiis eorum Samuele, Bernardo, Guihenne, Herveo, Roberto; testibus istis : Lamberto de Nova Villa, Rafredo de Alodia, Aldefredo filio presbiteri, Ansgerio filio Bernerii, Mainardo fabro.

Post hanc venditionem quam Rivallonius nobis fecit de terra de Querbai, tulit hominibus nostris de eadem terra XL. solidatas inter boves et vaccas et porcos et equas. Quando vero de hoc forisfacto concordavimus, guerpivit nobis hunc censum sub plegiis termino reddendi constituto. Intra terminum vero rogavit nos ut ei dimitteremus censum istum et daret nobis plegios se amplius nihil in terra illa reclamare, nihil prendere, nihil quærere nec ille nec hujus hæres. In hoc verbo pervenimus in curiam Gaufridi filii Brientii, et Rivallonius nobiscum et filii ejus Bernardus, Herveus, Robertus; et dederunt nobis plegium filium Brientii et hæredes suos post ipsum hujus convenientiæ tenendæ, testibus histis : Cavallonio de Syon et filio ejus Samuel, Moise de Arbraico, Tehello filio Eunini, Othelmo vicario; de suis : Aldefredo filio presbiteri, Ansgerio filio Bernerii, Maynerio fabro.

Post istam convenientiam, Tualdus frater Rivallonii, a quo Rivallonius terram hanc tenebat, totam nobis calumniavit; unde ad talem venimus concordiam. Benefactum donavimus ei et uxori ejus Meron et filiis ejus Tanquino et Thoello, et fratribus Guigon, Sernon, Roaldo Serræ et Tualdo ipsi XII. solidos; atque ita annuerunt terram nobis, testibus istis : Othelmo vicario, Herveo homine ejus, Ernaldo, Herveo et Morino famulis nostris.

Cujus terræ medietati injecit postea calumniam Radfredus cognomento Guerrarius, dicens se eam a prædicto Rivallonio in fevum tenuisse. Sed et ipse X. a nobis acceptis solidis dimisit calumniam pro anima sua, testibus : Gaufrido de Buxeria, Fromundo fratre ejusdem Radfredi.

Hæc dimidietati Querbai villæ in hac carta sufficiant scripta. De alia medietate scribitur in alia.

Hato de Frugniaco quidquid in præfata habebat terra

annuit sancto Martino et suis monachis, et inde X. solidos habuit.

Gauscelinus de Mari similiter quidquid in Carbai habebat annuit, pro qua re X. solidos habuit.

Postea Grationis, Hatonis filius, calumniavit nobis quidquid pater suus annuerat; pro qua calumnia accepit et ipse IX. solidos et benefactum nostrum, et dimisit testibus istis : Haimerico Braelon et Rainaldo ejus socero, Ingelberto et Hilduino de Calen, Clamahoc presbitero et Guillelmo monacho Sancti Nicholai, Raynaldo monacho fratre nostro, tum præfatæ villæ præposito.

II. QUALITER EADEM VILLA CONCESSA EST AB HOMINIBUS QUI ILLAM DE SUPRADICTO COMITE TENEBANT (1).

Notum sit fratribus nostris Majoris scilicet Monasterii monachis quod, eo tempore quo Robertus de Vitriaco atque Brientius adversus invicem bellum agebant, quidam noster monachus rebus nostris apud Marcilliacum tunc temporis præpositus, qui nomine profano Gingomarus a nobis appellabatur Umanus, ob tutelam nostrarum quas servabat rerum quæque per illud graviter vastabantur bellum, petivit et impetravit ab Andegavensi comite Gaufrido legitime atque perpetua donatione conferri sancto Martino suoque Majori Monasterio villam quamdam, Querbai vocabulo, sitam in Andegavensis atque Nannetensis territorii confinio : videlicet inter Castellum ipsius jam dicti Brientii, quod ab ea tribus leugis occidentem versus distat, et illud quod Pauntiacum appellatur et ab eadem, orientem versus, millibus disparatur duobus. Porro longitudinem ipsius villæ ab oriente determinat villa quædam nomine Piperatura, et ab occidente torrens qui dicitur Mala Noa. Latitudo vero ejus terminum habet,

(1) D Martène, loc. cit, N° 189

a septentrionali plaga, viam publicam Novæ Villæ quæ ducit in Britanniam et in Andegaviam, et a meridiana fluviolum quemdam vocabulo Verranum atque villam Volvaner appellatam. His undique villa illa finibus limitata et ab omnibus consuetudinibus et exactionibus penitus libera, cum ecclesiola sua in honorem sancti Martini constructa cumque universis appendiciis suis, a præfato comite, ut dictum est, tota nobis est integritate donata; ita tamen ut ab his qui eam de illo tenebant, vel precibus vel pretio, nobis esset deinceps obtinenda. A quibus omnibus et ab aliis quos postea dicemus, per manum ipsius supradicti monachi nostri, ita tandem illam obtinuimus.

Guarinus, cognomento Turtus, qui eam ad honorem de Lorareis, quem Gaufridus comes sibi dederat, pertinere dicebat et Gualterius homo ejus, qui de illo eamdem se tenere memorabat, dimiserunt nobis gratis, pro animabus suis, quidquid in ea reclamabant sibi juris, VI. tantum solidos pro hoc accipiente Gualterio et ejusdem dimissioni favente et uxore sua Milesende ac filiis Frotmundo, Galterio, Rainaldo, Brientio; testibus : Landrico vicario, Guarino Pila Vicinum, Caneto vicario, Hildeberto mercatore.

Gaufridus filius Rorigonis pasnaticum terræ ipsius calumniatus est nobis, volens hoc ibi habere sicut habebat in terra de Lorareis. Sed hanc calumniam tandem, pro anima sua, guerpivit testibus istis : Balduino filio Gauslini de Seillonis, La Vergone fratre Guauldeberti, Rainaldo filio Guntburgis, Aldefridis de Villa Porri.

Herveus de Martiniaco, suscepto Lorarensi honore a comite Gaufredo, expulso videlicet inde supradicto Gualterio de supradicta villa, adversum nos calumniam movit; sed VIII. ipse solidis et uxor ejus Meneduca II. acceptis, totam illam in perpetuum calumniam guerpiverunt, maxime pro animabus suis, annuentibus etiam eorumdem filiis Guytenoco, Hamelino, Alveo, Gualterio, Britanno, Brientio; testibus istis : Lamberto de Nova Villa, Landrico vicario, Ernoiso de Martiniaco.

Sic igitur obtenta nobis villa Querbaiensi ab Andegavensibus, hoc est ab hominibus comitis Gaufredi, a Nannetensibus quoque, qui et ipsimet in eadem sibimet reclamabant, per illum ipsum monachum superius intimatum sic rursus obtenta, ad integrum devenit in dominium nostrum.

Rivallonius de Solrein, pro medietate illius, acceptis a nobis XII. solidis et beneficio nostræ societatis, guerpivit eam pro anima sua sancto Martino et nobis, annuente Orquen uxore sua et Bernardo, Quidenoco, Herveo Robertoque filiis; testibus istis : Lamberto de Nova Villa, Audfredo de Alodio, Alfredo filio presbiteri, Angerio filio Buerii, Mainardo fabro.

Tulit quidem postea idem Rivallonius hominibus nostris in eadem quam nobis guerpivit terra manentibus, XI. pecuniæ solidatas inter boves et vaccas et porcos. Sed postmodum, veniens ad emendationem hujus forisfacti, quidquid abstulerat reddendum ex integro gadiavit. Dehinc suppliciter precatus perdonari hoc sibi, tali pacto impetravit ut nihil unquam deinceps in terra illa prenderet, nihil quæreret, nihil reclamaret nec ipse nec filii sui. Cujus etiam pacti perpetuo tenendi plegium nobis dederunt Gaufredum filium Brientii et futuros omnes ipsius hæredes. Et hujus rei testes : Cavallonius de Syon, Samuel filius ejus, Moises de Arbrario, Tehellus filius Eudomni, Othelmus vicarius, Aldefredus filius presbiteri, Ansgerius filius Buerii, Mainardus faber.

Tualdus frater ipsius Rivallonii, de quo ipsemet tenuerat quæ nobis guerpiverant, acceptis tandem XV. solidis et beneficio nostræ societatis una cum uxore sua Meroti et filiis Tanquino et Tehello et fratribus Guingon, Sernon et Rohaldo Sorræ, auctorizavit ea nobis, testibus illis : Ocelmo vicario, Herveo homine ejus, Ernaldo et Herveo et Morino famulis nostris.

Radfredus Guerrarius hanc ipsam medietatem villæ illius a Rivallonio se tenuisse (asserebat); sed et ipse, acceptis a nobis solidis X, clamavit nobis eam perpetuo fore quietam;

teste Gaufredo de Buxeria atque Frotmundo ejusdem Ratfredi germano.

Gualterius, filius Ansberti, tenebat unum ex villa sæpedicta quartarium quem nobis, sicut habebat, dedit propter societatem benefacti nostri et denariorum solidos XX. ex quibus ipse quidem V. tantum acceptis est defunctus. Sed frater ejus Maino, qui post eum suscepit honorem, XV. qui remanserant et benefacti nostri societatem accepit terramque illam quietam et ipse donavit, testibus istis: Rodulfo præposito, Girardo Vetulo, Corquere filio Hilguinan, Ebrardo filio Tardini.

Gauscelmus de Marcio, pro altero quem tenebat quartario, XV. solidis acceptis et beneficio simul nostræ societatis, guerpivit nobis illum in perpetuum, tam ipse quam uxor ejus Hodierna et filius ejus Vivianus, testibus istis: Pagano et Giraldo hominibus ejusdem Gauscelmi, Rodulfo et Giraldo supradictis.

Gualterius de Meral ejus quarterii medietatem sibi reclamavit; sed nobis, accepta beneficii nostri societate, guerpivit.

Quo mortuo, cum Hubertus, frater ejus, suscepisset honorem ipsius cumque dedisset postea Trinmaroco Popardo cum filia sua et ille nobis calumniam movisset super illa terra, acceptis et ipse XX. solidis et societate benefacti nostri, totam hanc calumniam perpetuo guerpivit, testibus: Mainone filio Ansberti, Mainone Britone et Othelmo vicario.

Radulfus et Helgunnam filii Mariæ et Lambertus nepos eorum, cum voluissent istos duos quarterios tenere de nobis sicut tenuerant de prædictis dominis nos autem illud concedere non possemus propter Andegavenses qui terram nobis concesserant ut nullus in eis præter quam sanctus Martinus hæreditaret, ita tandem cum illis res finita est. Pro quarterio Gauscelmi, acceperunt a nobis XLVI. solidos apud Castrum Brientii in domo Popardi; et non tantum nobis ex integro guerpiverunt, sed et Richardum filium Guarini de hoc utroque plegium dederunt, ut nihil in quartario deinceps reclamarent et fratres Lamberti guerpitionem suam auctorizare facerent, quod et fecerunt. Testes hinc sunt : Herveus de Chosma, Othelmus vicarius, Maino Brito, Herveus vicarius, Ansgerius filius Buerii, Giraldus Vetulus, Guihenoc et Giraldus et Corguehen fratres.

Pro quarteriolo qui fuit Galterii filii Ansberti et fratris ejus Mainonis, acceperunt a nobis tres supradicti L. solidos in domo Mainonis; et tam rursus illum nobis clamaverunt quietum quam dederunt plegios eumdem Richardum et filium Primaldi Rodulfum, et de nihilo ultra in quartario reclamando et de præbendo fratrum Lamberti auctoramento, sicut præbuerunt; testibus et hinc: Rivallonio de Solren, Othelmo vicario, Mainone Britone, Bloco milite, Giraldo et Corquehen fratribus, Ansgerio filio Buerii.

Auctorizavit quoque nobis ambos ipsos quartarios David filius Hatelin, de cujus videbantur esse feuo, annuente conjuge sua et filiis, testibus istis : Otgerio de Sulsiis, Rainaldo de Cornu Gallia, Herberto de villa Famis.

Alfredus filius Orquen, calumniatus nobis totam Querbay villam, ita demum guerpivit calumniam suam. Dimidiam ex illa mansuram tali pacto dedimus ei ut eam de domno abbate nostro teneret fidelitatemque illi juraret, et nos Orquen matrem suam, cujus dotalicium fuisse dicebat eamdem, villam atque unum ejus hominem, illam dimidiam mansuram colentes, ita ut nostros homines tutaremus, si habere in terra illa homines auderemus, nisi forte ipsi alicui aliquid forisfacerent et pro suo forisfacto aliqua damna perferrent. Ita reliqua nobis omnia ex integro et in omnibus quieta clamavit, annuentibus fratribus suis Landrico et Roberto et patrono eorum Lamberto, testibus : Aldefredo Bastardo, Rainaldo Clavario, Rainaldo Mainone; de famulis nostris : Hatone et Morino fratribus, Giraldo et Roberto medietariis, Tualdo filio Roberti Costardi, Otbrando nepote Alberti monachi nostri.

Dedimus etiam Lamberto patruo Alfredi partem terræ illius ubi unus suus homo hospitaretur; tali pacto ut tale nobis servitium redderet quale nostri homines, et monachus qui loco illi præfuerit, si equariam habuerit, equam unam Lamberto servabit. Quascumque res ipse suaque uxor habuerit ibi, ex omnibus pariter cujusque amborum, habebimus cum obierit. Testes horum : Rainerius scholarius, Robertus de Mansionili, Odo famulus noster, Giraldus medietarius, Gualterius de Reculata.

Leonen rursus quidam, calumniatus Querbai villam quia, ut dicebat, a Gaufrido de Nova Villa tenuerat illam, talem inde nobiscum fecit, in curia Hervei de Martiniaco, concordiam. Decem solidos a nobis accepit et quietam nobis integre perpetuoque clamavit una cum Rivallonio et Durando filiis suis; testibus istis : Herveo de Martiniaco, Erveilo fratre ejus, Landrico vicario, Lamberto de Nova Villa, Galterio cum coeteris.

Aldefredus, filius presbiteri de Solrein, reclamans junioratum ecclesiæ villæ sæpedictæ, accepto parvulo equino XXIV. solidorum cum benefacto nostro, illum nobis in perpetuum clamavit fore quietum. Hujus rei testes : Maynardus faber, Goriol frater ejus, Ansgerius filius Bruerii.

Ita quandoque villa Querbaiensis, ab universis acquieta reclamationibus atque calumniis, nostri ex integro perpetui facta est juris.

Porro testes illius primæ donationis quam nobis Gaufredus comes Andegavensis fecit, ex illa videlicet apud Andegavensem civitatem in camera sua : Eudo de Blazone, Buchardus de Blaico, Hamelinus filius Hervei de Martiniaco, Robertus Costeretus famulus noster, et Landricus vicarius de Paulciaco cui tunc ibi comes ipse res sancti Martini, sicut suos oculos, servare præcepit.

III. DE BORDAGIO TERRÆ, DE COSTUMIS ET DE PRESBITERIO DATIS IN NEMORE BOCERII (1).

Nosse debebitis si qui eritis posteri nostri, Majoris scili-

---

(1) Collect. de D. Housseau, Vol. II, N° 678. Cette charte et les cinq suivantes y sont copiées sous le même numéro.

cet hujus habitatores Monasterii sancti Martini, Beringerium filium Lamberti dedisse sancto Martino et nobis, sub regimine nunc agentibus domni Bartholomei abbatis, apud Nemorem Bocerium bordagium terræ solidum et quietum, per manum Wauterii monachi et Alberti, omnesque consuetudines ad eamdem terram pertinentes, accepto propter hæc a nobis benefacto nostro. Acta sunt hæc astantibus istis: Matheo filio Hainrici Jacei......; et ipse Matheus accepit, propter auctoramentum, V. solidos.

Johannes Raeserius III. prebendarios segalæ habuit, propter auctoramentum terræ.

Germaius, filius Adelardi presbiteri, donavit nobis presbiterium ecclesiæ, et accepit benefactum loci istius et habuit VII. solidos de caritate.

Herveus filius...... nobis forestariam vendidit XII......

Herveus de Poenci, qui tunc ejusdem castri honorem tenebat, et Wihenocus filius ejus annuerunt nobis consuetudines terræ et ecclesiæ.

Horum omnium testes sunt isti : Poncius, Gislemarus hostiarius, Gurio de Carbaio, Eudo corveserius, Matheus, Gunterius, Gauterius Ultra Meduanam, Gosfredus Escarbotus, Guigantus filius Escarboti, Rainaldus gendrus Escarboti, Gauterius Agnus.

IV. DE PRATO QUOD EMIT DOMNUS HERVEUS PRIOR.

Hoc scitote presentes et posteri quod Rainaldus Culacherius vendidit unum pratum domno Herveo monacho, qui tunc erat prior (de Carbaio), et habuit inde unum caballum cum sella et freno. Postea venit domnus Albertus in obedientiam et Herveus, filius Rainaldi Culacherii, calumniavit pratum quem emit domnus Herveus; et habuit propter calumniam III. solidos ac dimidium et guerpivit calumniam, testibus istis: Beringerius Brolli Bocerii, Goscelinus de Carbaiaco, Rainaldus filius Mirse, Gauterius Mala Nox, Bernardus Vulvenæ, Guarinus Rufus, Odelinus famulus; de monachis : domnus Herveus, Albertus, Giraldus.

V. DE ALIO PRATO QUOD EMIT ALBERTUS MONACHUS.

Hoc scitote præsentes et posteri quod Berengerius Brollei Bocerii vendidit unam partem prati domno Alberto monacho III. solidos ac dimidium. Iterum Johannes Raserius vendidit alteram partem prati III. solidos et VIII denarios, testibus istis : Rainaldus filius Mirsæ, Guarinus Rufus, Gurio, Goscelinus mulnerius, Huelinus mulnerius, Olgerius metcarius, Mainardus, Eudo corvesarius; de monachis : domnus Clarus, Albertus, Giraudus.

VI. DE TERRA BROLLI BOCEI VENDITA EIDEM ALBERTO.

Notum sit omnibus hominibus quod Matheus Chacei vendidit Alberto, monacho sancti Martini Majoris Monasterii, terram Brolli Bocei C. solidos, totum sicut Beringerius tenebat, solidam et quietam ita ut ipse Matheus tenebat; tali pacto ut monachi deserviant terram de Matheo sicut monachi debent terræ servire de homine laico, hoc est orationibuss Pro auctoramento hujus emptionis, domnus Albertus dedit XX. solidos (Matheo) et filio jam dicti Mathei, his testibus: Gunterius senescalcus, Guarinus filius Hildradi, Airardus presbiter.

Medietatem vicariæ hujus terræ tenebat Rainaldus de castello Secreto, quam guerpivit sancto Martino accepto uno equo et XX. solidis. Testes hujus rei sunt hii : Bernerius Calvellus, Rotbertus Infans, Rotbertus de Camaziaco, Ethre, Gorhanus capellanus, Gausfredus Billonus, testes venditionis Mathei de suprafata terra et emptionis Alberti monachi. Acta sunt hæc testibus istis : Airardus, Barbotus frater Mathei, Guillelmus filius Sehardi, Guarinus filius Hildrei, Archengerius de Noilet, Gauterius Cum Oculos, Orricus presbiter, Girardus frater Hervei Rufi, Piron, Hildernus, Benedictus armiger Mathei, Airardus filius Guiberti Chacei, Gauterius de Campo Justo, Gauterius corvesarius, Bernardus de Vulvenæ, Rainaldus filius Mirsæ, Eudo corvesario, Goefret, Gestinus, Goscelinus monnerius, Bernerius, Herveus Brion, Gletuus, Gauterius filius Rainardi, Robertus abba, Gislemarus elemosinarius; de monachis : Albertus, Ghavallonius, Aimerius, Aufredus, Archembaldus presbiter

VII. DE DIMISSIONE CONSUETUDINUM BROLLI BOCERII.

Notum sit fidelibus ecclesiæ Dei Gualterium militem, cognomento Odiosum, dominium tenentem tunc castelli Poencei, ejusque fratrem Bertrannum donasse beato Martino et domno abbati Bartholomeo monachisque Majoris Monasterii omnes consuetudines quas habebant in terra quæ Brollus Bocerius vocatur. Testes qui hoc viderunt et audierunt sunt hii : Gualdinus filius Andefredi, Bernardus de Solrain, Bernardus filius Sofciæ, Arnulfus Cornei, Eudo de Carbae; monachi fuerunt hii : domnus abbas Bartholomeus, Adraldus monachus, Albertus monachus præpositus tunc Carbai, Guarnerius monachus, Ebrardus monachus.

VIII. DE EMPTIONE RERUM QUAS GUNTERIUS SENESCALCUS HABEBAT IN TERRA BROLLI BOCERII.

Notum sit successoribus nostris quod Gunterius Senescalcus partim vendidit nobis partim donavit quidquid in terra Brolli Bocerii, tam in domanio quam in censivo, habebat; quæ etiam emerat ab Johanne Raserio et de sancto Martino omnia tenebat. Pretium autem quod accepit a nobis fuerunt XXV. solidi. Testes sunt hii : Albertus monachus, qui hanc emptionem fecit, Hildemannus, Vitalis monachus Evenus monachus, Gunterius ipse, Matheus de Cueeto.

IX. CARTA RICARDI REGIS ANGLORUM, DE TRIBUS MILLIBUS SOLIDORUM DATIS IN ESCAMBIUM DE CARBAE (1).

Ricardus Dei gratia rex Angliæ, dux Normanniæ et Aquitaniæ, comes Andegaviæ, archiepiscopis, episcopis, abbatibus, comitibus, baronibus, justiciariis, vicecomitibus et omnibus baillivis et fidelibus suis, salutem. Noveritis nos dedisse et concessisse et præsenti carta nostra confirmasse, in excambium de Carbae, apud Andegavim in theloneo Andegavensi, quod commune est inter nos et episcopum Andegavensem, de parte nostra abbati et monachis Majoris Monasterii singulis annis tria millia solidorum jure perpetuo percipiendorum: ita quod in nundinis quadragesimæ primos recipient mille solidos, in nundinis septembris alios mille solidos, in nundinis quæ sunt in festo sancti Nicolai ultimos (mille solidos). Et si werra vel aliud infortunium impedierit quod in aliquo prædictoruum terminorum præfati monachi mille solidos a theloneo non possint habere, volumus et præcipimus quod in proximis nundinis eis defectus de parte nostra, ut supradictum est, persolvatur. Monachi vero unam clavem habebunt in pisicde thelonei et primo prædictam summam trium millium solidorum, sine contradictione et aliqua disturbatione, percipient. Quare volumus et firmiter præcipimus quod prædictus abbas et monachi Majoris Monasterii habeant in perpetuum præfatam pecuniam in theloneo Andegavensi bene et in pace, libere et quiete, integre et plenarie sicut unquam liberius, plenius et integrius eam habuimus; hiis testibus: Roberto de Turneham senescallo, Andrea (de Vitriaco), Willelmo de Mauleone, magistro

(1) D. Housseau. Vol. V, N°° 2016 et 2100.

Philippo de Chinone, Petro de Rupibus, Stephano Amen-(one) Girardo de Attics. Data per manum Eustachii Elyensis episcopi cancellarii nostri, apud Hoilli, XII^a die Augusti, anno regni nostri IX°.

X. CARTA ROBERTI DE TURNHAM, SENESCALLI SUPRADICTI REGIS, DE EODEM EXCAMBIO (1).

Ego Robertus de Turnham, domini Ricardi illustris regis Anglorum senescallus, omnibus ipsius fidelibus ad quos litteræ istæ pervenerint, salutem. Noscat universitas vestra me, ad mandatum et voluntatem domini mei regis Ricardi, dedisse et concessisse, in escambium de Carbahe, apud Andegavim in theloneo Andegavis, quod commune est inter dominum regem et episcopum Andegavensem, de parte domini regis, abbati et monachis Majoris Monasterii singulis annis tria millia solidorum jure perpetuo percipienda. Monachi unam clavem habebunt de piscide thelonei et primo prædictam summam trium millium solidorum sine contradictione accipient. Ut autem hoc excambium firmum sit et stabile in perpetuum, præsentem cartam scribi feci et sigillo meo muniri; teste me ipso. Actum est hoc apud Andegavim, anno incarnati verbi MCXCVII° testibus: Andrea de Vitriaco, Guillelmo de Musterleis, magistro Philippo de Chinone, Stephano Ame(none) Raginaldo clerico et multis aliis

(1) D' Housseau, Ibid. N°s 2016 et 2101.

CARTÆ

DE LIRIACO.[1]

I. DE BURGO LIRIACI, DE DUABUS PARTIBUS ECCLESIÆ EJUSDEM LOCI ET DE ALIIS REBUS QUAS ARCHEMBAUDUS DE LIRIACO DEDIT MAJORI MONASTERIO (2).

Notum sit fratribus nostris, Majoris scilicet Monasterii monachis, Archembaudum de Liriaco primo dedisse sancto Martino et nobis terram ad burgum faciendum, ita solutam et quietam ut in illo burgo nullus habeat ullam omnino consuetudinem nisi nos; et promisit quod si burgenses nobis super habundarent, adderet adhuc terram quantum opus haberemus. Postea dedit nobis in ecclesia de Liriaco, quod adjacet castro Anceniso in ulteriori parte Ligeris in pago Andegavensi, duas partes sepulturæ et duas partes de sex festis in anno : videlicet de Pasche et trium dierum Roga-

---

(1) Toutes ces chartes appartiennent aux Archives de la Loire Inférieure.
(2) Pancarte Originale contenant les six pièces qui suivent.

tionum, sanctæ Mariæ Candelariæ et Nativitatis ipsius atque Omnium Sanctorum; duas etiam partes decime de duabus mansuris terræ dominicis. Deinde quæ his addidit et IV. libris vendidit seu donavit vel auctorizavit, sunt hæc : duo scilicet arpenna vineæ, duo prati, due partes decimæ panis et vini et aliarum minutarum rerum que ad se pertinebant de tota parochia, exceptis fœuo militum et lana. Sed et lanam domnus Hamelinus, monachus noster, postea conquesivit, datis XII. denariis pro auctoramento Budico filio ipsius Archembaldi; nam tertia pars que in minutis est rebus, id est agnis et porcellis, lana et lino ac cannabe, excepto pane et vino, de feuo presbiterali alteriusque juris est. Unam ex duabus terræ mansuris unde jam decime duas partes dederat solidam et quietam cum totis consuetudinibus, quam dicunt Mansuram Bernardi de Censiva, alterius vero mansure, quam dicunt Mansuram Constantini Medietarii, decime duas partes auctorizavit. Pasnagium quoque in bosco suo de Velcia ad porcos dominicos, quotquot in obedientia illa fuerint, dedit. Sed et de bosco ipso quantum opus fuerit, ad faciendas domos et oflicinas et queque necessaria monachorum, concessit; at cum burgenses eorum aliquid de eodem bosco ad usus suos prendere voluerint, prius de hoc loquentur cum forestario ipsius Dedit etiam: medietatem unius stagni et unius molendini in eodem stagno in valle prope ecclesiam, piscariam per omnes suas aquas quantumcumque piscator monachi obœdientiæ illius per omnes dies et noctes piscari poterit, unum descensum in tali loco ubi non noceat suis descensis, et unam fenestram ad capiendas volucres similiter in tali loco ubi non noceat suis hagiis. Auctorizavit preterea idem Archembaldus quicquid sui homines de suis ædificamentis loco illi dare voluerint, nisi fœuus fuerit; sed si fuerit fœuus, prius de hoc cum eo loquendum et per illum requirendum erit. Hæc sunt quæ Archembaldus, auctoritate et assensu Budici filii sui, sancto Martino vendidit seu donavit vel auctorizavit, mittens etiam in conventionem et insuper promissione firmans quod hæc eadem filium quoque suum minorem, nomine Judicalem, faceret auctorizare; pro quibus omnibus, ut firma tam nobis quam et posteris nostris per secula constarent, Guidhenocum de Anciniso tradidit fidejussorem. Et adhuc ut res esset firmior, senior ejus Tetbaldus Castri Celsi, id est temporis possessor et dominus de cujus casamento hec erant, et Baldricus de Glizone, qui hæc eadem ab eo et per illum tenebat, rogati, suum super his non negarunt favorem. Budicus quoque ejusdem Archembaldi filius, pari et ipse sicut dictum est his assensu favens, donum horum omnium cum patre super beate semper virginis altare posuit Mariæ, videntibus et audientibus qui ex nostra et illorum interfuere parte; ex nostra parte : Hubertus famulus domni Tetberti monachi nostri, Constantius famulus de Sarlatana, Roscelinus de Sancto Quintino, Adraldus filius Cainoi; ex parte Archembaldi et Budici : Herveus Cainos, Guillelmus filius ejus, Gorbardus vicarius, Rainaldus filius Burdosii, Benedictus Eschaldagoi, Gauscelmus, Barbinus, Rainaldus frater ejus, Beringerius Gaberliud.

II. DE MANSURA TERRÆ QUAM DEDIT BUDICUS FILIUS ARCHEMBALDI.

Budicus filius Archenbaldi, quando venit ad monachicum ordinem in hoc Majori Monasterio, dedit huic loco unam mansuram terræ cum pratis et vineis et complasicio et cum omnibus que ad eam pertinent, ita solutam et quietam et ita integræ sicut tenebat eam relictam sibi a matre, cujus dos fuerat. Quod ut pater suus concederet, dedit ei XV. solidos et concessit; et ut in hac concessione se firmiter in perpetuum teneret, dedit duos fidejussores : Herveum Chazeinnum et Benedictum Incalciagoium. Preterea reddidit nobis idem Budicus quandam piscariam quam nobis abstulerat. Frater quoque ejus, Judicalis nomine, pro amore fratris sui, clamavit nobis quietam terram de censiva et arpennum vinæ qui est juxta æcclesiam, quæ emeramus a patre suo sed ipse nobis ea calumniabatur; et propter hoc dedit illi et matri suæ, quamvis jam mortuæ, benefactum hujus loci dominus Letardus monachus noster, per cujus manum hec acta sunt. Auctorisavit autem hoc Tetbaldus de Castro Celso, de cujus casamento erant, proprioque signo crucis firmavit; his qui suam et aliorum quæ predicta sunt videre auctorizaciones testibus : Willelmus senescalcus Tetbaldi, Rainaldus Rufus, Ameliuus filius presbiteri, Gaufredus frater ejus, Gaufredus Amblardus, Rainaldus Bastardus, Raimundus avunculus ejus, Normandus filius Hildeberti.

Signum Judicalis filii Archenbaldi †, S. Archenbaldi de Liriaco †, S. Tetbaldi de Castro Celso †.

III. DE DECIMIS QUAS DEDERUNT GAULTERIUS ET ODO FILII ARRALDI.

Gaulterius filius Arraldi, veniens ad nos ad conversionem, donavit hec nobis, id est : fœuum presbiteralem æcclesiæ sanctæ Mariæ de Liriaco, quod est tertia pars totius decimæ de toto Liriaco preter panis et vini, excepto fœuo Joscelini Reguerb; et omni anno duo modii annone, unus de frumento alter de cigalo, et quam pater suus emit ab Archembaldo XL. solidos, id est tertiam partem decimæ panis et vini de terra Guarnerii Gule Anseris, scilicet : de una mansura atque dimidia, et de terra Giraldi de Funario, atque Hugolini de Pieria de tribus mansuris, et de Salvageria de tribus mansuris, et de dimidia mansura Arraldi decimarii, et de terra Fulconis de tribus mansuris et de quarterio unius mansuræ, et de terra Fulberti de una mansura et dimidia, et de mansura Gaulterii Marmionis, et de terra Rainerii Burduliohis; preterea de totis vineis Liriaci, exceptis a quibus Herveus habet decimam atque exceptis septem quadrantibus a quibus monachi sancti Johannis decimam habent et tertiam partem sepulturæ Odo junior frater ipsius Gaulterii, rogatus ab eo, non solum annuit quicquid ipse in ecclesia Liriacensi sancto Martino attribuit, verum etiam gratanter, amore et deprecatione ipsius, dono obtulit tertiam decimae partem unius bordariae prope ecclesiam, quam dicunt Mansuram de Hospitalaria, et tertiam partem decimae duorum arpennorum in eadem mansura, et post suum decessum ipsam mansuram solidam et quietam cum omni integritate sui. Hujus rei donum, dum super altare sanctae Mariae Liriaco poneret, hii interfuere testes : Herveus Chainois, Willelmus filius Plani, Guascelmus Barbinus, Bernardus sutor, Berengerius Gaberluilt.

IV. DE BORDARIA RICHARDI ET DE PISCATORIA IN VALLEIA, QUAS DEDIT FULCHERIUS DE MOTA.

Fulcherius de Mota, filius Adelaudi, donavit sancto Martino, pro sua et animabus parentum suorum seu amore supradicti Gaulterii nepotis sui, quia cum ad monachatum suscepimus, unam borderiam terrae in pago Audegavensi prope Liriacum juxta terram Benedicti Pictavensis, quam dicunt Bordariam Richardi Bloii, solidam et quietam cum totis consuetudinibus, et unam piscatoriam fossam in Valleia prope ecclesiam, in qua exclusa et descensus fieri potest, quam dicunt Fossam Rainerii Juvenis. Quesivit autem pro hoc beneficium nostrae societatis et accepit a duobus fratribus nostris, Gausberto videlicet et Anselino, qui ex eo illum, vice domni abbatis Bartholomei, interim revestiverunt donec iterum ab eo et per illum in capitulo loci hujus vel aliorum locorum sancti Martini revestiretur. Propter cujus beneficii acceptionem letus effectus, libens favit quicquid, in ecclesia Liriacensi monachus deveniens, jam dictus nepos ejus donabat Gaulterius; is etenim presbiteralis focus quem idem dabat Gaulterius a stirpe potius descendebat illius. Utrarumque itaque rerum supradictarum donationem sancto Martino cum quodam fuste faciens, eumdem fustem, ob assignandam per secula doni hujus veritatis notionem, super sancti Baptistæ Johannis apud Castrum Celsum posuit altare, faventibus senioribus suis Tetbaldo de Castro Celso et Archembaldo ac Budico filio ejus; et his videntibus et audientibus qui assistebant testes : Landricus homo ejus, Gestinus de Landa in Montibus, Gislebertus de Fanoleres, Johannes Parvus, Paganus filius Arscuti Forsenati, Bernardus de Sancto Carilepho, Gausberbus Amiod armiger ejus, Garinus famulus de Castro Celso; de monachis : Teodoricus monachus, Letardus monachus, Amelinus monachus, Letardus monachus.

V. DE MANSURIS GIRALDI ET CONSTANTINI ET DE CAMPO VENDITIS AB ARCHEMBALDO DE LIRIACO.

Notum sit hujus Majoris Monasterii monachis quod Hamelinus, noster monachus, emit ab Archenbaldo de Liriaco duas partes totius decimæ de mansura Giraldi de Funario, datis illi X. solidis et II. Budico filio ejus pro auctoramento; et quod retinuerat sibi idem Archenbaldus de mansura Constantini vendidit eidem Hamelino monacho II. solidis sicut Aliundus fluviolus currit. Utriusque emptionis testes : Herveus Cazainnuns, Gahardus vicarius, Rainaldus Borellus, Bernardus medietarius. Emit quoque ab eodem quendam canpum super Censivam situm, quem Bernardus medietarius colere solebat, XII. solidis, et alium canpum situm inter vineam Gunterii et Valciam, X. solidis; utrum auctorante Budico filio ejus, testibus istis : Morino filio Huberti, Odolino nepote Gaulterii Gule Anseris.

VI. DE DECIMA VINEARUM MANSURÆ CONSTANTINI DATA A JUDICALE.

Cognitum fieri omnibus fidelibus volumus quod Judicalis, pro anima sua et parentum suorum, donavit sanctæ Mariæ et monachis qui in loco habitant decimam vinearum et omnium vinialium sub eadem ecclesia in mansura Constantini. Hujus doni testes fuerunt : Galfridus de Castro Celso, Haraldus presbiter, Rogerius Calviculus, Johannes de Uldone, Guibertus Anplardus.

VII. DE DECIMA TRIUM BORDERIATARUM TERRÆ QUAM DEDIT MATHO MILES, ET DE CALUMNIA IVLE VIDUÆ EJUS(1).

Noverint sanctæ catholicæ æcclesiæ filii, tam presentes quam postmodum futuri, quod quidam miles nomine Matho, antequam uxorem duceret, dedit Deo et sanctæ Mariæ monachisque beati Martini apud Lireium morantibus decimam trium borderiatarum terræ quam jure hereditario possidebat ; ita tamen ut eo vivente terciam partem decimæ monachi haberent, post decessum vero ejus tota in dominio monachorum deveniret. Dederunt igitur monachi, pro caritate, XXX. solidos Mathoni ; ipso etiam eis concedente et firmiter affirmante ut, si ipse aliquando a monachis Lireii aliquid peteret quod ipsi ei dare renuerent, decimam quam prediximus pro vindicta eis auferre nunquam presumeret. Hoc autem concesserunt Willelmus frater Mathonis, tunc clericus qui postea presbiter factus est, et Dometa soror eorum, ob salutem suam et parentum suorum. Hujus rei testes sunt : Aldemannus presbiter et Willelmus diaconus filius Rengardis; de laicis autem : Umbaldus et Alderius et Judicalis de Lireio, Rollandus etiam, Mauricius et Gestinus et Goffridus illius filii ; qui et ipsi pro Mathone fidejussores monachis fuerunt de hoc scilicet quod, si aliquando Matho ipse decimam monachis violenter auferre machinaretur, ipsi ad opus monachorum eam defenderent et eos omnimodis contra Mathonem adjuvarent. Igitur Mathone vivente terciam partem decimæ monachi habuerunt, eo autem defuncto totam, sicut ipse concesserat, absque calumnia multo tempore possederunt.

1) Charte Originale.

Postea vero quædam mulier nomine Iria, quæ uxor Mathonis extiterat sed eo obeunte jam alii viro, Willelmo scilicet Pautonerio, in conjugio capulata erat, de supradicta decima, quam Matho vir suus antequam eam duxisset uxorem monachis dederat, tam per se quam per virum suum Willelmum calumpniam fecit. Monachi itaque tandem aliquando, judicium subterfugere non valentes, cum domno Rollando defensore eorum, Castrum Celsum in curia Pagani, qui tunc Castri Celsi princeps erat, convenerunt. In qua videlicet curia cum utrique de causa sua decertarent et monachi testes suos in medium producerent, Aldemannum videlicet presbiterum et Willelmum diaconum; de laicis vero Umbaldum et Aldeerium, qui omnes probare parati erant se vidisse et audisse quod Matho decimam illam de qua querela habebatur monachis sancti Martini in perpetuum concessisset; ad ultimum barones qui aderant decreverunt quod presbiter et diaconus, qui hujus rei testes erant, in curia episcopi Andegarensis ire deberent et, sicut episcopus judicaret, rem quam affirmabant ita esse probarent. Quod et factum est: nam Willelmus monachus, qui tunc apud Lireium propositus erat, et Willelmus presbiter, frater Mathonis, Aldemannus etiam presbiter et Willelmus diaconus, ex altera vero parte Willelmus Pautonerius et coadjutores sui Chimiliacum castrum, ubi tunc forte erat episcopus, perrexerunt. Decrevit igitur curia episcopalis quod duo presbiteri plano sermone quæ ipsi viderant de predicta decima testificarentur, diaconus autem super textum evangeliorum sacramento firmaret; de laicis vero duo, super psalterium, de his quæ testificabantur jusjurandum facerent. Data itaque ab episcopo sententia, hii omnes quos supra nominavimus apud Castrum Celsum iterum ad judicium convenerunt. Cumque Willelmus diaconus super textum, laici vero Umbaldus et Aldeerius super psalterium, juxta sententiam episcopi, jurare parati essent et duos etiam nummos jam ad reliquias posuissent, Guillelmus Pautonerius, sperans se a monachis aliquam pecuniam accepturum, domnum Rollandum, defensorem monachorum, rogavit ut in diem crastinum sacramenta respectaret et tunc, uxore sua presente, apud Lireium fierent. Cum igitur die crastina omnes hii quos prediximus apud Lireium convenissent et testes monachorum iterum sacramenta jurare absque retractatione vellent, tandem aliquando Willelmus Pautonerius et Iva uxor ejus, videntes se a monachis nichil pecunie posse extorquere, coram omnibus qui aderant, totam calumpniam decime quam monachis fecerant omnimodis finierunt, et eamdem decimam, sicut Matho dederat, beato Martino monachisque ejus in perpetuum habendam concesserunt. Willelmus autem monachus, Lireii prepositus, de beneficio Majoris Monasterii eos diligentissime revestivit; quo facto simul omnes cum monacho manducaverunt, et sic ad propria in pace recesserunt. Hujus rei testes subnotavimus : Willelmum monachum Lireii prepositum, Alaricum ejusdem ecclesiæ capellanum, Rollannum et Oliverium fratrem ejus, Radulfum d'Oldon, Seserium de Anceniso, Ivonem Asinum de Monte Rebelli, Umbaldum, Aldeerium, Willelmum diaconum filium Rengardis; ex altera vero parte : ipse Willelmus Pautonerius et uxor ejus, Radulfus filius Hugonis, Rainaldus Porchet et alii multi. Hæc igitur facta sunt anno ab incarnatione domini MCXVIII°, regnante Ludovico Francorum rege, Fulcone Andegavensium comite et Rainaldo episcopo; disponente omnia Deo omnipotente, qui est trinus et unus per infinita secula seculorum, amen.

VIII. DE HOMICIDIO QUOD FECIT WILLELMUS GIROLET : DODONUM SCILICET EJUS DE ECCLESIA SANCTI SALVATORIS, DONUM ROLLANDI DE LIRIACO DE DECIMA VINEARUM SUARUM ET DONUM GAUFRIDI BOTERELLI DE QUADAM VINEA (1).

Quia, cœlestis regni desiderio, ad bene operandum me-

---

(1) Charte Originale.

rito accendimur, dicente scriptura: THESAURIZATE VOBIS THESAUROS IN COELO UBI NEC TINEA VEL ERUGO EXTERMINAT ET FURES NON EFFODIUNT NEC FURANTUR; idcirco nobis, de manmona iniquitatis, amicos faciamus, ut ab ipsis in æterna tabernacula recipi mereamur. Quod ego Willelmus, cognomento Girolet, sepius mente revolvens, ob scelerum meorum squalores abstergendas precipuo autem ut homicidium fratris Rollandi quod feceram mihi dimitteretur et occisi animæ prodesset, in quadam Pascali solemphitate cum ipso Rollando Majus Monasterium adii et in generale capitulum, monachis hinc inde residentibus, intravi. Et pro anima ejus quem reus occideram, qui Gaufridus dicebatur, per manum domni Odonis abbatis, cum disciplinali virgula, ipsi et monachis Majoris Monasterii contuli quicquid in ecclesia Sancti Salvatoris, jure seculari, diu quiete possederam et quicquid decimarum in ipsa parrochia catenus habueram; et donum inde cum ipsa virgula super majus altare, pluribus videntibus quorum nomina subscribentur, posui. Et ut hoc in perpetuum ratum haberetur, omnibus de quibus aliqua calumpniæ suspitio ori poterat concedere feci, de quibus huic cartulæ paucorum nomina, fastidium prolixitatis evitande (gratia), inscribi jussi: uxor videlicet mea et fratres mei Domarus et Willelmus et Odericus filius Burgundionis.

Quo peracto, ipsa die in eodem capitulo nobis adhuc residentibus, Rollandus de Liriaco, hujus boni operis emulator existens, partem decimæ vinearum suarum quam sibi retinuerat, nam reliquam jam antea habebamus, monachis nostris de Liriaco in perpetuum possidendam donavit, et donum super majus altare posuit. Horum itaque donorum testes hinc inde mutuo sunt: Willelmus Girolet et Rollandus de Liriaco et Gaufridus Boterellus, de cujus feuo decima de ecclesia Sancti Salvatoris erat quam, sicut jam dictum est, Willelmus Girolet nobis dederat, qui etiam hoc donum concessit et confirmavit, et frater ejus Rollandus clericus qui hoc ipsum concessit, et Mauritius presbiter; de nostris vero : Gaudinus foristarius, Landricus de Turre, Paganus Arraldi et plures alii qui in capitulum in tanta sollempnitate convenerant.

Concessit insuper nobis Gaufredus Boterellus quamdam vineam, quæ fuerat patris domni Hildeberti Nannetensis monachi nostri, aput Loratorium sitam, quam nobis frater ipsius Hildeberti donaverat. Hujus concessionis testes sunt jam superius descripti.

Acta sunt hæc omnia apud Majus Monasterium in capitulo generali, in sollempnitate Pascali, anno ab incarnatione domini MCXXVI°, ordinationis autem domni Odonis abbatis primo.

IX. CARTA ROLLANDI DE LIRIACO, DE DIMISSIONE TOTIUS DECIMÆ PARROCHIÆ LIRIACI ET DE DONO QUORUMDAM PRATORUM (1).

Ego Rollandus, dominus Liriaci, condolens peccato parentum meorum et mei ipsius, quod ideo contraxeramus quia decimam parrochiæ de Liriaco cum periculo animarum nostrarum, ut pote laici, tenueramus quod proprium est jus ecclesiæ, venerabilem abbatem Majoris Monasterii Odonem nomine, apud Liriacum consistentem (2), cum magna multitudine amicorum meorum conveni, et tam parentes meos quam me ipsum in hoc culpabiles esse, coram eo et fratribus qui cum ipso erant, confessus sum. Venientes itaque ego et uxor mea Matildis duo quoque fratres mei Oliverius et Gestinus sed et filius meus Herveus, dimisimus totam de-

(1) Charte Originale.
(2) Postea donnus Odo, abbas Majoris Monasterii, Liriacum reviens, cum aliquantis monachis suis, ipsum donum iterum ab Oliterio et a filiis suis supradictis factum et super altare sanctæ Mariæ de Liriaco positum, de manu eorum suscepit... — Testes : Hugo hospitalarius, Laurentius bajulus, Petrus Bormaldus prior Varede, Gestinus prior Liriaci. *Charte Orig. du prieuré de Varades, Arch. de la Loire Infér.*

cimam de parrechia Liriaci sive annone seu vini sive omnium aliarum rerum unde parentes mei vel ego decimam habueramus totam inquam decimam ex integro de parrechia Liriaci dimisimus in manu venerabilis Odonis abbatis, et donum ipsius dimissionis super altare sancte Marie de Liriaco simul posuimus.

Facto itaque dono isto, ego et supradicta uxor mea naturalem filium nostrum adhuc in cunabulis consistentem, nomine Johannem Martini, obtulimus Deo et B. Martino, ponentes ipsum infantulum super altare sancte Mariæ de Liriaco ac deinde manibus venerabilis Odonis abbatis eum tradentes ; per miseriam obsecrantes ut, ex quo idem infantulus doctrine capax fuerit et ad docendum habilis, secundum dispositionem abbatis Majoris Monasterii, in aliqua domorum Majoris Monasterii tamdiu erudiretur quousque, ætate adultus, laborem monasticæ religionis ferre posset et tunc monachus fieret. Si quis vero de jam dicta decima, ita a nobis Majori Monasterio collata, aliquid defraudaverit et pro justicia æcclesiastica illud emendare noluerit, dominus Liriaci justiciam de eo faciet, pro voluntate tamen prioris de Liriaco. Et quia monachi de Liriaco non satis fenum ad usus suos se habere conquerebantur, ego Rollandus dedi eisdem, in presentia abbatis sui Odonis, pratum Mathei Chaenon et pratum Gaenardi, pratum quoque Gregorii, gratum mutuum de meo his tribus pro pratis suis recompensans ; pratum etiam Adelardi dedi et concessi eisdem monachis sicut antea illud tenuerant. Insuper dedi eis dimidium arpennum prati, ut ipsi monachi de Liriaco facerent unaquaque dominica processionem ad ecclesiam sancti Martini sibi proximam aut per publicam viam euntes aut per claustrum si, aliqua aëris intemperie, per publicam via ire non poterint. Ego quoque Rollandus misericorditer exegi a venerabili Odone abbate ut monachi de Liriaco quoddam membrum æcclesiæ sactæ Mariæ contiguum super tumulum matris meæ, cum adjutorio meo et aliorum hominum meorum, construerent, et ibi altari edificato tribusque sacerdotibus monachis apud Liriacum abbate delegatis. nisi aut contrario eventu temporum aut defectu victus ibi esse prohiberentur, unus ex sacerdotibus monachis vel capellanis æcclesiæ missam cotidie, pro vivis et defunctis, super altari in eodem membro facto cantarent. Abbas autem Majoris Monisterii facto membro et altari, missalem, calicem et casulam prima vice tantum mittet. Postulavi quoquo ab eodem abbate ut nocte lampas ante ipsam altare ardeat et ut uxores dominorum Liriaci, mea videlicet et heredum ac successorum meorum, in eodem membro juxta matrem meam sepulturam accipiant. Poposci etiam ut capellanus monachorum VIII. sextarios, inter frumentum et segalam, loco mercedis unoquoque anno a monachis accipiat. Hæc omnia, sicut superius digesta sunt, michi concessit liberalitate sua idem venerabilis Odo abbas et fratres qui cum eo erant, qui et hujus pacti nostri testes sunt: Guillelmus videlicet de Paciaco, Laurentius bajulus, Guiscelmus scriptor hujus cartulæ, Hugo hospitalarius, Tetbaldus, Gestinus, prior Liriaci, Haimo, Guingomarus, Anselmus; de famulis abbatis: Paganus camerarius, Johannes mariscalcus, Radulfus coquus, Gaudinus, Rotbertus Tuugar, Eschitardus, Herveus, Frotmundus de Castro Dano, Samson clericus; Adelardus quoque capellanus Liridei et Vitalis presbiter de Castro Celso; de militibus: Nasee Chaenon, Stephanus artifex, Paganus de Barba Cati, Rainaldus de Alneio, Mala Nox pontonerius.

CARTÆ

DE RELLIACO.

I. DE REBUS QUAS GAUSFREDUS PAPA BOVEM MAJORI MONASTERIO APUD RUILIACUM DEDIT, CUM ASSENSU GAUSFREDI COMITIS ANDEGAVENSIS ET ALIORUM (1).

Nosse debitis si qui eritis posteri nostri, Majoris scilicet habitatores Monasterii sancti Martini, Gausfredum, Papa Bovem cognomine, et Marcam uxorem ejus, Airardi quondam præpositi filiam, donationem hujus modi sancto Martino et nobis, pro animabus suis, fecisse. Est in Andecavo castellum quoddam Ruiliacus nomine quod, cum ad ipsum circum circa pertinentibus casamentis, ex paterno jure ejusdem Marcæ conjugis suæ, in Gausfredi devenerat possesionem : de quibus casamentis, cum quæ vellet agendi Gaus-

---

(1) Cabinet de M. André Salmon, Pensionnaire de l'École des Chartes, Charte Originale; D. Housseau, Vol. II, N° 666.

fredus liberam haberet facultatem, placuit ei et aliquid inde, pro futuræ spe salutis, Deo maluit offerre. Donavit itaque nobis, sub ea qua tenuerat libertate perpetuo possidendam, quandam terræ partem ante memoratum, ab aquilone, sitam castellum, ad ædificandum in ea ecclesiam et burgum; cui etiam ex altare unam terræ mansuram, quam in propria dominicatura habebat, cum pratis ad ipsam pertinentibus subjunxit: donans cum ea pariter boves et parcum cum ovibus nec non et bladum terræ ipsius; promittens insuper ut cum altare ecclesiæ de Chadenaco, post obitum uxoris Odonis Rufi, ad ipsum redierit, decima quæ ex eadem mansura illi debetur ecclesiæ nobis ab ipso condonetur. Donavit præterea oblationem et sepulturam de hominibus qui in ea amplificatione castelli que a parte Chadenaci, a stagno usque ad prædictam mansuram, porrigitur, inhabitant; ut videlicet omnes in hac, quam vulgo porprisam vocitant, amplificatione commanentes non alii quam ecclesiæ nostræ illic consistenti ecclesiasticos reditus debeant persolvere. Donavit et duas terræ mansuras solidas et quietas in alodio de Puteolis sitas: ea scilicet ratione ut si qua unquam in his calumnia surrexerit a qua nobis illos acquitare non possit, excambium eorum reddat nobis in terra de Gurguenaldo; quod se spopondit facturum esse si vixerit aut uxorem suam, annuente ad hoc ipsa, si eo defuncto et ipsa superstite calumnia surrexerit. His etiam adhuc addendo, septem pariter terræ mansuras solitas et quietas, sitas versus Peregrinam in corte præfati castelli sui, devotus contulit; eadem similiter devotione licentiam piscandi tribus in ebdomada diebus monacho nostro attribuens qui illic, ad ea quæ dedit excolenda, fuerit immoratus. At quotiens abbas noster ibi aderit, non triduana sed continua fiet piscatio quotquot in eodem loco demoratus fuerit diebus; verum piscationes hujusmodi in proprio stagno fieri promisit. Donavit etiam, in aqua de eodem stagno subtus castellum, duas areas molendinorum: tali ratione ut quisquis hominum vel ipsius Gausfredi vel aliorum, sive burgensis sive rusticus, ad molendinos illos molitum ire voluerit, non debeat prohiberi. De terris quoque censivis et casamentis totius suæ ditionis si quis nobis aliquid dare vel vendere voluerit, favorabili liberalitate concessit. Hæc autem omnia, ut de quorum sunt casamento distincte possit agnosci, mansura et pars terræ ad ædificandum data et illæ duæ molendinorum areæ juris existunt comitis Gausfredi; mansura vero septem ad casamentum Gausfredi de Pruiliaco pertinent, sed Guarinus de Fontanis ex beneficio eas tenebat ipsius. Hi igitur omnes, tam comes quam et Gausfredus atque Guarinus, propria quisque auctorizatione, donationes has Gausfredi uxorisque ejus gratis confirmavere. 'u comes postulatus, cum placitaret quadam vice cum suo fratre Fulcone apud Condatensem, relecta coram ipso carta ista ab Eusebio Andecavensi pontifice, pro sua erga nos sedula benignitate, mox eam auctoritatis propriæ, ut est infra cernere, sacræ crucis corroboravit caractere; cæteri duo idem facere Gausfredi ipsius precario. Porro autem idem ipse Gausfredus, pro his omnibus quæ nobis donavit, mille tamen a nobis solidos, partim in denariis partim in aliis rebus, accepit. Fecit autem donationem omnium supramemoratorum cum supra nominata sua conjuge præsens in capitulo nostro, anno videlicet ab incarnatione domini MLXIII°, præsidente nobis domno abbate Alberto, testibus istis : Odone preposito de Barolia, Gauscelino filio Rimaudi, Guarino fratre ejus, Otgerio Mischino, Ascelino cognato ejus, Aimerico de Mallaio cognato ipsius Gausfredi, Herberto nepote ipsius, Rotberto Abelino, Roberto Bodardo; de nostris : Hugone Rigoto, Arnulfo cementario, Gausfredo campione, Petro coquo, Nihardo coquo, Rotberto hospitalario, Galcherio forestario, Hildemaro de Rupiculis, Arnulfo nepote Hildeberti, Frodone medico, Tetbaldo majore, Bernardo fratre ejus, Ingelbaldo de Ponte, Guarnerio de Elemosyna.

Signum Gausfredi comitis †. Testes de auctoramento Gausfredi comitis : Eusebius episcopus, Gausfredus de Pruiliaco, Guido de Pruiliaco, Gausfredus Catus, Aimericus de Trevis, Gausfredus Sanctonensis, Machel frater ejus, Robertus de

Monte Contorio, Giraldus de Monsteriolo, Hugo Manduca Britonem, Riulo, Aimericus præpositus Balgiacensis, Gausfredus; de hominibus sancti Martini : Guarnerius major, Tetbaldus major, Bernardus frater ejus.

II. DE PEDAGIO ET TELONEO EX REBUS MONACHORUM, QUE DEDIT AIRARDUS PRÆPOSITUS ET GAUSFREDUS PAPE EOS CONFIRMAVIT (1).

Nosse debitis si qui eritis posteri nostri, Majoris scilicet hujus habitatores monasterii sancti Martini, Airardum Præpositum, teloneum et pedagium ex rebus nostris, per loca sui juris transeuntibus, olim sancto Martino et nobis, sub regimine nunc agentibus domni abbatis Alberti, pro anima sua donasse. Post cujus mortem cum honor ejus et filia in manus cujusdam Gausfredi, Pape Bovis cognomine, devenissent, cœpit idem Gausfredus donum illius nobis calumniare et molestus existere. De qua re concordia habita, ad hoc tandem adductus est ut beneficium societatis nostræ cum uxore sua Marca, Airardi filia, et LX. tantum solidos a nobis pro hoc acciperet, et dimissa calumnia, totum illud teloneum et pedagium, quod et terra et aqua de rebus nostris per loca suæ potestatis transeuntibus exigere solebat, sancto Martino et nobis gratanter, sicut Airardus prius donaverat, auctorizaret; ob perpetuam ex utroque donationem, cum eadem uxore sua in capitulo nostro in nostram susceptus est societatem. Quod ut firmius foret, auctoritate domini sui Gausfredi comitis, de cujus beneficio ista tenebat, postea firmatum est, in quo etiam capitulo juvenis quidam, Algerius, Rainaldi Burdolii filius, qui cum ipsis advenerat, eorum auctoritate fecit nobis donationem de quarto denario ejusdem telonei et pelagii quem de illis tenebat. Ipsius et illorum donationis

(1) D. Housseau, Vol. II, N° 673.

atque auctoramenti comitis testes qui interfuere isti sunt :
Johannes Conversus, Acfredus de Castro Duno, Constantius
Chainos, Berlandus famulus secretarii. De auctoramento
comitis, quod super hoc castro Cainone factum est, sunt
hii : Guillelmus vicecomes de Odenaco, Babinus senescalcus comitis, domnus abbas Albertus, Gauterius monachus
bajulus ejus, Aimericus monachus de Insula, Tetbertus
monachus et medicus, Ademarus monachus, Fulcodius prior
qui comitem pro hoc interpellavit, Michael Rufus, Giraldus
Muceolis, Ernaldus canonicus, Tedasius de Rupibus, O:-
gerius de Rilley, Hildebertus, Gausfredus, Guarnerius de
Elemosina, Ascelinus Jotardus, Frotgerius mariscalcus.

III. CARTA GAUSFRIDI PAPA BOVIS, DE INTROMISSIONE MONACHORUM MAJORIS MONASTERII IN ECCLESIA SANCTI LUPI DE RELLIACO, CANONICIS EJUSDEM, OB NEGLIGENTIAM, EJECTIS (1).

Notum sit omnibus sanctæ Dei ecclesiæ cultoribus, tam
presentibus quam futuris, quoniam ego Gausfridus de Reliaco
castro, seculari militiæ mancipatus, adii presentiam domni
Eusebii, Andecavensis ecclesiæ episcopi, querimoniam faciens apud illum de clericis, sub titulo canonicorum, depu-
tatis ad servitium ecclesiæ sitæ infra munitionem supradicti
castri, in honorem sanctæ Dei genitricis et sancti Lupi an-
tistis consecratæ, qui opus domini faciebant negligenter.
A quo prædicto pontifice talem accepi consilium ut si quos,
honestioris et melioris vitæ, clericos ac monachos invenirem,
ibi ad exibendum omnipotenti Deo sedulum officium in loco
illorum constituerem. Accepta itaque hujus modi licentia ab
ipso pontifice, animo meo tale insedit consilium, afflatu

---

(1) M. Salmon, Charte Orig.; D. Housseau, l. c. N° 522.

boni spiritus, ut tales eligerem viros sub habitu monasticæ religionis ad opus domini faciendum in predicta ecclesia, qui, ut liberius expediciusque Deo servirent, propriis abrenunciantes facultatibus, voluntariam subiere paupertatem. Igitur voluntate et assensu meæ conjugis, nomine Adoisæ, nec non et meorum fidelium qui sanioris sunt consilii, fratribus his qui in Turonensi cœnobio, quod Majus Monasterium dicitur, omnipotenti Deo sub Bartholomeo abbate famulantur, supradictam ecclesiam, cum omnibus sibi subjectis rebus, per manum ipsius abbatis et concedens annuo, et annuens concedo jure perpetuo possidendam, ad usum videlicet monachorum ibidem Christo Deo famulantium; facta donatione omnium rerum que pertinent ad ipsam ecclesiam, sicut continetur in veteri scribto quod roboratum est auctoritate predicti pontificis Eusebii et Gausfridi comitis filii Fulconis, per deprecationem præfati Airardi qui jam sepedictam ecclesiam muneribus suæ beneficientiæ magnifice donavit. Additur etiam his quod, postquam veni in istum honorem, quartam de duobus campis, quæ solvebat per singulos annos V. solidos censualiter Gausfrido clerico fratri Adalardi de Castello Gunterii, feci liberam et quietam ab hoc debito ad opus sancti Lupi; addita quoque huic dono medietate vicariæ quam habebam in terra ipsius sancti; nec non et decimam Fulcherii Gandelberti, quæ est sita apud Parciacum, feci quietam ab omni interpellatione calumpniæ. Facta sunt hæc dona apud castrum Reliacum, audientibus et videntibus his, pro testibus, quorum nomina subscribuntur. Acta sunt hæc omnibus qui præsentes erant gaudentibus magisque jubilo quam voce plaudentibus: feliciter, feliciter, feliciter!!! signum Gausfridi Papa Bovis, S. uxoris Adoisæ. S. Radulfi Drusii, S. Otgerii, S. Johannis de Corcellis, S. Wauterii vicarii, S. Rotberti Bodardi, S. Carini de Rivo Calgato, S. Normanni, S. Hildini, S. Drogonis fratris sui, S. Beringerii nepotis Geraldi de Ulmis, S. Mauricii, S. Rotberti Abelini, S. Rainardi de Gisois, S. Fulcherii filii Gandelberti, S. Erberti Salernæ, S. Rainardi de Burgolio, S.

Vitalis Bonelli, S. Raginaldi sacerdotis, S. Rainaldi Aiz, S. Radulfi de Castello, S. Mainardi vicarii.

IV. CARTA EUSEBII ANDECAVENSIUM EPISCOPI, DE CONCESSIONE EJUSDEM ECCLESIAE MONACHIS MAJORIS MONASTERII (1).

Ego Eusebius, Andecavensium episcopus, notum fieri volo praesentibus et futuris quoniam venit ad me Gausfridus de Relliaco, cognomento Papa Bos, complanctum faciens de clericis ecclesiæ illius quam in castello suo antecessor ejus, Airardus præpositus, in honorem sanctæ virginis Mariæ sanctique antistitis Lupi quondam edificaverat. Dicebat enim quod idem quatuor clerici, qui loco illi sub titulo canonicorum ad serviendum deputati erant, in aliis partibus possessiones haberent; et ob hoc, occupati aliis, ecclesiæ cui dediti fuerant debitum famulatum aut interdum omitterent aut illic commorantes non sicut dignum erat peragerent. Proinde, consilium a me deposcens, hanc tandem licentiam impetravit ut vel pro ipsis alios expeditiores et honestiores clericos commutaret, vel monachos utpote religiosi ordinis ipsi ecclesiæ pro canonicis attitularet. At cum Gauzfrido attitulandi potius consilium insedisset, venerabili abbati Majoris Monasterii Bartholomeo, sub titulo monachorum sancti Martini, locum ipsum cum rebus et appendiciis sui emendandum ac possidendum perpetuo, nostræ auctoritatis assensu, contradidit. Et hæc est causa canonicorum tituli in monachorum titulum demutati, ne quis quandoque culpet ab re esse factum quod ratio non improbanda fieri persuasit. Sed ne forte iidem canonici causarentur in posterum assensum suum super hac re quasi in quadam fuisse extortum, futuras querelas eorum monachi preveniendo, data

---

(1) D. Housseau, l. c. N° 321; D. Martène, l. c. N° 237.

pecunia, sedaverunt. Nam Girulfo et sociis ejus Rainaldo videlicet et Gauslino atque ......, singulis ipsorum attributis XIV. libris denariorum, gratuitum eorum favorem mercati sunt. Nos quoque, qui ecclesiam illam et consecravimus et hujusmodi privilegio notavimus ut in altari ipsius nullus hæres majori unquam precio quam LX. solidorum substituatur, habendum eam jure hæreditario sancto Martino et monachis ejus cum ad se, sicut dictum est, pertinentibus rebus, per hujus nostri scripti seriem, pro mea ac successorum meorum animabus, concessimus. Quibus ne id forte videatur ingratum, noverint quod, non solum nostri sed etiam illorum, in hoc duximus commodum quibus hoc beneficio prestitum constat, ut sicut meus ita ipsorum dies anniversarius a fratribus Majoris Monasterii annotetur et recolatur per sæcula cum suffragiis orationum. Unde si quis conatus fuerit hujus nostræ concessionis perturbare scriptum, ex Dei et nostra auctoritate habeat interdictum. Quod scriptum, ut nunc et imperpetuum irrefragabili perseveret firmitate, manus propriæ subscriptione et eorum pariter quorum inferius designantur vocabula firmatum est. Signum Eusebii episcopi ☩. Signum Guarini canonici.

V. AUCTORAMENTUM HUGONIS DE SANCTO CHRISTOPHORO, DE EADEM ECCLESIA (1).

Notum sit omnibus sanctæ Dei ecclesiæ fidelibus quod ego Hugo miles de Sancto Cristophoro, filius Hugonis de Aludia, auctorizavi monachis Majoris Monasterii ecclesiam sancti Lupi de Ruiliaco cum omnibus quæ ad eam pertinent quieto jure in perpetuum possidendam sicut eam Gaufredus Papa Bovem eis, sive dono sive precio, tradidit. Accepi autem ab eis, pro hoc auctoramento, quadringentos solidos denario-

---

(1) M. Salmon, Charte Orig.

rum et unam libram auri, tali convenientia ut, si etiam bellum habuero contra Gaufredum Papa Bovem vel contra comitem Andecavensem, de rebus tamen sancti Lupi nichil contingam, de eisdem rebus ullum damnum supradictis monachis inferam; sed ita fideliter amodo et res sancti Lupi et omnes res sancti Martini, ubicunque eas invenero, in quantum potero, defendam atque custodiam tanquam frater ipsorum. Propter quod in societatem benefacti eorum ab abbate Bartolomeo ego et uxor mea Richildis, quæ ibi mecum erat et id ipsum mecum auctoravit, recepti sumus. Ego vero, in signum fidei et amiciciæ, abbatem et monacos omnes qui cum eo erant osculatus sum; et ipsi polliciti sunt michi quod, si bene atque fideliter et sicut promisi res eorum dum vivam custodiero, post mortem meam scribent nomen meum in martyrologio suo. Factum est hoc auctoramentum et hæc convenientia apud castellum cui hoc ipsum nomen est, scilicet Castellum, in claustro sanctæ Mariæ, audientibus et videntibus istis : Gosberto filio Landrici, Radulfo filio Marcoardi, Teoino Mansello, Rotberto de Rupibus, Fulcoio Rufo, Tetbaldo Barrel, Odone foristario, Tetbaldo tolonario, Gauterio filio Mathei. Teoderico monacho, Engelgerio monacho, Tetbaldo monacho, Raginaldo monacho, Erveo, Alcherio; ex hominibus sancti Martini : Garinus clericus, Abbo diaconus, Bernardus major, Petrus coqus, Frotgerius, Durandus Calvus, Archembaldus homo Arnulfi clerici.

VI. ITEM AUCTORAMENTUM GAUFREDI DE PRULIACO (1)

Notum sit omnibus sanctæ ecclesiæ fidelibus quod ego Gaufredus de Pruliaco, cognomento Jordanis, auctorizavi monachis Majoris Monasterii ecclesiam sancti Lupi de Ruiliaco cum omnibus quæ ad eam pertinent quieto jure in per-

(1) D. Martène, Vol. II, N° 691.

petuum possidendam, sicut eam Gausfredus Papa Bovem, sive dono sive pretio, eis tradidit. Feci autem hoc auctoramentum per consilium matris meæ Almodis, tali convenientia ut prædicti monachi nomen mei patris scribant in martyrologio suo; insuper, pro anima ejus, pascant unum pauperem in perpetuum apud ipsam obedientiam, id est apud Ruiliacum. Præterea, ut esset adhuc firmior, dederunt supradicti monachi mihi et matri meæ X. libras denariorum. Hoc auctoramentum meum et matris meæ audierunt et viderunt : Godefridus Bucellus, Gosfridus Rufus, Gauterius Ademarus Rotgerius, Guido de Pruliaco et filius ejus Guido.

Dum autem essemus apud Prusliacum in claustro monachorum sancti Petri ego et mater mea, venit Arnulfus monachus et supradictas X. libras denariorum, commemorata causa pro qua dabantur, coram omnibus qui aderant reddidit nobis; vidente abbate ipsius monasterii (Prusliacensis) domno Constantio, Godefrido et filiis suis Hugone et Drogone, Guidone et filiis ejus, Goffredo Rufo, Girardo Rufo, Gualterio Ademaro, Effredo Ademaro Gosfredo Lupo, Rotgerio, Firmino, Giraldo, Rainaldo Besillon, Rainaldo cellarario, Arnaldo, Araldo monacho.

VII. DE RECLAMATIONE HARDUINI ET HILDEBERTI DE REILIACO SUPER HIS QUÆ DONAVERAT GAUSFREDUS PAPA BOVEM (1).

Nosse debebitis si qui eritis posteri nostri, Majoris scilicet hujus habitatores Monasterii sancti Martini, Harduinum militem quendam de Reiliaco, una cum Hildeberto cognato suo, reclamasse aliqua ex his quæ Gausfredus Papa Bovem apud idem castrum nobis donaverat. Sed accepto ab eodem Gausfredo pro his quæ reclamabant excambio suo, auctori-

(1) M. Salmon, Charte Orig.

zante quoque sibi Marca ejusdem Gausfredi conjuge ea quæ in excambium accipiebant, guerpiverunt gratanter et integre quicquid in his quæ nobis fuerant donata reclamabant, testibus istis : Gausfredo Papa Bovem, Herberto nepote ejus, Guiscelino filio Ritmandi, Haimerico cognato ipsius Gausfredi, Otgerio Mischino, Odone preposito de Barolia, Archembaldo de Reiliaco, Fulchardo monacho, Ernaldo monacho, Letardo monacho, Odone famulo de Capella, Andrea Calvo.

Eandem guerpitionem fecit postea idem Harduinus etiam in capitulo nostro, presentibus istis : Arnulfo clerico, Gausfredo campione, Giraldo coquo, Nihardo coquo, Ursione coquo.

VIII. DE PRÆBENDA ET DE MANSIONE GERALDI PRESBITERI DE RELLIACO (1).

Notum sit omnibus quod querelam illam quam movit Geraldus presbiter adversus domnum abbatem Bartholomeum apud Relliacum, tam de prebenda quam etiam de mansione, totam ex integro dimisit acceptis ab eo XXX. solidis denariorum et beneficio nostri loci; audientibus et videntibus istis quorum nomina subscripta sunt : Radulfo Drusione, Rainardo de Gisois, Rainardo de Burgulio, Drogone, Guitberto, Guitone, Rainaldo presbitero, de nostris : Geraldo Rufo, Frotgerio, Huberto, Petro coquo.

IX. DE CENSU ET VINAGIO DATIS AB HERBERTO DE CAMPO MARINO (2).

Notum sit omnibus quod anno secundo a dedicatione Majoris Monasterii, quam Urbanus II. urbis Romæ papa glorio-

---

(1) M. Salmon, Charte Orig.
(2) D. Housseau, Vol. III, N° 1019.

sus celebravit, miles quidam Relliaci castri, Herbertus nomine de Campo Marini, volens pergere in Jerusalem cum exercitu christianorum secundo, venit in capitulum nostrum, monachorum scilicet Majoris Monasterii, et susceptus in societatem benefacti, sicut petierat, dedit Deo et Beato Martino atque nobis in elemosinam, pro animabus parentum suorum et ut Deus ipsum duceret et reduceret sanum et incolumem, sex denariorum censum, quem reddebant ei annis singulis fratres nostri apud Relliacum demorantes, et dimidium modium vini quod ibidem similiter ei reddebant annuatim præfati fratres nostri. Quod concessit Madfredus frater ejus, inibi factus et ipse particeps nostræ societatis. Cujus rei donum prius fecit in capitulo, deinde vero posuit ipsum super altare dominicum per quemdam parvum baculum. Quod viderunt illi testes : ex parte ejus quidam miles qui erat cum eo, nomine Ingelbaldus de Avallia; de nostra autem parte isti: Sancelinus cellararius, Tedelinus de Chainsiaco, Rotbertus Marca Vitulus, Johannes de Scorciaco, Herveus forestarius, Richardus clericus de Monediaco, Stephanus homo Ingelberti Selionis, Balduinus filius Stephani Caprarii, Ilduinus clericus, Johannes de Pinello, Martinus sacrista, Stephanus Blanchardus.

X. COMMENDATIO MAJORIÆ RELLIACI GUALTERIO ALETRUDI, QUÆ NON EST PERPETUA, SED AD PLACITUM PRIORIS REVOCABITUR (1).

Nostrorum memoriæ posterorum scribere necessarium opinamur quod Gualterius Aletrudis, qui monachorum Relliaci prepositus steterat, eandem prefecturam jure hereditario sibi reclamabat. Quod cum monachi ejusdem loci audissent, cum eo inde ad placitum in curia monachorum ipso-

(1) M. Salmon, Charte Orig.

rum, coram vavasoribus ipsius castri id est Relliaci, venerunt; ibique prior Willelmus Majoris Monasterii cum ceteris monachis qui aderant, veris rationibus predictum Gualterium nichil in ea juris habere evidenter probaverunt. Sed ad ultimum monachi idem, precibus virorum qui aderant annuentes, eam judicio sibi ablatam reddiderunt; ibidem vero cunctis audientibus, et uxore ejusdem presente et concedente, juravit quod inde monachis Relliaci bene serviret, et si faceret eis aliquid forisfactum quod emendare vel nollet aut non posset, eam sibi auferrent et cuilibet alii darent. Ex hoc fidem suam Johanni Pauperi pollicitus est quod, si id eveniret, numquam de fidelitate nostra exiret nec se alicui inde reclamaret qui malum nobis pro hoc faceret.

Hujus prenotate rei testes sunt : Johannes Pauper, Arnaldus Porcarius, Odo de Santri, Otgerius de Magne, Radulfus prepositus, Guarinus de Maineriis, Giraldus Anglicus, Giraldus presbiter, Ingelbertus telonearius. De monachis isti affuerunt : Guillelmus prior, Johannes Rigaldus prepositus Relliaci, Radulfus capelle beati Bartholomei prepositus, Petrus prepositus de Fonte Caro; de famulis monachorum : Hubertus cellararius, Lisiardus filius Bonæ Matris, Rainaldus, Aalardus, Hanguialdus, Radulfus faber.

XI. DIMISSIO QUERELE ROTBERTI PAPA BOVEM, DE MURO RELLIACI ET QUARTA PARTE ECCLESIE SANCTI LUPI (1).

Opere precium est ad memoriam successorum transmittere facta priorum, et quod hominum fugaci memoria non valet retineri, ne in evum depereat, litteris obligari. Notum sit igitur sanctæ matris æcclesiæ fidelibus nostrisque maxime Majoris Monasterii successoribus quod querelas quas Rotbertus, filius Gausfredi Papa Bovem, habebat adversus nos,

---

(1) M. Salmon, Charte Orig; D. Housseau, Vol. IV, N° 1219.

videlicet de muro faciendo et de omnibus aliis quæ in alia notitia de eisdem causis facta plenariæ descripta sunt, illas omnes in die Ramis Palmarum, Andegavis ante tubam, fideliter et sollemniter nobis dimisit ; et quicquid ex patre suo habebamus, de quibus partem nobis auferebat, eadem hora et loco eodem nobis benigne reddidit : quod est quartam partem ecclesiæ sancti Lupi, in qua sumus, et decimam molendinorum suorum et anguillarum. Et ex hoc tenere et in futurum integre servare, coram plurimis baronibus qui illuc convenerant, fidem suam Secardo beati Martini canonico, juxta ammonicionem et consilium domni Rainaldi Andegavensis episcopi, evidenter spopondit. Hujus vero rei testes subnotantur : domnus Rainaldus episcopus Andegavensis, abbas nomine Baldricus de Burgulio, Gausfredus Martellus filius Fulconis comitis, Albericus decanus, Willelmus thesaurarius, Willelmus archidiaconus, Guarnerius archidiaconus, Secardus qui de supradicto Rotberto fidem accepit, Philippus filius Hamelini de Langiaco, Rainerius de Filgeriis, Matheus Chainardus, Stephanus de Monte Sorel. De monachis nostris affuit huic rei Andreas Bella Gamba; de monachis de Burgolio interfuerunt : Bernardus prepositus, Petrus bajulus abbatis, Herlandus ; de monachis Sancti Albini : Guido de Matefelon sacrista et alii quam plures diversi ordinis quos enumerare perlongum est.

Non multo post, predictus Rotbertus venit in capitulum Majoris Monasterii ibique, consedentibus fratribus, eamdem querelarum guerpitionem et rerum quas nobis auferebat redditionem ac concessionem quam Andegavis, ut dictum est, fecerat, coram cunctis fratribus eodem modo fecit et inde donum, cum fuste quodam, domno Radulfo priore tunc temporis nostro, tenente capitulum, cum diligenti devotione dedit; baculoque eodem accepto de manu prioris, idem Rotbertus, manu propria super majus altare posuit. Nosque, hujus rei gratia, beneficium Majoris Monasterii et societatem nostram illi dedimus, et C. solidos de caritate et palefredum unum et duos cereos; ipseque nobis promisit quod hoc nobis concedere uxori suæ et fratri faceret. Hujus rei testes subnotantur : Radulfus prior, Guillelmus subprior, Henricus hospitalarius, Gausbertus cellararius, Radulfus prefectus de Capella, Isenbardus sub-hospitalarius, Petrus prior de Lavarzino, Petrus Laidez, Andreas Bella Chamba; de militibus et laicis : Harduinus de Malliaco, Andreas Burdol, Ingelbertus Felions, Johannes Pauper, Matheus Chainnardus, Johannes filius Johannis de Curceolis, Girardus famulus monachorum, Arnulfus cellararius, Herveus pistor, Arnulfus de Relliaco, Bernardus Testardus, Petrus Barba, Haimo de Dalmariaco, Ebrardus de Guabart, Gaufridus Ferganz, Nicholaus filius Odonis, Landricus Pertus, Herveus homo Gilonis, Rainaldus Doardus, Mainardus bovarius, Rainaldus frater Landrici, Hubertus de la Membrerola, Girbertus de Monadio.

XII. DONUM GAUFREDI CHAINARDI, DE PASSAGIO IN LIGERI APUD CHELZIACUM (1).

Noverint presentes et posteri hujus nostri Majoris Monasterii habitatores, de passagio quod habebant in Ligeri apud Chelziacum Gaufredus Chainardus de Lengiaco et quidam Sigebrannus, quod alter eorum, id est Gaufridus Chainardus, Dei inspiratione preventus, dedit Deo et beato Martino et nobis partem suam, id est medietatem illius passagii; altera enim pars erat predicti Sigebranni. Hoc inquam concessit nobis predictus Gaufredus in parte sua perpetualiter optinendum, ut de omnibus rebus nostris dominicis ibidem per aquam in quocumque vase transeuntibus, nullum ex toto passagium persolvamus. Fecit autem predictus Gaufredus hoc donum concedente uxore ejus Ermensende et Nivia uxore filii sui Mathiæ Chainardi, qui eo termino finierat, quæ videlicet Nivia habebat in dotalicium suum medietatem medietatis ad eundem Gaufredum pertinentis, id est quartam

(1) Archives de Maine et Loire, Charte Orig.

partem totius insimul passagii. Hoc etiam concessit quidam Girardus nepos ipsius Gaufredi. Fecit autem sepedictus Gaufredus hoc donum pro anima sua et pro animabus uxoris suæ et uxoris filii sui et maxime pro anima ipsius filii sui Mathiæ, quem supradiximus eo termino finiisse, et pro animabus antecessorum et successorum suorum. Hoc viderunt et audierunt, tam ex parte ipsius quam nostra : Johannes Pauper, Hugo li Druz, Rotbertus Arraldus, Radulfus faber, Guarinus filius Hildiardis, Joslinus de Maineriis, Rainaldus Doardus famulus Majoris Monasterii, Guillelmus carpentarius, Gaufredus Chamillardus, Benedictus de Schartis, Pavonellus filius Rainaldi Bocherii, Odo filius Hildini. Actum anno dominicæ incarnationis MCVII°, anno secundo ordinationis domni abbatis Willelmi; actum inquam per manum et consilium domni Hugonis de Ramerueo qui tunc erat prior Relliaci.

Porro post duos aut tres menses venit supradictus Gaufredus in capitulum nostrum et uxor ejus jam dicta Ermensendis, pridie idus scilicet Julii; et iteraverunt concessionem de passagio et optulerunt donum super dominicum altare per quendam baculum et recepti sunt in societatem nostram, domno Odone priore claustri tenente capitulum. Hujus rei testes sunt, ex parte eorum : Girardus nepos ipsius Gaufredi, Gaufredus de Ulmis, Beringerius frater ejus, Florentius; de famulis nostris : Landricus hospitalarius, Ebrardus scutellarius, Donoaldus de Elemosina et Rotdaldus frater ejus, Arnulfus Bucca de Auro, Radulfus asinarius, Rotbertus Marcat Vitulum, Morinus Odelerius et alii multi.

XIII. DE VINEA GAUFREDI CHAMELARDI QUAM CALUMNIATUS EST ROBERTUS ARRAUDUS (1).

Noverint presentes et futuri quod Gaufredus Chamelardus

---

(1) Archives d'Indre et Loire, Charte Orig. contenant aussi la pièce suivante.

dedit Deo et beato Martino et nobis monachis Majoris Monasterii quandam vineam quam habebat et tenebat apud Relliacum solutam et quietam, præter censum III. denarios et obolum quos redebat Roberto Arraudo. Quam vineam calumniatus est nobis ipse Robertus, dicens quia de feuo suo et censiva ejus erat ipsa vinea et nolebat quod monachi eam haberent. Tandem vero, ad concordiam veniens, guerpivit prorsus ipsam calumniam; et ita solutam et quietam concessit nobis in perpetuum et auctorizavit illam ut nedum, ut nichil consuetudinis nichilque servicii deinceps pro ipsa vinea redderent vel facerent ei nostri monachi, sed solummodo purum censum, III. scilicet denarios et I. obolum, ei redderent et de eodem censu reddendo nullam occasionem nobis inferret vel districtionem. Pro hac itaque concessione habuit et recepit a monachis nostris Hugone de Rameruco et Johanne Rufo LX. solidos; et filius ejus Arraudus, cum matre et ceteris fratribus, concessit et habuit unam lanceam. Testes hujus rei: Robertus Papa Bovem, Gaufredus de Ulmis, Johannes filius ejus et Philippus et Thomas, Hugo de Gisoiis, Matheus Burrellus, Normannus de Curcellis, Harduinus de Sancto Medardo, Johannes de Curcellis, Frodo frater ejus; monachi : prior loci Hugo de Rameruco, Petrus Laidet, Gingomarus armarius, Godefredus, Johannes Rufus; ex parte Roberti Arraldi : Gaufredus, Matheus, Gorgereius, Arnaldus Porcherius sacerdos Relliaci, Giraldus, Andreas de Ulmis, Guillelmus de Chatenatico, Christianus de Lem, Samuel de Mallai, Guilmus filius ejus, Gosceliaus Brito.

XIV. CARTA HUGONIS DE RAMERUCO, PRIORIS RELLIACI, DE PACE FACTA CUM ROBERTO PAPA BOVEM.

Quicunque hujus loci habitatores extiterint noscant et intelligant quod Robertus Papa Bovem, multas contra nos tendens insidias, ex diversis querelis quas sic et sic nominare decrevimus appellavit : de vineis scilicet quas domnus Radulfus de Curva Spina amputando destruxit, de reliquis ad se nichil pertinentibus, de olchis que sunt in foro in quibus vineas plantare debuimus, de olchia Franchi quam postea super altare cum baculo propria manu donavit et nobis in libertate tenendam concessit. Hujus rei sunt testes : Johannes de Curcellis, Frodo frater ejus, Garinus filius Ildegardis et Guillelmus de Pireio famuli ipsius Roberti, Sanctulus burgensis ejus.

Nos autem, videlicet Hugo de Rameruco prior loci et ceteri monachi, dantes ei IV. nummorum libras, omissis omnibus querelis, fœdus concordiæ cum eo, Dei gratia, multis audientibus, in perpetuum firmavimus. Hanc rem fecit ipse Hugo de Rameruco, Rivallonius sacrista, Gilduinus; sacerdotes : Giraldus de Relliaco, Guillelmus de Chaenatico, Andreas de Ulmis; famuli monachorum : Guillelmus Morsel, Rainaldus Bibens Vinum, Pavo filius Rainaldi carnificis, Robertus Arraldus, Hubertus vicarius, Garinus filius Ildegardis.

XV. PLACITUM INTER MONACHOS ET ROTBERTUM PAPE BOVEM, DE DUOBUS HOMINIBUS IN CASTRO RELLIACI COMMANENTIBUS (1).

Cum Rotbertus cognomento Papa Bovem, dominus Relliaci castri, multotiens multas et magnas injurias fecisset monachis Majoris Monasterii Deo servientibus in ecclesia sancti Lupi in eodem castro et hominibus corum, in tantum ut ipsis fugientibus terra eorum pene in solitudinem verteretur, cumque monachi, vel pro Deo vel pro inopia, injustitiæ tanta mala aliquandiu sine extraneo clamore tolerassent, tandem ipse Rotbertus, non fractus patientia monachorum nec Deo nec sancto Lupo reverentiam portans, ipso die festivitatis sancti Lupi, accepit duos homines sancti Martini Majoris Monasterii et monachorum ejus, dicens eos et gene-

(1) M. Salmon, Charte Orig; D. Housseau, Vol. V, N° 1338.

rationem eorum suam esse debere; nullo tamen clamore inde prius facto ad ipsos monachos vel ad abbatem eorum. Monachi vero tantum dedecus sibi factum, immo Deo et sancto Martino sanctoque Lupo in die festivitatis ejus, patienter tolerare jam ultra nec valentes nec volentes, prius quidem ipsum Rotbertum requisierunt et de ipso apud ipsum conquesti sunt; sed cum nichil juris vel boni responsi ab eo accepissent, hac necessitate coacti, ad comitem Fulconem et comitissam Aremburgim nomine, filiam comitis Helie, suam proclamationem contulerunt. Quod ipsi audientes, qui justitiæ amatores valde erant, zelo domus Dei commoti sunt et inter monachos et Rotbertum placitandi in sua præsentia certum locum certumque terminum posuerunt.

Quid plura? venit utraque pars ad castellum comitis Balgiacum et se ibi comiti et comitissæ præsentaverunt. Sed quia comes quibusdam suis propriis negotiis tunc occupatus erat, causæ illi tractandæ non affuit; sed comitissæ, vicem suam et locum committens, ut ipsa cum suis baronibus causam juste definiret imperavit. Dixerunt ergo monachi Rotbertum duos supradictos homines sancti Martini, id est Gaufredus atque Frotgerius cognomento Abi Fol, in die festivitatis sancti Lupi sine clamore, sicut supradictum est, accepisse, nec abbatem nec monachos inde ei justitiam denegasse; addentes quod eorum ecclesia eosdem homines et eorum generationem plus quam triginta annis, solute et quiete jure possessionis æcclesiasticæ, tenuisset, et Rotbertum, eos ipsos in eodem suo castro commanere diu videns, non clamasset. Quod cum ipse denegare non posset, precepit comitissa baronibus suis ut facerent inde judicium. Quo inter se tractato, dixit Girardus Paganus pro aliis hoc curiam comitis judicare quod, quia Rotbertus homines supradictos sine clamore acceperat quos per tot annos monachi tenuisse ipso vidente ipse negare non poterat, deberet eosdem monachis reddere; et deinde ad abbatem, ab abbate vero ad comitem, si opus esset, deberet clamorem perferre. Sic enim, et de omnibus aliis elemosinis quæ essent in terra comitis et comitissæ, esse faciendum asserebant; eo quod ipsi essent domini et principes terræ, et ideo quicumque elemosinas dedissent, datæ statim sub eorum defensione devenirent.

Igitur tam justo judicio Rotberto non valente contraire, Harduinus de Sancto Medardo, cujus filiam ipse Rotbertus uxorem habebat et qui de judicibus unus erat, et multi alii amici ejus, mediatores inter monachos et eum, pacem fieri quesierunt; quæ hoc modo facta est. Equum quemdam, quem monachi Rotberto prestiterant, dimiserunt ei in pace: et omnes anteriores querelas, tam Rotbertus monachis quam Rotberto monachi, dimiserunt, excepto quod Rotbertus redderet monachis, usque ad proxime futurum Pascha, capam unam de pallia quam ipse, acceptam de æcclesia sancti Lupi, invadiaverat, quod et ipsa comitissa in manu accepit. Clamavit etiam Rotbertus monachis solutos et quietos in perpetuum homines supradictos et totam cognationem eorum, et quod deinceps nichil acciperet a monachis neque ab ullis hominibus eorum per violentiam: sed si quid haberet contra eos, prius eis ostenderet; et si non emendarent ad abbatem clamaret, deinde ad comitem et ad comitissam si abbas a justitia deficeret. Hoc ita dijudicatum et concessum et confirmatum audierunt et viderunt, ex parte tam Rotberti quam monachorum, in primis ipsa comitissa, deinde barones ejus : Harduinus de Sancto Medardo, Girardus Paganus, Gaufredus de Ramo Forti, Rainaldus Framaldi, Girusius de Monte Forti, Erneisus butellarius et multi alii; monachi vero : Rotbertus archidiaconus, Briccius de Blesi, Hugo hospitalarius, Fulbertus prior Bocceii; et famuli eorum : Gaudinus, Johannes frater Nicholai, Girardus famulus de Relliaco et alii.

XVI. DONUM ROTBERTI PAPE BOVEM, DE DECIMA FERLE SANCTI LUPI (1).

Noverint presentes et futuri Majoris Monasterii habitato-

---

(1) Arch. d'Indre et Loire Charte Orig; D. Housseau, Vol. IV, N. 1360.

res quod, quando uxor Rotberti Papa Bofem de Reilliaco, Margarita nomine, sanctimonialis apud Sanctum Nicholaum effecta est, ipse Rotbertus, pro amore ejusdem uxoris suæ et pro salute animæ suæ, dederit monachis nostris Reilliaci commorantibus decimum denarium de feria sancti Lupi et de repetita feria. De hoc dono fecit ipse Rotbertus istas litteras fieri, ut testimonio et auctoritate eorum hoc beneficium nobis perpetuo ratum maneret. Primo igitur de ipsa hac elemosina filia ipsius Rotberti, Adeladis nomine uxor videlicet Jaguelini de Malliaco, posuit donum super majus altare beati Martini Majoris Monasterii nostri, per preceptum patris sui; et postmodum idem Rotbertus hoc ipsum Reilliaci auctorizavit nobis, audientibus testibus istis: Gosfredo Godiscale, Samuele de Mallai, Haimerico Barcardo, Gosfredo Mathei et Rotberto filio Roscæ. Actum anno ab incarnatione domini MCXXXIII*, tempore domni Odonis abbatis.

Cum igitur hanc elemosinam suam prefatus Rotbertus sepe nobis postea calumniatus esset, tandem ad sanam mentem redactus est: et de salute animæ suæ timidus et bene sollicitus, quadam dominica septuagesimæ in æcclesia prefati sancti Lupi de Reilliaco post evangelium missæ, prefatum donum, vidente vel audiente omni parrochia, iterum nobis fecit et super altare ejusdem æcclesiæ posuit; presente domno Buamundo, venerabili archidiacono Andegavensi, qui ipsum donum desuper altare accepit et Briccio priori tradidit. Preter omnem ergo, ut diximus, parrochiam alios quosdam testes nominatim hic exprimere libuit; monachos: Briccium priorem, Cesarium et Bernardum socios ejus; presbiteros: Leonardum de Reilliaco, Stephanum de Ulmis, Hildegarium de Parciaco, Haimonem de Saviniaco; laicos: Gaufredum de Podio, Rotbertum Arraudi, Rotbertum de Cantiliaco, Johannem de Baugiaco, Gaufredum de Noeriaco, Falconem vicarium, Rainardum vicarium et Rotbertum filium ejus, Guibaudum, Sanzonem pellitarium, Benedictum furnerium, Johannem Boches, Gauterium molnerium, Hernilfum Belotin, Guarinum fabrum; clericulos:

Leonardum, Haimonem, Brun.. ..., Hugonem et Guidonem.

XVII. CARTA RIDELLI DE RILLEIO, DE DONO DECIMÆ PORTIONIS QUAM IN NUNDINIS SANCTI LUPI CAPIEBAT (1).

Quoniam, inter universos mentis defectus, passionem quoque oblivionis incurrit humana fragilitas, commendabilis est scripturarum memoria quæ et emergentibus occurrit calumpniis et actionum seriem sua loquitur veritate. Hujus igitur paginæ testimonio noverint præsentes et futuri quod ego Ridellus de Rilleio, die quo suscepte peregrinationis Jerosolimitane iter aggressus sum, in ecclesiam sancti Lupi veniens cum fratribus meis et hominum turba quæ me non modica sequebatur, pro mea et matris meæ et fratrum meorum nec non et antecessorum salute, donavi Deo et monachis Majoris Monasterii ibidem commorantibus decimam portionis quam in duobus nundinis sancti Lupi apud Rilleium capiebam; et de præfata elemosina corporaliter ecclesiam investivi, Margarita matre mea et fratribus meis Loorim, Willelmo, Gaufredo et Hugone hoc volentibus et approbantibus. Ne igitur aliquis successorum meorum quod intuitu divine pietatis facere decrevi, instinctu diaboli, revocare nitatur in irritum, has litteras feci scribi et sigilli mei munimine roborari Hujus rei testes sunt, de monachis : Alanus tunc temporis prior Rilleii, Hugo et Garnerius ; de clericis : Haimericus presbiter et Drogo capellanus; de militibus : Gervasius de Corcellis, Robertus de Brel et Robertus de Ulmis; de burgensibus : Bartholomeus Bretel, Willelmus Bretel, Robertus Audrain, Hugo villicus et plures alii.

(1) D. Housseau, Vol. IV, N° 1070.

CARTÆ

DE PEDAGIIS ET TELONEIS

I. DE REBUS QUÆ ADDUCUNTUR AD USUM MONASTERII LIBERE TRANSEUNTIBUS IN ANDEGAVIA, EX DONO GAUFREDI COMITIS (1).

Omnibus quos id nosse poposceret ratio, scire datur scripti hujus indicio quia, cum adhuc civitas Turonensis in dominio comitis Tetbaldi esset, Burchardus et David, monachi Majoris Monasterii, comitem Gaufredum adeuntes, tam sua quam universorum fratrum prædicti cœnobii supplicatione, deprecati sunt ut ea quæ, ad usum monasterii, seu per terram seu per aquam adducerentur, in omni terra sua pedatico seu cœteris hujusmodi consuetudinibus libera et absoluta esse concederet; quod tum suis precibus tum procerum qui comiti circumstabant obtinuerunt intercessionibus : Adre-

---

(1) D. Housseau, Vol. II, N° 470.

rardus de Monte Bu*** , Berlaius de Monasteriolo, Galterius Titio, Gausfredus Crassus, Gaufredus de Trevis, Alduinus præpositus, Aimo Daurellus qui, adhuc vivens, narrat se navem Sancti Martini, quæ de Guerranda sale onusta illis diebus remeabat, jussu comitis conscendisse et a Castro Celso usque Turonum, ne alicubi disturbaretur, conduxisse.

II. DONUM EJUSDEM COMITIS, DE CHALANNO SALEM DEFERENTE PER LIGERIM A NANNETIS USQUE AD TURONUM (1).

Nosse debebitis si qui eritis posteri nostri, Majoris scilicet hujus habitatores Monasterii sancti Martini, comitem Gausfredum, Fulconis Andecavensis comitis filium, perdonasse perpetuo, pro anima sua, sancto Martino et nobis sub domno abbate Alberto servientibus, per cuncta ditionis suæ loca, a Nannetensi videlicet urbe usque ad Turonum, teloneum omne navis nostræ et chalanni unius salem in usus nostros ab illis partibus per Ligerim deferentis; et auctorizasse hoc Adeladem comitissam Teutonicam, uxorem illius, et nepotes ejus Gausfredum comitem, successorem ipsius, et Fulconem fratrem ejus. Hoc autem cum pro cura medicinæ quam quidam noster monachus Tetbertus, diutinæ infirmitati ejus assidue invigilans, impenderat, ex parte fecisset, plus tamen profectum animæ suæ in hac perdonatione consideravit. Cujus perdonationis, quæ apud Andecavem, quando jam ex hac vita erat exiturus, facta est, isti affuerunt testes : Gauscelinus, Stabilis, Garnerius camerarius ejus, Guarinus cellararius ejus, Robertus præpositus Andecavis, Rainaldus de Castello, Archembaldus filius Ulgerii decani, Tetbaldus de Jarzei, Artaldus Burgundio, Hubertus Bagodius, Rainaldus grammaticus, Bernardus

(1) D. Housseau, Vol. II, N° 592

clericus, Gausbertus canonicus Sancti Laudi, Tetbertus monachus medicus.

III. DE TELONEO QUOD DEDIT GAUTERIUS DE MONTE SORELLO, AD CANDE ET AD MONTEM SORELLI (1).

Notum esse volumus et memoriæ commendari quod Gauterius de Monte Sorello, filius Guillelmi de Monte Sorello, dedit nobis, id est Majoris Monasterii monachis, pro salute animæ suæ et omnium parentum suorum, teloneum suum de rebus nostris (ad) Conde (2) et ad Montem Sorelli, sicut ille accipere jus et consuetudinem habebat in predictis locis, sive per terram sive per aquam res nostræ ducantur aut portentur. Sed in teloneo ad Montem Sorelli, in rebus quæ navigio feruntur, tertia pars non est nobis ab ipso data, quia cujusdam militis erat: duæ partes datæ sunt quæ ad ipsum pertinebant, tam in sale quam in omnibus aliis; Conde vero dimidia pars ejus erat, et ut erat ita eam nobis dedit. Eorum autem quæ per terram feruntur aut ducuntur nichil ad militem pertinebat sed totum ad eumdem Gaulterium, et totum nobis similiter datum est ab illo. Et quod de rebus nostris ad claustrum nostrum pertinentibus dicimus, hoc ipsum etiam de rebus fratrum nostrorum ubicumque morerentur quidquid ferre, quidquid ducere videantur. Si vero emerint aliquid ut revendant, sive salem sive aliud quippiam, non erunt liberi a mercatorum consuetudine quin teloneum solvant, ut illi siquidem (qui) negociantur. Navis tamen nostra semel in anno salem nobis afferre potest sine teloneo, etiam ad vendendum, pro necessitate cellarii nostri. Nos autem eidem pro gratia dedimus, ut hanc nobis quomodo diximus consuetudinem relaxaret in perpetuum et a fratribus suis et sororibus quietam et absolutam auctorizari faceret, CCC.

(1) D. Housseau, Vol. IV, N° 1153.
(2) Sic.

solidos et palefredum C. solidorum et, pro quo maxime id fecit, in (societate) benefacti nostri et orationum susceptus est; atque etiam pater ejus jam defunctus Guillelmus in martirologio nostro conscriptus est, inter beneficos et familiares nostros anniversarie celebrandos. Fratribus autem ejus dedimus majori, scilicet Guillelmo Mala Theschiæ, XL. solidos, minori vero Gervasio XX. et hoc libenter annuerunt. Testes : Paganus de Mirebello, Ato Gibaldus, Urso; ex nostra parte : Hubertus, Sancelinus, Johannes hospitalarius, Harduinus filius Galcherii, Landricus cocus, Durandus cocus, Herveus pistor, Johannes de Pinello, Pipardus nauta, Herveus nauta.

IV. DE DONO EJUSDEM TELONEI (1).

Utilitati successorum nostrorum consulentes, præsenti scripto annotari studuimus quod Galterius et Willelmus Mala Taschia, frater ejus, dederunt Deo et sancto Martino et monachis Majoris Monasterii pedagium et teloneum de omnibus rebus, sive per terram sive per aquam......, ad Condam scilicet et ad Montem Sorelli. Cujus rei testes sunt: Paganus de Columbariis; de hominibus ipsius Galterii : Gausfredus Gisleberti, Philippus frater ejus, Gausfredus Male Minat, Seguinus de Rupibus, Gosbertus de Bornen; de famulis et hominibus nostris : Martinus de Boeria, Girardus de Loratorio, Galterius Guicherii, Ingelbaldus de Tavento, Radulfus capellanus, Galcherius sartor, Guido cellararius, Haimericus sutor, Gosbertus carnifex; de monachis : Ilbertus (2) abbas, Gosmarus prior Majoris Monasterii, qui accepit donum quod ipse Galterius posuit super altare Taventi, et Andreas de Guinet.

(1) D. Rousseau, Vol. IV, N° 1278 bis.
(2) Sic pour *Hilgotus*.

V. DE CONFIRMATIONE EJUSDEM TELONEI (1).

Anno vero ab incarnatione domini MCVIII°, idem Galterius, Jerusalem proficiscens (2), ad nos divertit; et pro anima sua suorumque parentum et uxoris suæ Griseiæ, præfatum donum nobis sollemniter confirmavit. Sed quia jam in itinere erat et uxor ejus præsens non aderat, per Robertum de Matefelon, qui et ipse hoc concessit, mandavit ei et hominibus suis ut et ipsa concederet et homines suos concedere faceret et etiam filiastrum suum, filium videlicet ejusdem Griseiæ. Perrexerunt igitur ad Montem Sorellum de monachis nostris ...... audientibus, ex parte Griseiæ: Roberto de Matefelon, Normanno de Monte Sorello, Beringario et Valloto telonneariis, Garino de Bretiniaco, Vitali, Odelino; de famulis nostris: Huberto cellerario, Lisiardo, Bertranno, Johanne filio Hervei pistoris.

(1) D. Housseau, N° 1278 ter.
(2) Ut de his quæ gerimus omnis in posterum ignorantia excludatur, litteris commendamus quia Galterius de Monte Sorello, pergens Jerusalem, in civitate Apuliæ nomine Mespha, rogatu Galterii monachi et Gauffredi Brisardi, dedit Deo et monachis Nuchariensibus teloneum aquæ et pedagium terræ in Monte Sorello, id est ut in eundo et redeundo, sive per terram sive per aquam, monachi Nucharienses neque teloneum, neque pedagium, neque conductum, neque ullam omnino consuetudinum reddant; coram his testibus: Radulfo Rabaste, Radulfo Licei, Gastinello de Bugul, Goldinello de Curzai, Simone de Nugastro, Aimerico Andreæ, Erveo filio Durandi. Per eumdem vero monachum mandavit uxori suæ Greciæ, certis signis, ut tam ipsa quam infantes ejus hoc idem donum annuerent et confirmarent. Reversus igitur idem monachus, domnum abbatem Stephanum usque ad Montem Sorellum adduxit: ibique Grecia, auditis et cognitis mandatis domini sui, idem donum nobis confirmavit; cum filio suo Guillelmo et filia sua rumpit staticulum (1) coram his testibus: Goffrido Malmoine, Alone Gilbaudo, Hugone Flavo, Ivone de Sisiniaco et fratre ejus Normanno, Aimerico Falconis et fratre ejus Hugone, Rainaldo de Super

Cum autem præfati Galterii filius, nomine Willelmus, patre vivente illi successisset in honorem, de teloneo atque pedagio supradicto cœpit nos infestare, licet pater ejus elemosinam illam se fecisse nobis testaretur filioque suo, scilicet Willelmo, præsente eam nobis diratiocinari paratus esset. Unde sæpius a nobis conventus, Deo tandem volente, elemosinam patris sui et deinceps suam se concessurum promisit. Misimus itaque ad eum quatuor ex fratribus nostris : Durandum camerarium, Garnerium priorem Taventi, Johannem de Ambianis et Garnerium notarium, ut concessioni illi totius vice capituli interessent; in quorum præsentia et uxoris suæ Matildis, apud Montem Sorellum in camera sua, nobis concessit pedagium et teloneum ad Condam et ad Montem Sorellum omnium rerum nostrarum per aquam sive per terram transeuntium, ita libere sicuti pater ejus antea nobis dederat. Hoc concessit Matildis uxor ejus. Testes inde sunt : Peregrina soror ipsius Willelmi, Haimericus de Faia, Haimericus de Berniciaco, Galterius de Masciaco, Radulfus Male Minat, Haimericus de Gerria, Ernaldus de Sisiniaco, Ernaldus cellararius ejus, Misce Jocum camerarius ejus; de famulis nostris : Christianus de Hospitio, Stephanus Bellotus, Paganus et Willelmus de Tavento prepositi.

Non multis igitur postea evolutis diebus, subsequente quadragesima, venit supradictus Guillelmus Majus Monasterium. Capitulum etiam nostrum cum aliquantis ex hominibus suis et de nostris expetens, domnum Odonem abbatem nostrum ex hac ipsa concessione, vidente omni capitulo et videntibus illis qui cum eo advenerant, per particulam virgulæ de capitulo investivit et investituram illam, jubente domno Odone abbate, super majus altare posuit in presentia

Ripam, Roberto filio Drogonis. Nos vero, pro hoc dono, faciemus pro domno Galterio sicut pro uno de monachis nostris professis, audito obitu ejus; et uxorem ejus et infantes faciemus participes orationum et omnium beneficiorum nostrorum. *D. Housseau, Vol.* IV, N° 1345; ex Cartulario Nuchariensi, fol. 33.

testium istorum et hominum suorum : Haimerici de Ripa, Haimerici de Jarcia, Guastinelli de Tuilleio, Beringerii de Coldreio, Rainardi presbiteri de Sulliaco; hominum autem nostrorum : Radulfi de Auri Casa, Arnulfi cellararii, Rosselli filii Hervei nautæ, Gualterii de Castro Gilaiis, Rainaldi de Chaltbon, Pagani Gazelli, Enardi de Gahardo, Florentii de Sancto Givallo, Ricardi Clementis et Andreæ de Columbariis.

Eodem post hanc concessionem anno, cum pellicia e coopertoria camerarii de feria Sancti Florentii per aquam deferrentur, homines ejusdem Guillelmi, ipso tamen ignorante, VIII. denarios inde ceperunt. Paulo post ipse Guillelmus Turonis veniens, coram multis, VIII. supradictos denarios, per domnum Rotbertum Magnum monachum nostrum, nobis misit et, in generali capitulo nostro, domno abbati et nobis eos reddi jussit; quod factum fuit. Milites qui cum eo erant, quando denarios misit, hii sunt : Gervasius de Sancto Michaele et Hugo de Faia, præcentor quoque Sancti Mauricii Avitus et Ansegisus famulus domni Roberti.

VI. DE DONATIONE PARTIS GAUSCELINI MALUM MINAT IN EODEM TELONEO (1)

Rerum gestarum noticiam edax solet oblivio consumere. ..... Notum sit igitur omnibus veri Dei cultoribus quod Gauscelinus cognomento Malum Minat, de Monte Sorel, perdonavit sancto Martino Majoris Monasterii teloneum quod habebat in præfato castro, ut nullus posthac parentelæ vel generis vel progeniei suæ de rebus ...... Fecit autem hoc assensu et auctoramento uxoris sue, Emelinæ nomine, filiorumque suorum, Radulfi videlicet, Johannis, Acfridi, Harduini. Porro testes hujus rei hic subnotati sunt : Rotbertus major, Richardus major, Rainaldus major, Guarnerius major, Odbertus cellerarius, Guarinus, Hildebertus, Hildegarius, Arnulfus, Frogerius, Hilduinus, Gausmerus clericus, Hugo nepos ipsius Gauscelini, Maimardus Bibe Vinum.

(1) D. Housseau, Vol. IV, N° 1199.

VII. DE DONATIONE PARTIS HAIMERICI DE MAUNEIA IN EODEM TELONEO (1).

Notum sit posteris nostris quod Haimericus de Mauneia perdonavit Deo et beato Martino partem quae eum jure hæreditario contingebat in teloneo rerum nostrarum per Montem Sorellum transeuntium. Factum est autem donum istud tempore domni Warnerii abbatis, qui eidem Haimerico quendam palefridum in caritate donavit, præsentibus multis et concedentibus Mascia uxore sua et fratribus ejus Guillelmo Matheo, Alinardo, Stephano, Hainrico, Teleuino et sorore eorum Sicilia; testibus istis: Harduino de Andiliaco et fratre ejus Nihardo, Huberto et Achardo fratribus, Harduino Malo Monacho, Mainardo de Castello, Avito cantore Santi Mauricii Turonensis, Archembaldo armigero ejus, Ivone, Matheo de Sancto Quintino monacho et famulo ejus, Johanne presbitero, Simone diacono et aliis multis.

VIII. DE QUARTA PARTE TELONEI APUD SALMURUM, DATA A GAUFRIDO DE CAMPO CAPRARIO (2).

Noverint universi Majoris Monasterii monachi..... quod Gaufredus de Campo Caprario, qui et Ugo cognominabatur, cum in capitulo nostro beneficii nostri participationem accepisset, dedit Deo ac beato Martino et nobis ejus monachis quartam partem telonei quam habebat apud castrum quod dicitur Salmurum, de omnibus videlicet rebus nostris quæcumque ibi consuetudinem redditure essent; nam in eodem castro quartam telonei partem possidebat. Fecit autem hujus modi donum tam pro sua quam pro patris matrisque suæ anima nec non et pro fratre suo Petro, qui in Hierusalem mor-

(1) D. Housseau, Vol. XII N° 6117.
(2) D. Housseau, Vol. IV, N° 1156.

tuus fuerat, qui etiam hoc teloneum ante eum possederat. Obtinuit præterea in eodem capitulo apud eosdem fratres ut suum nomen, post ejus obitum ipsis denuntiatum, in eorum martirologio scriberetur; nomina vero patris matrisque suæ nec non et prædicti fratris sui qui jam obierant, postquam eis obitus ipsorum terminus cognitus per eum esset, in martirologio similiter scriberentur. Hoc itaque donum, e capitulo exiens, tulit et posuit super altare, ubi interfuerunt isti : Johannes canonicus Sancti Martini, Aldebertus de Valeia, Sancelinus cellararius, Gaubertus Gazellus, Gaufredus Grinonius, Rainaldus, Fulcodius de Mariscalcia, Russellus nauta, Frogerius elemosinarius, Doardus coccus.

IX. DE CONSUETUDINIBUS NAVIGII BEATI MARTINI, APUD NANNETUM ET CASTRUM CELSUM (1).

Notum... quod quodam tempore, cum rediret domnus abbas Bernardus de Nanneto et veniret ad Castrum Celsum, invenit ibi Danihelem de Palatio rogavitque eum ut consuetudines quas habebat de navigio beati Martini Majoris Monasterii, pro salute animæ suæ, beato Martino concederet. Cujus petitioni libenter annuens, quidquid de consuetudinibus navigii ejusdem sancti, et apud Nannetum et apud Castrum Celsum tenuerat, dereliquit. Quod ut firmius fieret, rogavit isdem Danihel Rotgerium de Monte Rebelli, qui tunc temporis Castri Celsi dominio fungebatur, ut quod ipse bono animo reliquerat et ille, quantum sibi pertinebat, concederet; quod et ipse concessit. Postea vero, cum ad Sanctum Florentium Vetulum domnus abbas Bernardus veniret, deprecatus est supradictus Danihel Mathiam Nannetensem comitem ut, quod de consuetudinibus navigii beato Martino guerpiverat, ipse proprio auctoramento confirmaret. Qui, audiente Alano Rivallonii filio, gratulanter auctori-

---

(1) Impr. D. Lobineau, Hist. de Bretagne, Vol. II, p. 183.

zavit. Donationis hujus testes sunt : domnus abbas Bernardus et bajulus ejus domnus Drogo, et domnus Robertus frater domni Ebraldi, qui tunc temporis erat præpositus obedientiæ Castri Celsi, qui et ipse cepit quoddam lignum de terra et porrexit prædicto Daniheli per quod donum supradictæ consuetudinis beato Martino fecit, quod et isdem Robertus postea reservavit; Gauterius de Nannelo, Gaufredus de Briheri, Budicus filius Odrici, Rainaldus Brienz, Gurmalonus; de famulis monachorum....

CARTÆ

DE BESSIACO.

I. CARTA FULCONIS NERRÆ, ANDEGAVENSIUM COMITIS, DE VIVARIO BESSIACO (1).

Multipliciter multiplex misericordia Dei perplurimum voluit honorari genus humanum, dum cuique mortali largiri dignatur, ut ex temporalibus rebus cœlestia regna mercari valeat et de transitoriis sempiterna percipere, dicente ipso domino per angelicam vocem : *fiducia magna erit coram summo Deo elemosina omnibus facientibus eam*; et in evangelio : *quicumque dederit calicem aquæ frigidæ, tantum in nomine meo, non perdet mercedem suam*. Quocirca, in nomine summi salvatoris Dei, ego quidem Fulco Dei nutu Andecavorum comes, misericordiam Dei devota mente considerans modumque fragilitatis humanæ adtendens ac pavens utrumque diem judicii, dono donatumque esse in perpetuum volo sancto Martino Majoris Monasterii sive monachis ejusdem

---

(1) D. Marêne, II.ᵉ Partie, Vol. I, N° 32.

loci, quibus præesse videtur domnus ac venerabilis abbas Guillebertus, tam pro deprecatione domni Tetbaldi monachi consanguinei mei quam pro remedio animæ genitoris mei Gaufridi atque genitricis meæ Adelæ seu animæ meæ atque Helisabet uxoris meæ, et ut Deus omnipotens, per intercessionem piissimi confessoris Martini, nobis filios tribuat qui post nos hæreditari possint, vel parentum meorum, omnes pisces juris mei pertinentes ex piscaria Balei, sita in pago Andegavensi, exceptis luciis. Reliquos vero pisces quos in eodem lacu homo piscari poterit a præsente die cedo, trado atque transfundo : ita ut quidquid ab hodierna die et deinceps monachi Majoris Monasterii de præfatis piscibus facere voluerint, liberam et firmissimam in omnibus potestatem habeant faciendi, eo scilicet tenore ut quotidie ipsi monachi psalmum unum cantent et unaquaque hebdomada unam missam pro Fulcone atque uxore ejus atque supradictis. Si quis autem hanc meam devotissimam ac pronam oblationem ex hæredibus ac pro hæredibus meis seu aliunde aliqua intromissa persona refringere aut resultare tentaverit, in primis sanctum confessorem Christi Martinum offensum graviter sentiat et cum diabolo in tormentis inferni damnetur, nisi citissime a sua malivola voluntate reversus fuerit. Insuper etiam partibus ipsius ecclesiæ auri libras XXX. coactus exsolvat et sua repetitio nullum effectum habeat; sed hæc donatio, a me signo sanctæ crucis aliorumque virorum bonorum manibus roborata, firma ac stabilis omni tempore firmiter valeat permanere. Signum Fulconis comitis †. S. Gaufridi, S. Hernoldi clerici, S. Alberici, S. Marcuardi, S. Gauslini, præpositi, S. Hamoni, S. Gauslini, S. Fulconis, S. Hatoni, S. Herneisi, S. Ulgerii, S. Gauscelini, S. Warini, S. Cadeloni. Data in mense octobris in civitate Andecava, publice, anno III° regnante Hugone rege.

II. DE ECCLESIIS ET REBUS QUAS DEDIT AMALRICUS CRISPINUS APUD BESSIACUM (1).

Noverint omnes quod Amalricus, cognomine Crispinus, dedit nobis decimam omnium rerum quas habebat apud Bessiacum, redecimam totius parochiæ, quæ sua erat, et tria arpenta prati, ex quibus dua sita sunt in Valeia, tertium juxta calciatam aquæ quæ dicitur Coisnon. Dedit etiam nobis, in foresta de Conglans, pastionem absque pasnagio omnibus nostris porcis; de ipso etiam bosco, ad domos nostras faciendas quantum necesse fuerit, et ad ignem de mortuo bosco similiter. Addidit insuper dare nobis duas ecclesias, una ad Bessiacum, in honore sancti Petri, aliam in castello, in honore beatæ Mariæ fundatam, et terram ad officinas faciendas cum viridario. Hoc concesserunt uxor ejus Hermengardis, cognomine Garnesia, et filii ejus Theobaldus et Gaufredus. Hujus rei testes sunt : episcopus Nannetensis Franco, Thiso archidiaconus, Radulfus Venet archidiaconus, Normanus clericus, Radulfus d'Udono et filius ejus Rolandus, Willelmus Burgundio, Ernaldus de Blesi, Calvinus de Calcearia, Isembertus Borda, Corbarannus de Castro Celso. De his omnibus postmodum idem Amalricus, in capitulum nostrum veniens, donum in manu domni Odonis abbatis et super majus altare subinde posuit, sub testibus istis : Girardo de Clithone, Rollando de Liriaco, Philippo de Roorteio, Ruerdo de Clithone, Landrico de Turre, Petro Guithone, Sulpitio majore de Rochetis, Radulfo de Calva Surice, Johanne filio Ogerii, Radulfo Colubre, Johanne filio Archembaldi Belini (2).

(1) Cart. de Marmoutier, Vol. III, p. 372.
(2) Vol. III, p. 404. *Vidimus de l'official de Tours*, en 1263. Ego Haimericus miles de Averio, notifico quod prior de Besseio accepit undecimam partem decimarum mearum de parochia de Besseio... Insuper ego H... miles de Averio dedi dicto priori, et de assensu A... uxoris meæ et filiorum meorum, undecimam partem mei census de Nemore Conglant... Præsentes litteras sigilli mei impressione roboravi, anno domini MCCXVIII. Datum transcripti, anno domini 1263.

III. PRIVILEGIUM EPISCOPI ANDEGAVENSIS, DE ECCLESIA BESSIACI ET DE CAPELLA BELLI FORTIS (1).

In nomine domini nostri Ihesu Christi. Sicut pravis petitionibus malorum non est adquiescendum, sic justis ac rationabilibus postulationibus sanctorum nihil penitus censeo esse derogandum. Ego igitur Ulgerius, Andegavorum indigne dictus episcopus, dedi et concessi ecclesiæ beati Martini Majoris Monasterii et fratribus meis Odoni venerabili abbati et monachis illius ejusdem ecclesiæ, quibus alios ferventiores in divino servitio me novisse non memini, et sibi successuris in perpetuum, ecclesiam de Bessiaco cum capella Belli Fortis, quæ est sita in eadem parochia, et cum omnibus pertinentibus ad eas quæ vel eis concessa sunt vel deinceps concedentur, salva tamen integritate juris presbiteralis; dedi, inquam, præsentibus et faventibus Buiamondo archidiacono et Radulfo archipresbitero, retento censu X. solidorum solvendo in singulis annis Andegavis in festo sancti Mauricii. Obeunte autem aliquo de sacerdotibus illarum ecclesiarum, erit abbatis et monachorum eligere alium, qui inde in mortui locum substituatur, et archipresbitero præsentare, ut archipresbiter archidiacono et archidiaconus episcopo præsentet; episcopus autem, si dignus fuerit, ecclesiam ei tradet. Hoc autem factum est et firmatum Andegavis in capitulo Sancti Mauricii, præsentibus et concedentibus quorum nomina subscripta sunt. De canonicis Sancti Mauricii : Gaufridus decanus, Grafio præcentor, Richardus archidiaconus, Normannus archidiaconus, Girardus de Jarzeio, Guillelmus notarius; de clericis: Girardus Dormitarius, Johannes presbiter de Vico; de monachis : Guillelmus prior, Gingomarus subprior, Laurentius bajulus, Petrus Andegavensis tunc temporis prior de Bessiaco, Dodo subcancellarius. Et

---

(1) D. Martene, IIe Part. Vol. II, N° 89 et Pr. N° 96.

ut hæc nostræ largitatis donatio firmiorem obtineat dignitatem, sigillum nostrum præsenti cartulæ posuimus et crucis signum ✝ propria manu fecimus. Actum Andegavis, anno ab incarnatione domini MCXXXI° feliciter. Ego Buiamundus archidiaconus subscripsi ✝. Ego Radulfus archipresbiter subscripsi ✝.

IV. DE REBUS EMPTIS ET ACCEPTIS APUD JUMEZLAS (1).

Noverint monachi Majoris Monasterii quod Bernerius de Cuone et Legardis uxor sua et Leticia mater Legardis vendiderunt nobis medietatem de eo quod habebant apud Jumezlas... Quod concesserunt : Odo filius Bernerii... et Harduinus filius Leticiæ. Facta est hæc concessio apud Sanctum Ypolitum.

Rainaldus li Rons dedit beato Martino terram quam habebat apud burgum qui dicitur Jumezlas... Hoc vidit Gaufredus de Brione...., Rannulfus, Bernuinus, Giraudus Eniane.

(1) Cart. de Marmoutier, Vol. I, p. 391.

CARTÆ

DE CAMILLIACO.

I. DE REBUS QUAS BALDUINUS ET AIMERICUS, FILII ALMERI, DEDERUNT CAMILLIACENSI CELLÆ (1).

Notum sit posteris nostris, scilicet habitatoribus hujus loci Sancti Petri cellæ Camilliacensis, quod Balduinus filius Almeri et frater ejus Aimericus dederunt Deo et Sancto Petro Camilliacensi totam decimam quam habebat mater eorum in dominio suo antequam moreretur, et eidem sancto jam dederat apud Plausiciacum Andreæ filii Mainardi et in curte Sancti Georgii... Hoc audierunt hi loco testium : Petrus dominus Camilliaci, Gauganus filius ejus, Aimericus de Perulio, filius ejus Gaufridus... Morinus de Mallevrario. Postea, postulante Balduino ut memoria fieret in ecclesia... de patre suo Almero et de matre sua Hildegarde..., concessimus in capitulo nostro. Huic dono super addiderunt supradicti fratres Bauduinus et Haimericus decimam terræ Marsiriæ quam Simon de Spineto possidebat... Herveus sacrista, dedit Bauduino militi tres solidos ad caligas atque Haimerico fratri ipsius, ad solutares sibi comparandos.

(1) Cart. de Marmoutier, Vol. II, p. 504.

II. Conventio inter Odonem priorem Camilliaci et Hatonem de Rupe Forti de decima Gaulterescle (1).

Notum sit... quod quidam miles, nomine Guido de Rupe Forti cognomine Tortus, calumpniabatur nobis medietatem decimæ de quadam terra, quæ vocatur Gaaulterescha, pro eo quo de feuo suo erat atque sine sua permissione nobis tribuebatur... Accidit quod Guido iturum se in Jerusalem devovit. Cum nequaquam sumptus haberet unde tam longam viam arripere potuisset, cuidam nepoti suo Hatoni fœuum omne suum tradidit, eo quod aliumhæredem propinquiorem non haberet... Quod cum domnus Odo prior cellæ hujus audivit... studuit cum rogare quatinus calumniam de decima... nobis benigne dimitteret. Hoc se facturum spopondit si ei viginti solidos nummorum tribuerentur... facto pacto... Conventionem viderunt testes isti : Petrus filius Ulrici, Morinus de Malo Levrerio, Petrus Guitonius, Guitonius Andegavensis, Odo de Sancto Petro, Gaufredus Brito.

III. Auctoramentum Eugenii Papæ, de ecclesia S. Leonardi de Chimiliaco (2).

Eugenius episcopus, servus servorum Dei, dilectis filiis Garnerio abbati Majoris Monasterii ejusquefratribus, salutem et apostolicam benedictionem. Oportet nos, ex apostolicæ sedis administratione, pro ecclesiarum statu satagere et rerum quieti et utilitati salubriter, auxiliante domino, providere. Proinde, dilecti in domino filii, vestris justis postulationibus gratum impertientes assensum, ecclesiam de Culcherio et ecclesiam de Nucareio, quemadmodum a venerabili fratre

---

(1) Cart. de Marm. Vol. II, p. 317.
(2) D. Martène, IIe Partie, Vol. I, N° 118.

nostro Gaufrido Carnotensi episcopo vobis rationabiliter concessæ sunt, præterea quidquid habetis in ecclesia Beati Leonardi de Chimiliaco, sicut per concessionem episcoporum et confirmationem venerabilis fratris nostri Brunonis bonæ memoriæ Segniensis episcopi, tunc apostolicæ sedis legati, rationabiliter habetis et possidetis, auctoritate vobis apostolica confirmamus et rata manere decernimus. Et quoniam præfata ecclesia Sancti Leonardi in parrochia vestra sita est et sub censu vobis annualiter persolvendo in vestra subjectione consistit, prohibemus ut consecrationem vel benedictionem aliquam, baptisterium sive cimiterium absque assensu vestro nullus facere in ea præsumat. In præfatis vero ecclesiis de Culcherio et Nucareio, juxta rationabilem et antiquam consuetudinem quam in aliis vestris ecclesiis habetis, sacerdotum ordinationes vobis facere liceat. Datum Lateranis, IV° nonas Januarii.

CARTÆ
DE CASTRO CELSO.

I. AUCTORAMENTUM NANNETENSIS EPISCOPI, DE CAPELLA S. PETRI APUD CASTRUM CELSUM (1).

Mauricius, Dei gratia Nannetensis episcopus, universis sanctæ Matris ecclesiæ filiis tam præsentibus quam futuris, in perpetuum. Noverit universitas tam præsentium quam futurorum quod nos, supernæ remunerationis intuitu et ob reverentiam beati Martini et ordinis ac religionis Majoris Monasterii, concessimus dilectis in Christo fratribus Gaufrido abbati et monachis Majoris Monasterii capellam S. Petri de Castro Celso, et ut in ea monachi prædicti Monasterii certam habeant mansionem (2) ibique sub regulari disciplina Deo debeant de servire : confirmantes insuper eis ac sigilli nostri munimine roborantes quidquid eis nobilis vir Gaufridus Crispini, dominus ejusdem castri, intuitu contulit pietatis vel in posterum ipse seu alii Dei fidelium, pro anima-

---

(1) D. Martène, IIe Part. Vol. II, N° 193.

(2) Hugo Autissiodorensis episcopus contentionem inter Nannetesem episcopum et abbatem Majoris Monasterii, super ecclesiis de Castellaria, ex commissione domini papæ, paci redditam vult. Cart. de Marmoutier, Vol. III, p. 374.

rum suarum remedio erogabunt, nostro et parrochiali jure in omnibus salvo. His testibus : magistro P. decano, magistro Tebaudo, Ogerio canonicis Nannetensibus; Bernardo la Pucella, Evone priore Sanctæ Crucis, monachis Majoris Monasterii; Gaufrido Crispini, Tebaudo Crispini et W. Crispini et multis aliis.

II. AUCTORAMENTUM TURONENSIS ARCHIEPISCOPI, DE RESTITUTIONE ECCLESIARUM CASTRI CELSI (1).

Quoniam, sicut ipsi homines in brevi, ita etiam dilabuntur et excidunt memoria facta eorum, antiquitatis est diligenti consideratione provisum omnia posteris profutura cartarum monimentis et litterarum apicibus commendare : quæ et præsentibus vel oblita ad memoriam revocent vel ignota notificent, et futuris antiqua renovent et præterita repræsentent. Hujus rei gratia ego Hugo, Deo disponente Turonorum archiepiscopus, per præsens scriptum præsentibus notum fieri volo et transmitti ad memoriam posterorum quod Normannus, Nannetensis ecclesiæ archidiaconus, de ecclesiis Castri Celsi, quas contra canonum decreta et ecclesiasticas sanctiones jure hæreditario sub ordinis et animæ suæ periculo possidebat, admonitionibus nostris et consilio tandem aliquando adquievit, et eas in manu nostra et venerabilis fratris nostri Iterii Nannetensis episcopi reddidit, dimisit et libere refutavit. Nos autem easdem ecclesias Deo et beato Martino Majoris Monasterii donavimus atque concessimus et, præfato archidiacono præsente, petente et benignissime concedente, Guarnerium ipsius loci abbatem tam de illis quam de omnibus in oblationibus, decimis, primitiis seu quibuslibet aliis ad easdem pertinentibus, sine ulla prorsus retentionis conditione, ego et prænominatus Nannetensis pontifex investivimus. Facta est autem hæc ejus in manu

(1) D. Martène, IIe Part. Vol. II, N° 98.

nostra dimissio et nostra Majori Monasterio investitio apud Andegavis, V° Kalendas Decembris; et nos in crastino octabarum sequentis Epiphaniæ, apud Turonus, per præsentem paginam et sigilli nostri impressionem et propriæ manus subscriptionem, eam firmavimus, anno incarnationis dominicæ MCXLIV°; Lucio papa II sanctæ sedi Romanæ et universali ecclesiæ præsidente; Ludovico, filio Ludovici, regni Francorum gubernacula moderante; Gaufrido, filio Fulconis Iherosolymorum regis, Normannis, Andegavensibus, Cenomannicis et Turonensibus dominante; et Conano citerioris Britanniæ duce.

III. CONCORDIA INTER MONACHOS ET MONIALES SANCTÆ RADEGUNDIS, DE LANDA MONTIS ET SANCTO SALVATORE (1).

Quoniam.... monachi Majoris Monasterii ad Castrum Celsum mansionem habentes, juxta præceptum Garnerii abbatis et capituli, cum monialibus Sanctæ Radegundis, præsente earumdem abbatissa Maria, et juxta (præceptum) domini archiepiscopi Hugonis, in manu domini Iterii Nannetensis episcopi, hanc concordiæ pactionem ad invicem sibi habuerunt. Cum igitur prædictæ moniales in terra sua de Landa Montis, quam legitime adquisierant et in qua præfati monachi partem decimæ capiebant, ecclesiam fundassent et a Nannetensi episcopo Iterio ut ibidem eis cimiterium benediceret impetrassent, ipsius ecclesiæ pariter et cimiterii beneficium per medium inter se partiendum utrinque concesserunt... in ecclesia autem Sancti Salvatoris sicut monachi sextam partem et ex annuo censu in Pascha XII. denarios, moniales vero de Scotia tertiam partem et ex censu, in Pascha, duos solidos habebant, sic ratum teneatur. Sacerdotes vero in utraque ecclesia communi utrorumque assensu eli-

(1) Cart. de Marmoutier, Vol. III, p. 371.

gantur et ponantur... Affuerunt .. : Radulfus decanus civitatis Nannetensis, Radulfus de Uldone, Petrus de Landa Montis, qui hanc ipsam terram monialibus dedit et super altare Beatæ Rade....... obtulit, Gestinus prior de Castro Celso ....; ex parte monialium : abbatissa Maria et soror ejus Amelina, et priorissa Sanctæ Radegundis Nazilla, et Petrus prior, Guillelmus de Scotia, Herbertus capellanus abbatissæ multique alii. Actum in ecclesia Sanctæ Radegundis, anno incarnationis dominicæ MCXLV°.

IV. CARTA ARCHIEPISCOPI TURONENSIS, DE INVESTITIONE ECCLESIARUM CASTRI CELSI (1).

Engelbaldus, Dei gratia Turonensis archiepiscopus, dilectis filiis Almarico et Teobaudo Crispini, clero et populo Castri Celsiani. Sciat ... Normannum, Nannetensem archidiaconum, Nannetensis diocesis ecclesias Castri Celsi, quas jure hæreditario possidere videbatur, in manu venerabilis prædecessoris nostri bonæ memoriæ Hugonis archiepiscopi et fratris nostri Iterii, ... quas quidem ecclesias, in manu Ysmari Tusculani et Alberici Ostiensis episcoporum, sedis apostolicæ legatorum, denuo refutavit et per eos de iisdem monachos similiter investivit; novissime vero, videntibus Nannetensi, Redonensi, Aletensi episcopis, ex præcepto domini papæ, ut easdem dimitteret eum commonuimus. Quibus dimissis, monachos investivimus ... Quocirca tibi Almarico et Teobaudo Crispini rogando mandamus quatinus, in possessione istarum ecclesiarum, memoratos fratres et eorum presbiteros manuteneatis. Clero vero et populo præcipimus ut a capellanis monachorum christianitatem accipiant..... Quod si aliqui sacerdotes manu alia se intrudere præsumpserint, nos, tam eos quam qui eorum missas audierint, excommunicamus.... (2).

(1) Cart. de Marmoutier, Vol III, p. 373.
(2) Après cette pièce le cartulaire de Marmoutier mentionne une

V. DIMISSIO CALUMNIE PHILIPPI BARBOTINI, DE EISDEM ECCLESIIS (1).

Miles quidam Philippus nomine, Barbotini filius, Normanni Nannetensis archidiaconi nepos, ecclesias Castri Celsi, quas idem Normannus, consilio Hugonis Turonensis, Iterii Nannetensis episcopi... nobis dederat, calumniatus fuit.... Calumniam dimittit.... Testes : dominus Amalricus, Tebaldus filius ipsius, Rollandus de Buziliaco, Petrus de Landemontium, Gauffredus de Frumentariis, Gervasius sinescallus, Mauritius Blesensis, Petrus Burgundio, Almaricus Liriensis Guido Pellifer, Hamelinus presbiteralis.

VI. DE CONSTRUCTIONE CAPELLE IN DOMO LEPROSORUM (2).

Gaufredus abbas concedit cuidam homini de Castro Celso, Perdriello nomine, ut ad domum Leprosorum ejusdem castri capellam construat, salvo jure pariochialis ecclesiæ prioris,... idque ad petitionem karissimi amici et benefactoris sui Gaufredi Crispini, Castri Celsi domini; et sigillo capituli cartam muniri præcipit. Et ut hæc conventio inconcussa illibataque domui sancti Johannis de Castro Celso permaneat, prædictus Gaufredus se hujus pactionis custodem constituit et præsenti scripto sigillum suum apponi præcipit. Testes : Eudo prior Sancti Johannis de Castro Celso,... Gaufridus Pelerinus, Gaufridus Calvus, Gaufridus de Briheri, Radulfus d'Oudun....

charte de même teneur, donnée par le légat *Ysmarus*, anno *MCLIV*, *nonis decembris*; ainsi qu'une bulle d'Eugène III sur le même sujet, c'est-à-dire concernant *ecclesiam Sanctæ Mariæ de Castro Celso cum capellis ejusdem castri.*
(1) Cart. de Marmoutier, Vol. III, p. 382.
(2) *Ibid.* p. 373.

CARTA
DE DALMARIACO.

DONUM MASURÆ TERRÆ IN SILVA MALAPARIA (1).

Notum sit omnibus successoribus nostris, Majoris scilicet Monasterii monachis, quod Hubertus de Durostallo donaverit sancto Martino monachisque Majoris Monasterii unam masuram terræ, in quadam silva sua quæ vocatur Malaparia ... Istam donationem concessit Gervasius frater ejus Actum est autem hoc anno ab incarnatione Domini MCXC°.. Testes donationis Huberti et concessionis fratris ejus Gervasii: Guillelmus de Bierni, Hugo Pancevalt, Gausfridus Belsarius, David Russellus; ex parte nostra: Dodo Manda Guerram, Gausfridus Rotarius.

(1) Cart. de Marmoutier, Vol. 1, p. 393.

CARTÆ
DE MONTE JOHANNIS.

I. NOTITIA DE ECCLESIA DE POMEREIA (1).

Nosse debebitis, si qui eritis posteri nostri, Majoris scilicet hujus habitatores Monasterii sancti Martini, Hildebertum monachum nostrum, cellæ nostræ quæ est apud castrum quod vocatur Mundus Johannis præpositum, emisse, tribus libris denariorum et tribus quartariis vinearum, a clerico quodam nomine Juniore, ejusdem castri habitatore, ecclesiam quandam, in honore sancti Martini Vertavensis abbatis constructam, quæ dicitur ecclesia de Pomereia. Emit autem illam ex integro totam, cum omnibus scilicet que, in ea vel ex ea, pertinent ad feuum presbiteri, sive terris sive pratis aut vineis seu quibuscunque reddittibus : ita videlicet ut nos in ea presbiterum constituamus ad annuam, qua libuerit quave convenerit, inter nos et illum mercedem. Quod ita, ex more loci vel patrie, debere fieri coram Andegavensi episcopo, tunc temporis Eusebio, monachus supradictus asseruit. Solebat autem solvere presbiter ejusdem ecclesiæ ad Pentecosten ex feuo quem tenebat annuum censum, hoc est solidos XXIV; ex quibus XV. solidi et VIII. denarii feuus sunt Rainaldi de Castro Penna, et a nobis erunt illi

---

(1) M. Salmon, Ch. Orig. D. Martène, IIe Part. Vol. I, N° 192.

deinceps reddendi. Porro panes omnes et candelarum duas partes ex oblatione ipsius ecclesiæ, ab incipiente festo Natalis Domini usque post Theophaniam, et omnium unius anni infantium omni tempore sepulturam jamdudum nobis donaverant Albericus, supradicti castri dominus, et Milesendis uxor ipsius, quorum ista juris erant. Emptionem autem supradictam, quæ facta est post ejusdem Alberici, post Petri quoque filii sui mortem, auctorizavit Placentia, quæ conjunx ipsius fuerat Petri, una cum filio ex avi nomine Alberico; accipiente illa pro hoc solidos XII, et VII. denarios isto. Thomas etiam, filius venditoris quem supra nominavimus Junioris, tam nostræ emptioni quam venditioni annuit patris. Porro ex tribus illis vineæ quartariis quibus eadem ex parte constitit emptio, unus est in medio clauso de Bruneteria; duo alii, hoc est dimidius arpennus, in clauso cujusdam hominis nomine Semperii, qui est juxta Forestem. Acta sunt hæc agentibus nunc nobis sub regimine domni abbatis Alberti, anno ab incarnatione domini MLXII°; testibus istis: Haimerico filio Ascelini, Gualterio Maureto, Huberto Buloio, Gualterio fratre Huberti Beli, Suhardo teloneario, Landrico forestario, Grosso et Johanne fratribus, Sigebranno Lorida, Manoio milite, Alberico Carlico, Guntaldo mercatore; de famulis : Bonello filio Christiani, Blancardo pistore, Hildegario pistore, Godone monacho.

II. JUDICIUM DE CENAGIO ET PRIMICIIS PISCIUM EXCLUSÆ DE LEONE (1).

Gaufridus, abbas Sancti Albini, et magister P. Fortis, decanus inter Sartam et Meduanam, omnibus ad quos *etc. etc.* .... Noveritis quamdam controversiam coram nobis, auctoritate apostolica, fuisse agitatam inter priorem et monachos de Monte Johannis, ex una parte, et Guischardum

---

(1) D. Housseau, Vol. v, N° 2033.

Charpi militem, ex altera, super cenagio et primiciis piscium exclusæ de Leone; quæ coram nobis terminata est in hunc modum. Consideratis quidem authenticis abbatiæ Majoris Monasterii, evidenter perpendimus dictum Guischardum habere tantummodo annuatim, per duos dies veneris quadragesimæ, cenagium in illa exclusa; videlicet una die veneris ante mediam quadragesimam, et alia die veneris post mediam quadragesimam Et adjudicavimus quod præfatus miles et successores ejus his diebus essent contenti, super aliis tam ei quam successoribus suis perpetuum silentium imponentes. Ad majorem autem hujus rei firmitatem, præsentes litteras testimoniales, sigillorum nostrorum munimine confirmatas, abbatiæ Majoris Monasterii et priori et monachis de Monte Johannis duximus concedendas.

CARTA
DE POENCEIO.

CARTA ANDEGAVENSIS EPISCOPI, DE DIMISSIONE ECCLESIÆ DE PIPARIA (1).

Ego Radulfus, Dei gratia Andegavensis episcopus, tam præsentibus quam futuris notum fieri volo quod Herveus de Piparia et filius ejus, in capitulo Beati Mauricii in præsentia nostra, dimisit ecclesiæ Majoris Monasterii quidquid juris dicebat se habere in præfata ecclesia, dato super sacro sancta juramento. Quod ut ratum in perpetuum habeatur, sigillo corroboratum est. Hujus rei testes sunt : Augerius abbas Sancti Sergii, Stephanus decanus Sancti Mauricii, Hugo præcentor, Herbertus archidiaconus, Gaufridus Bibens Solem archipresbiter, Bertelotus de Castro Gunterii, magister Robertus de Creonio, Gaufridus de Tallia (2), tunc temporis Poenceii prior, et multi alii.

---

(1) D. Housseau, Vol. v, N° 1925.
(2) Melius *Gallia*.

CARTA
DE SANCTO QUINTINO.

CARTA ARCHIEPISCOPI TURONENSIS, DE ECCLESIA S. QUINTINI (1).

Noverint qui nostri posteri fuerint quod, anno ab incarnatione domini MLXXXIV°, veni ego Radulfus archiepiscopus Turonensis in capitulum monachorum Majoris in Monasterii et concessi eis ecclesiam Sancti Quintini. Concessi etiam eis quidquid illis ibi daretur aut venderetur, de illis videlicet rebus quas laici homines tenent. Viderunt hoc et audierunt testes isti : Hugo thesaurarius, Samuel cognatus ejus, Isambardus de Ortaria, Ebbo clericus, Raherius filius Lodoni, Bartholomeus vicarius, Rainaldus caniscalcus, Umbaldus de Ambaziaco, Letardus de Mallevrario, Sulpicius de Larea, Bartholomeus Borrellus, Vimo de Monte Sorelli; de hominibus S. Martini : Harduinus de Tavento, Odo cellerarius, Lealdus Godinus, Martinus filius Ermenardi, Hilgodus de Sartrino, Giraldus de Sartrino, Johannes filius Benedicti, Gregorius Pipardus, Vaslinus filius Galterii.

(2) D. Martène, Preuves, N° 159.

CARTÆ
DE VERN.

I. DE DIMISSIONE ECCLESIÆ DE VER A CANONICIS SANCTI MAURILII ANDEGAVENSIS (1).

Noverint universi qui scripti hujus tenorem inspexerint quamdam extitisse controversiam inter Majoris Monasterii monachos et Sancti Maurilii Andegavensis canonicos super ecclesia de Ver, quam ex dono episcopi Andegavensis Normanni idem monachi possidebant investiti. Canonici suam fuisse et debere esse reclamantes, conquesturi de monachis, apostolicam adierunt præsentiam; dominus autem papa controversiam supradictam Venetensi et Briocensi commisit episcopis judicio vel concordia terminandam : quæ tali tandem compositione pacis et confœderatione in perpetuum est sopita. Venit Andegavis Briocensis episcopus Joscius ex auctoritate domini papæ et Venetensis (episcopi) assensu, aliis tunc negotiis propediti. Vocatis utriusque personis ecclesiæ, monachis videlicet et canonicis supradictis, ibi tandem, pro reformanda pacis integritate, canonici omnes Sancti Maurilii, Morinus scilicet, Peloquinus, Girardus, Turpinus, Gaufredus, Johannes, Matheus et Rainardus, parrochialem eccle-

---

(1) D. Housseau, Vol. v, N° 1783.

siam illam de Ver absque omni deinceps reclamationis calumnia Majoris Monasterio in perpetuum liberam dimiserunt, in manu Roberti abbatis Vindocinensis et Radulfi prioris Majoris Monasterii; præsentialiter ibi assistentibus : Gaufrido archipresbitero et Petro Fulberti Sancti Martini Andegavensis canonicis; Haimerico priore Camilliaci, Rivallonio priore Andegavensi, Herveo priore Castri Joscelini et Guillelmo Suba Crista Majoris Monasterii monachis. Hanc pacis compositionem et concordiam concesserunt atque confirmaverunt Andegavensis ecclesiæ archidiaconi Gaufredus, Stephanus et Gerorius, et Petrus magister scholarum, per cujus manum hujus concessionis scriptum accepimus, universo ejusdem ecclæsiæ capitulo id unanimiter approbante et scripto confirmante. Quod ut ratum foret et perpetuæ stabilitatis obtineret immobile firmamentum, canonici sæpedicti Turonis advenerunt, suam iterato calumniam dimissuri. Cumque in capitulum Majoris Monasterii devenissent, universo teste conventu, in manu domini Roberti abbatis prædictam ecclesiam quietam et liberam secundo dimiserunt; et deinceps Turonis, in præsentia Ingebaldi arohiepiscopi et in ejusdem manu, ipso volente et laudante. Actum per manum Briocensis episcopi, anno ab incarnatione domini MCLV°, præsidente summo pontifice Adriano, regnantibus in Francia Ludovico, in Anglia Hainrico, Engelbaldo archiepiscopo Turonensi, Roberto Majoris Monasterii abbate, vacante Andegavensi ecclesia suoque viduata pastore.

III. AUCTORAMENTUM ANASTASII PAPÆ, DE ECCLESIA S. GERVASII DE VER (1).

Anastasius episcopus, servus servorum Dei, dilectis filiis Guarnerio abbati Majoris Monasterii ejusque fratribus, salutem et apostolicam benedictionem. Quotiens super his quæ

---

(1) D. Martène, II° Part. Vol II, N° 120.

ad venerabilia et Deo dicata loca, oblatione fidelium aut alio justo titulo, devenire contigerit, auctoritatis nostræ confirmatio imploratur, ad concedendum non debemus esse difficiles; ne si forte munimen nostrum, super his quæ juste ac legitime possident, sacrosanctis ecclesiis subtraxerimus, locum dare pravorum audaciæ, cui potius omni studio resistendum est, videamur. Inde est, dilecti in domino filii, quod, ecclesiæ vestræ paci et utilitati consulere cupientes, confirmamus vobis vestroque monasterio in perpetuum ecclesiam Sancti Gervasii de Ver cum pratis, agris et omnibus aliis quæ Philippus de Ver in eodem loco vobis de jure concessit; quam nimirum ecclesiam bonæ memoriæ Normannus, Andegavensis episcopus, monasterio vestro rationabili dispositione donavit. Præterea confirmamus vobis ecclesiam Aienciaei, quam canonice possidetis in episcopatu Redonensi, et duo maneria in episcopatu Exomiensi, Repefort scilicet et Notuellum, quæ bonæ memoriæ Gaufridus de Dinanno, consensu illustris memoriæ Henrici quondam Anglorum regis, rationabili vobis dispositione concessit. Ad petitionem etiam vestram, ecclesiæ vestræ Sanctæ Ciliniæ confirmamus ecclesiam de Marullo, ad ejus jus pertinentem et quiete ab ea per multa tempora canonice (possessam) cum appendiciis suis, videlicet Nova Villa, Tauriaco et decimis. Nulli ergo omnino hominum liceat hanc paginam nostræ confirmationis infringere vel ei ausu temerario contraire. Si quis autem hoc attemptare præsumpserit, indignationem omnipotentis Dei et beatorum Petri et Pauli apostolorum ejus se noverit incursurum. Datum Romæ apud Sanctam Mariam Rotundam, VII° calendas Novembris.

III. CARTA HERVEI ABBATIS, DE DOMO DE VER CONCESSA BODINO DE LA VAUZELLA ET GIRARDO FRATRI EJUS (1).

Notum sit tam præsentibus quam futuris quod ego Her-

---

(1) D. Martène, IIe Part. Vol. II, N° 187.

reus, Majoris Monasterii humilis minister, per communem capituli nostri assensum, concessimus Bodino de la Vauzella et Girardo fratri ejus domum nostram de Ver, quoad vixerint habendam cum pertinentiis suis et tenendam, sub tali conditione ut ipsi simul eamdem domum habeant et teneant. Quam domum ab omni debito liberam tenebunt et terras ipsius domus, prout expedierit, colent, domos destructas reædificabunt, monacho uni ibidem juxta honestam ecclesiæ nostræ consuetudinem necessaria providebunt, bonum quoque hospitalitatis nobis et claustralibus hujus nostri monasterii exhibebunt, singulis etiam annis de eadem domo LX. solidos Andegavenses his terminis nobis persolvent : in festo æstivali B. Martini XXX. solidos, in hiemali XXX ; sacristæ etiam II. solidos reddent et armario XII. denarios. Nos autem prædictos clericos in fratres recepimus, et ipsi se nobis condonaverunt : ut si forte ad religionem transire voluerint, non alibi quam ad nos habitum religionis assument. Sciendum præterea est quod, quando alter eorum decesserit, de omnibus mobilibus quæ eum proprie contingent medietatem, sine alicujus contradictione vel reclamatione, habebimus. Superstes vero, sub prædictæ conventionis tenore, præfatam domum quoad vixerit tenebit ; cum autem et ipse decesserit, modo quo prædictum est, de omnibus mobilibus ejus medietatem libere habebimus. Terras etiam ipsius domus et quæ ad agriculturam ejus pertinent, in eo statu in quo tempore illius secundi decedentis fuerint, integre habebimus. Hoc se bona fide et sine fraude tenendos juraverunt prædicti fratres. Quod ut ratum sit, præsentes litteras sigilli nostri impressione communiri fecimus, anno verbi incarnati MCLXXXVI°, in festo hiemali (sancti Martini).

INDEX CARTARUM.

DE CARBAIO.

Pages

Cir. an. 1050. — Qualiter villa Querbai concessa est Majori Monasterio a Gaufredo Martello comite Andegavensi. 1

Item. — Qualiter eadem villa concessa est ab hominibus qui illam de supradicto comite tenebant. . 4

Cir. an. 1070. — De Bordagio terræ, de costumis et de presbiterio datis in nemore Bocerii. . . . 9

Item. — De prato quod emit domnus Herveus prior. 10

1070-1080. — De alio prato quod emit Albertus monachus. 11

Item. — De terra Brolli Bocei, vendita eidem Alberto. . . . . *Ib.*

Cir. an. 1080. — De dimissione consuetudinem Brolli Bocerii. 12

Item. — De emptione rerum quas Gunterius senescalcus habebat in terra Brolli Bocerii. . . . . *Ib.*

12 *August.* 1197. — Carta Ricardi regis Anglorum, de tribus millibus solidorum datis in escambium de Carbaé. 13

1197. — Carta Roberti de Turnham, senescalli supradicti regis, de eodem excambio. 14

DE LIRIACO.

Pages.

1070-1080. — De burgo Liriaci, de duabus partibus ecclesiæ ejusdem loci et de aliis rebus quas Archembaudus de Liriaco dedit Majori Monasterio. . . **15**

Item. — De mansura terræ quam dedit Budicus filius Archembaldi. **17**

Item. — De decimis quas dederunt Gaulterius et Odo filii Arnaldi. **18**

Item. — De bordaria Richardi et de piscatoria in Valleia, quas dedit Fulcherius de Mota. . . . **19**

Item. — De mansuris Giraldi et Constantini et de campo venditis ab Archembaldo de Liriaco. . **20**

Cir. an. 1100. — De decima vinearum mansuræ Constantini data a Judicale. . . . . *Ib.*

1118. — De decima trium borderiatarum terræ quam dedit Matho miles, et de calumnia Iviæ viduæ ejus. **21**

1126. — De homicidio quod fecit Willelmo Girolet: donum scilicet ejus de ecclesia Sancti Salvatoris, donum Rollandi de Liriaco de decima vinearum suarum et donum Gaufridi Boterelli de quadam vinea. . . . . , ... **23**

Cir. an. 1150. — Carta Rollandi de Liriaco, de dimissione totius decimæ parrochiæ Liriaci et de dono quorumdam pratorum. **25**

DE RELLIACO.

1063. — De rebus quas Gaufredus Papa Bovem Majori Monasterio apud Ruiliacum dedit, cum assensu Gausfredi comitis Andegavensis et aliorum. . . **28**

Cir. an. 1063. — De pedagio et teloneo ex rebus monachorum quæ dedit Airardus Præpositus et Gausfredus Papæ Bos confirmavit. **32**

Cir. an. 1070. — Carta Gausfridi Papæ Bovis, de intromissione monachorum Majoris Monasterii in ecclesia Lupi de Relliaco, canonicis ejusdem ob negligententiam ejectis. . . . . *Ib.*

Item. — Carta Eusebii, Andegavensium episcopi, de concessione ejusdem ecclesiæ monachis Majoris Monasterii. 34

Item. — Auctoramentum Hugonis de Sancto Christophoro, de eadem ecclesia. 35

Item. — Auctoramentum Gaufredi de Pruliaco. . . 36

Cir. an. 1080. — De reclamatione Harduini et Hildeberti de Reiliaco, super his quæ donaverat Gausfredus Papa Bovem. 37

Icem. — De præbenda et de mansione Geraldi presbiteri de Relliaco. 38

1098. — De censu et vinagio datis ab Herberto de Campo Marino. . . . . *Ib.*

Cir. an. 1100. — Commendatio majoriæ Relliaci Gualterio Aletrudi, quæ non est perpetua, sed ad placitum prioris revocabitur. 39

Cir. an. 1105. — Dimissio querelæ Rotberti Papa Bovem de muro Relliaci et quarta parte ecclesiæ. S Lupi 40

1107. — Donum Gaufredi Chainardi, de passagio in Ligeri apud Chelziacum. 42

Cir. an. 1107. — De vinea Gaufredi Chamelardi, quam calumniatus est Robertus Arraudus. 43

Item. — Carta Hugonis de Rameruco, prioris Relliaci, de pace facta cum Roberto Papa Bovem. . 44

Cir. an. 1120. — Placitum inter monachos et Rotbertum Pape Bovem, de duobus hominibus in castro Relliaci commanentibus. 45

1133. — Donum Rotberti Pape Bovem, de decima feriæ S. Lupi. 47

1147? — Carta Ridelli de Rilleio, de dono decimæ portionis quam in nundinis S. Lupi capiebat. . . 49

DE PEDAGIIS ET TELONEIS.

Pages.

1041-1045. — De rebus quæ adducuntur ad usum monasterii libere transeuntibus in Andegavia, ex dono Gaufredi comitis. 50

1060. — Donum ejusdem comitis, de chalando salem deferente per Ligerim, a Nannetis usque ad Turonum. 51

Post. an. 1100. — De teloneo quod dedit Gauterius de Monte Sorello, ad Cande et ad Montem Sorelli. 52

Item. — De dono ejusdem telonei. 53

1108. — De confirmatione ejusdem telonei. . . . 54

Cir. an 1120. — De donatione partis Gauscelini Malum Minat in eodem teloneo 56

1137-1155. — De donatione partis Haimerici de Mauneia in eodem teloneo. 57

Cir. an. 1150. — De quarta parte telonei apud Salmurum, data a Gaufrido de Campo Caprario. . *Ib.*

Cir. an. 1090. — De consuetudinibus navigii B. Martini, apud Nannetum et Castrum Celsum. . . 58

DE BESSIACO.

Octob. 989. — Carta Fulconis Nerræ, Andegavensium comitis, de vivario Bussiaco. 60

Cir. an. 1120. — De ecclesiis et rebus quas dedit Amalricus Crispinus apud Bessiacum. 62

1132. — Privilegium episcopi Andegavensis, de ecclesia Bessiaci et de capella Belli Fortis. . . . 63

Cic. an. 1100. — De rebus emptis et acceptis apud Jumezlas. 64

DE CAMILLIACO.

Ant. an. 1120. — De rebus quas Balduinus et Aimericus, filii Almeri, dederunt Camilliacensi cellæ. . 65

Cir. an. 1120. — Conventio inter Odonem priorem Camilliaci et Hatonem de Rupe Forti de decima, Guaulteresehæ. 66
Cir. an. 1150. — Auctoramentum Eugenii Papæ, de ecclesia S. Leonardi de Chimilliaco. . . . . *Ib.*

DE CASTRO CELSO.

27 *Nov.* 1144-14 *Jan.* 1145. — Auctoramentum Turonensis archiepiscopi, de restitutione ecclesiarum Castri Celsi. . . . . , . 69
1145. — Dimissio calumniæ Philippi Barbotini, de eisdem ecclesiis. 72
Item. — Concordia inter monachos et moniales Sanctæ Radegundis, de Landa Montis et Sancto Salvatore. 70
Cir. an. 1155. — Carta archiepiscopi Turonensis, de investitione ecclesiarum Castri Celsi. . . . 71
Cir. an. 1190. — Auctoramentum Nannetensis episcopi, de capella S. Petri apud Castrum Celsum. . 68
Ante an. 1200. — De constructione capellæ in domo Leprosorum. 72

DE DALMARIACO.

1090. — Donum masuræ terræ in silva Malaparia. . 73

DE MONTE JOHANNIS.

1062. — Notitia de ecclesia de Pomereia. . , . 74
Cir. an. 1200. — Judicium de cenagio et primiciis piscium exclusæ de Leone. 75

DE POENCEIO.

                                                                                        Pages.

1178-1105. — Carta Andegavensis episcopi, de dimissione ecclesiæ de Piparia. 77

DE SANCTO QUINTINO.

1081. — Carta archiepiscopi Turonensis, de ecclesia S. Quintini. 78

DE VERN.

26 *Oct.* 1153 *vel* 1154. — Auctoramentum Anastasii Papæ, de ecclesia S Gervasii de Ver. 80

1155. — De dimissione ecclesiæ de Ver a canonicis Sancti Maurilii Andegavensis. 79

11 *Nov.* 1186. — Carta Hervei abbatis, de domo de Ver concessa Bodino de la Vauzella et Girardo fratri ejus. 81

APPENDIX

CARTIS MAJORIS MONASTERII.

**CONCORDIA INTER MONACHOS MAJORIS MONASTERII ET CA-
NONICOS OMNIUM SANCTORUM, DE ECCLESIIS CASTRORUM
BELISMI ET BELLI FORTIS**, *anno MCXLV°* (1).

Præsentis monimento cirographi, præsentium memoriæ successorumque notitiæ volumus commendari quomodo controversia inter monachos Majoris Monasterii et canonicos Omnium Sanctorum qui sunt Andecavis... pacifico fine quievit. Ecclesiam sanctæ Mariæ in castro Belismensi canonici possidebant; quam infra parrochiam suam et juri suo pertinere monachi perhibebant. In pago itidem Andecavensi, super eosdem canonicos monachi reclamabant ecclesiam de Jumellis... Monachi quingentos solidos Andecavenses canonicis præbuerunt, et præsentationes in ecclesiis de Bello Forti, quæ suæ erant... Actum anno incarnationis Christi MCXLV°, Hugone Turonensi archiepiscopo, Ulgerio Andegavensi, Girardo Sagiensi episcopis præsidentibus; Guar-

(1) Cartul. de Marm. Vol. 1, p. 101, et Coll. Gaign. N° 164, p. 61.

nerio Majori Monasterio, Roberto ecclesiæ Omnium Sanctorum abbatibus.

CARTA ULGERII EPISCOPI, DE ECCLESIA VERI DATA CANONICIS SANCTI MAURILII, *anno* MCXLIV° (1).

Quidquid diu... Quapropter ego Ulgerius, Andecavensis ecclesiæ dictus provisor et episcopus... certum et constans... esse desidero quod dedi et concessi in elemonsinam ecclesiæ sanctæ virginis Mariæ et Sancti Maurilii Andegavensis ecclesiam Veri, in honore Sanctorum Gervasii et Prothasii constructam... Huic dono interfuerunt... Raimundus magister militum Templi, Johannes de Cromeris... Data (in) prædicta ecclesia, anno ab incarnatione domini MCLIV°, regnante apud Francos Ludovico, Gaufrido Juniore Andecavorum comite et Normanniæ duce, filio Fulconis comitis qui post fuit rex Jerusalem.

(1) Cartul. de Maram. Vol. 1. p. 500, et Coll. Gogn. N° 164, p. 61.

LES CITOYENS NOTABLES

D'ANGERS

BN 1310 (1).

Ranulphe L'AFAYTOURS (2) (le tanneur).
Robin L'AFEYTOURS, surnommé l'Oiseau, *Avis.*
Guillemet L'ANGLAIS, *Anglici.*
Richard L'ANGLAIS.
Robin L'ANGLAIS.
Alain D'ARDAINE.
Jean AUBIN, *Albini.*
Guillot Le BARBIER.

(1) Voir ci-après, *Trésor des Chartes d'Anjou* n° 90, l'analyse de la pièce dans laquelle nous avons trouvé cette liste.

(2) Les noms imprimés en italique sont ceux qui existent dans le titre original d'où cette liste est extraite, et pour lesquels une traduction était indispensable à la régularité de l'ordre alphabétique. Nous indiquons entre parenthèse les noms modernes correspondant à ceux du XIV° siècle et dont la signification pourrait embarrasser le lecteur.

Guillaume Le BARBIER, de la Possonnière, *Barbitonsor de Piscionaria*.
Jean Le BARBIER.
Jean BARBOTIN.
Perrot BAT L'AVEINE.
Philippe de BAUCAY, *de Beauceyo*.
Aymeri de BAYGNEUX.
Jean de BAYGNEUX, l'aîné, *Senior*.
Pierre de BEAUMONT, *de Bella Monte*.
Guillaume de BEAUVEAU, *de Bella Valle*.
Colin Le BEGLE.
Jean BEGUIN.
Jean BEIT LET.
N. BEIT L'ÈVE, d'au-dessous S. Laurent, *desubtus S. Laurentium*.
Pierre BEIT L'ÈVE, de la Possonnière.
Colin BELE.
Jean BELLOT.
Jean BERAUT.
Guillaume Le BERGIER.
Étienne de BETUNES.
Guillaume de BLAZON.
Michel BON TEMPS.
Robin Le BOUC.
Bouchard Le BOUCHER, *Carnificis*.
Drouet Le BOUCHER.
Gaudouin Le BOUCHER.
Guillaume Le BOUCHER.
Guiomar Le BOUCHER.
Jouin Le BOUCHER.
Maurice Le BOUCHER.
Poitevin Le BOUCHER.
Robin Le BOUCHER
Bernard de La BOUERIE.
Jean BOULART.

Olivier du BOURG-SAINT-JACQUES, *de Burgo S. Jacobi.*

Guérin Le BOURGUIGNON, *Burgondi.*
Pierre de BREMBUEN.
Geoffroy Le BRETON, *Britonis.*
Lucas Le BRETON.
Perrot Le BRETON, orfèvre, *Aurifaber.*
Thomas Le BRETON, *Bouchier.*
Michel BRETONNEAU.
Jean BRISAVEINE.
Jean BROCEAU, boucher.
Robert BROESSIN.
Simon de BUTO.
Mathieu de BUYGNON.
Jean de La CHAISE, *Cathedra.*
Guillaume Le CHAMPANEYS (Champenois).
Jeannot Le CHANDELIER.
Raoul Le CHANDELIER.
Girard Le CHANVRIER.
Jean Le CHAPELIER l'aîné, *Senior.*
Jean Le CHAPELIER le jeune, *Junior.*
Samson Le CHAPELIER.
Adam LE CHAPUZOURS (Charpentier).
Étienne CHOEMIN.
Pierre de CLARENSAC.
Richard CLAROT.
Jean Le CLAVEURIER.
Guillot Le CLERC.
Jean COHART.
Jean Le COINTE.
Pierre de COMBOUR.
Richard CONSTANCE.
André Le CORDIER, de Brechigné (Bressigny).
Androuard Le CORDIER.
Bidaut Le CORDONNIER, *Alutaris.*

Gralland Le CORDONNIER.
Thomas Le CORDONNIER.
Gervais Le COUTELLIER.
Jeannot Le CUTELIER.
Mathieu Le CUTELLIER.
Colin COTON.
Jean Le CZAVATIER (Savetier).
Thomas Le CZAVATIER.
Jean DESINZ
Jamet DOENEAU.
Denis DORGRES.
Denis DOUCET.
Jamet Le DRAPIER.
Robin DREUX.
Perrin DROUET, *Droetus*, mercier.
Raoul DUNE.
Thomas ENGUCHART.
Jean Le FAUCONNIER.
Guillaume FAUVEAU.
Jean FERET.
Lucas Le FERIPIER (Fripier).
Jacquemin Le FILACIER.
Guillaume FILS DE PRÊTRE, *Filius Presbiteri*.
Guillaume de la FLÈCHE, *Fixa*.
Regnaud FORT CUER.
Étienne Le FRANCEYS.
Pierre Le FRANCEYS.
Robin GALES.
Daniel Le GANTIER.
Roger Le GANTIER.
Guillaume GARIN, *Garini*.
Robin Le GARNISSOURS.
Étienne Le GUEU.
Jean GAUPIER, *Gauperi*.
Jean GODART.

Simon GODOINE.
Perrot GODOUET.
Étienne GRALEU.
Guiot GRESIL.
Pierre HALLE.
Perrot Le HANAPIER.
Richard HUES.
Robin HUES.
Guillaume HUNOUST.
Richard JOUBERT.
Colin LAINÉ.
Paquier LALLIER.
Philippe Le LAMBART (Lombard).
Drouet LAMBERT, *Lamberti*.
Geoffroy LAME.
Martin de LANCZON (Alençon)?
Herbert LANIER.
Thomas Le LIÈVRE, *Leporis*.
Raoul de LIVRÉ.
Gilles de MACON, *de Masconio*.
Pierre de La MAGDELAINE.
Guillaume du MAINE.
Jean de MALORE, boucher.
Guillaume Le MARCHANT.
Geoffroy Le MARÉCHAL, *Marescalli*.
Guillaume Le MARÉCHAL.
Robin Le MARÉCHAL.
André MARMOIN.
Guillaume de MARTIGNÉ.
Jean de MAUNY, *de Malo Nido*.
Gervais Le MAY, *Medi?*
Colin MEGRES MAINS.
Drouet Le MERCIER.
Geoffroy Le MERCIER.
Jean Le MERCIER.

Raoul Le MERCIER.
Huet Le MERCIER, surnommé Pinczon.
Guillot Le MESGEICIER.
Philippe Le MESGEICIER.
Thomas du MINAGE, *de Minagio.*
Guillaume de MISSIÈRES (Mézières).
Guillaume MOREAU, *Morelli.*
Jean MOREAU.
Perrot de la MOTTE, *de Mota.*
Alain des MOULINS, *de Molendinis.*
Raoul MULIOTE.
Mathieu de MURS, *de Muro.*
Pierre Le NORMANT.
Pierre OGER, *Ogerii.*
Julien L'ORFÈVRE, *Aurifabri.*
Thomas, L'ORFÈVRE.
Thomas d'ORLÉANS, *de Aurelianis.*
Guillaume de L'ORME, *de Ulmo.*
Jean L'ORPHELIN, *Orphani,* l'aîné.
Jean L'ORPHELIN, *Orphani,* le jeune.
Gervais Le PAELLIER (Poëlier).
Guillaume PANTOU.
Robin Le PARCHEMINIER.
Jean PATEU.
Colin PÉAN, de l'Esvière.
Thomas PEILLE GROLLE.
Thomas Le PEIVRE.
Barthelemy Le PELLETIER; *Pelliparius.*
Jacquemin Le PELETIER.
Geoffroy PICHON.
Jean PIGNARDEAU, *Pignardelli,* clerc.
Alain PIMPENELLE.
Jean Le POITEVIN, *Pictavensis.*
Perrot du PORTAL, *de Portallo.*
Colin des PORTES, *de Portis.*

Guillot Le PORTOUR.
Gaubert Le POULALLIER.
Odin de PRUNIERS.
Pierre du PUITS DOUX, *de Puteo Dulci.*
Pierre QUENTIN.
Mathieu Le QUEUX (Cuisinier).
Guillaume Le RALE, *Ralii.*
Jean de RAYE (Roye).
Guillaume RENIART.
Pierre Le RESTIF.
Jean de RIOU.
Guillot de ROAN (Rouen).
Étienne ROBIN.
N. ROCZON, pelletier.
Pierre de la ROE.
Hervé Le ROUGE.
Robert ROUSSEAU, *Rousselli.*
Thomas ROUSSEAU, *Rosselli.*
Étienne Le ROYER.
Pierre Le ROYGNOURS.
Jean Le SAGE, *Sapientis.*
Robin de SAINT LAMBERT, *de S. Lamberto.*
Nicolas de SAINTE RADEGONDE, *de S. Radegondi.*
Jean SALOMON, *Salomonis.*
Poitevin SEILLIER.
Mathieu SELDENIER.
Simon SENNEQUOT.
Jean de SEREAU.
Mathieu de SEZENNES.
Guillaume SOURLOE.
Jean de SOVENCE.
Jean TABAY.
Guillaume Le TAILLANDIER.
Henri Le TAILLANDIER.
Jean Le TAILLEUR, *Cisoris.*

Raoul Le TAILLEUR.
Raoul Le TAILLEUR.
Raoul Le TAILLEUR.
Richard Le TAILLEUR.
Guillaume TALLE LI BRAYES.
Marquier le TAVERNIER.
Henri Le TISSERANT, *Textoris*.
Étienne Le TONELIER.
Jean Le TORT.
Jean de La TOUCHE, *de Tusca*.
Guillaume de La TOURALLE.
Geoffroy de TROU.
Drouet Le VACHIER.
Jean Le VACHIER.
Robin Le VACHIER.
Raoul de La VILLE DIEU, *Villa Dei*.

EXTRAITS
DE
L'HISTOIRE DE L'ABBAYE
DE
SAINT-FLORENT
PRÈS SAUMUR,
PAR
DOM JEAN HUYNES.

LES RELIQUES DE SAINT-FLORENT (1).

LEUR DÉCOUVERTE CHEZ LES CHANOINES DE ROYE, EN PICARDIE, PAR LOUIS XI. — ELLES SONT TRANSFÉRÉES DANS L'ABBAYE DE S. FLORENT, PRÈS SAUMUR, EN 1475, PAR LES ORDRES DU ROI. — APRÈS SA MORT, PROCÈS INTENTÉ PAR LES CHANOINES DE ROYE AUX MOINES DE S. FLORENT, AU SUJET DES RELIQUES ET DE LEURS CHASSES. — TRANSACTION SUIVIE DU PARTAGE DES RELIQUES.

Loys XI, roy de France, fréquentoit volontiers les lieux dédiez au culte divin et y faisoit plusieurs aumosnes. Chacun jour entendant la messe, il donnoit un escu d'or à l'offrande et un aux corporaux sur l'autel, et s'enqueroit diligemment des sainctes reliques qui estoient honnorées ès églises où il se rencontroit.

(1) Manuscrit de la préfecture, fol. 321 et suiv.

Charles duc de Bourgogne estant décédé (1), il fut en Picardie, print plusieurs villes, comme Peronne, Roye, Montdidier, Bethune, Sainct-Quentin en Vermandois et autres. Ayant pris Roye (2), l'an 1475 le samedy 6ᵐᵉ jour de May, sur l'heure de vespres il fut à l'église Sainct George, desservie par chanoynes séculiers, pour faire ses dévotions; où trouvant le chœur fermé, il s'enquit d'un prestre quel sainct représentoit l'image qu'il voyoit à l'entrée du chœur. Il respondit que c'estoit S. Florent, qui autrefois avoit passé le fleuve du Rosne, près Saumur, dans une esquife sans aviron. Le roy, sachant bien que le Rosne n'estoit près Saumur, se douta néanmoins que ce pouvoit estre S. Florent qu'on honnoroit en l'abbaye près Saumur. Le lendemain y retournant entendre la messe, pendant icelle il demanda à quelque clerc quelles reliques estoient en la chasse qu'il voioit sur l'autel? Il luy dit que c'estoit le corps de S. Florent. Incontinent il demanda à voir la légende du sainct; et l'un des

(1) D. Huynes se trompe ici. Charles le Téméraire ne fut tué devant Nancy que le 5 janvier 1477. Il faisait le siége de Neuss, en Allemagne, du 30 juillet 1474 au 13 juin 1475, tandis que Louis XI s'emparait des villes de la Somme. Voir ci-après, p. 107, la lettre de Philibert de Best à Jean du Bellay, évêque de Poitiers.
Louis XI reprit les hostilités contre le duc de Bourgogne à l'expiration de la trève qui, conclue pour cinq mois, le 3 novembre 1472, avait été prolongée d'abord du 1ᵉʳ avril 1473 à même époque de 1474, et enfin continuée jusqu'au 1ᵉʳ mai 1475. Quoique le roi eut très grand regret de la voir expirée, car, dit Commynes, « il eut mieulx aymé ung alongement de trève », il ne se décida pas moins à entrer de suite en campagne. Il prit le château de Tronquay le 3 mai, et reçut la reddition de Montdidier le 5. « Le lendemain, dit encore Commynes, allay parler à ceulx qui estoient dans Roye en la compaignie de monseigneur l'admiral, bastard de Bourbon; et semblablement me fut rendue la place, car ilz n'espéroient nul secours. Ilz ne l'eussent pas rendue si ledit duc eust été au pays. Toutesfois, contre nostre promesse, ces deux villes furent bruslées. » L'incendie de Roye eut lieu le 17 ou le 18 mai. On sait que toutes les villes de la Picardie prises par Louis XI eurent le même sort. Voir l'édition de Ph. de Commynes, publiée par Mˡˡᵉ Dupont, pour la société de l'*Histoire de France*, vol. 1. p. 295, 310, 325 et suivantes.

(2) Aujourd'hui département de la Somme.

compagnons de sa chapelle accompagné de quelques chanoynes et chapellains de l'église, luy apporta certains livres en
l'un des quels on trouva comme autrefois avoit esté apporté le
corps de S. Florent et ravy de l'abbaye près Saumur par fortune de guerre, en ces termes : *Temporibus gloriosissimi Henrici
Francorum regis, comes Viromandensis, Francorum regis filius*
(1) *Othonis, corpus sancti Florentii prope Salmurium et juxta
alveum Ligeris, tunc innumeris fulgens miraculis, vi armorum
ad ecclesiam Sancti Georgii Royensis transtulit, anno Domini
M.XXXV°, die Maii XXV°*..... Quant au roy, ne s'arrestant à
la difficulté du passage, il fut fort joyeux de ces nouvelles,
et dit qu'il estoit aussi puissant pour faire reporter le corps
sainct à Saumur comme un comte de Vermandois de l'en avoir
osté pour mettre à Roye. Là-dessus se mettant à genoux, il
supplia le sainct de luy ayder, et promit à Dieu de le restituer à l'abbaye de Saumur, si telle estoit sa volonté; faisant
de plus vœu à Dieu, en action de grâce, de faire bastir l'é-

(1) Ce passage qui, d'après A. de la Vaquerie, n'est autre chose que
l'inscription qu'on lisait sur la châsse du saint, présente une difficulté
qu'il est impossible de concilier avec l'histoire. Eudes ou Oton, que
les princes français élurent roi en 888, à cause de la minorité de Charles le Simple, et pour avoir un chef capable de repousser les Nor-
mands, était mort dès le 1er ou le 3 janvier 898. Il ne laissa pas de fils qui
ait possédé le comté de Vermandois, et d'ailleurs aucun de ses enfants n'a
pu vivre jusqu'en 1035. Voici, du reste, ce que dit D. Huynes pour expli-
quer l'erreur de cette légende : « J'ay faict proposer cette difficulté à
M. du Souchet, historien chartrain, et il a fait la réponse suivante:
Faudroit qu'il y eut: *Temporibus gloriosissimi Henrici Francorum
regis, comes Viromandensis, filius Othonis, corpus*, etc., etc., afin
qu'il y eut un sens parfaict et entier; ce qui peut estre arrivé par le vice de
l'escrivain qui a mis la seconde fois ces mots *Francorum regis* de trop
et mal à propos. Car, quoiqu'Othes fût véritablement en ce temps là
comte de Vermandois (1010-1045), son fils pouvoit aussy estre appelé
comte, ainsy que se voit bien souvent que les enfants, du vivant de
leurs pères, prennent la mesme qualité. Et se pouvoit, faire que ce jeune
comte (Herbert IV) eust esté assister Guillaume IV de Poitou, qui avoit
lors guerre contre Geoffroy Martel fils de Foulques III, (Nerra) comte
d'Anjou, auquel appartenoit Saumur. » Cette explication est confirmée
par deux passages de la charte de Guillaume, évêque et comte de
Noyon, donnée par D. Huynes à la suite de cet article.

glise Notre-Dame de la Victoire, près Senlis, en la forme et manière de celle de S. Florent près Saumur, tant en longueur et largeur que hauteur, ce qui fut faict (1). Or, pour connoistre la volonté de Dieu sur ce sujet, s'estant résolu de faire briser et raser la ville de Roye pour l'utilité de son royaume, horsmis les églises, il s'advisa d'y laisser le corps de S. Florent si l'église S. George pouvoit évader l'incendie (2); sinon, de le faire transporter à Saumur. Et le 10ᵉ du dit moys de May, estant en la chapelle S. Jean en l'église Notre-Dame d'Amiens, luy ayant esté dit qu'elle n'avoit pu estre conservée de l'incendie, il résolut de mettre à chef son dessein, et en obtint permission de l'évesque d'Amiens (3) ou de ses grands vicaires. De là il envoya maistre Philebert de Best et George Robinet, ses chapellains, avec honneste compagnie, pour l'enlever; lesquels, arrivez à Roye avec les lettres du roy et de l'évesque, ils trouvèrent tout le peuple mutiné contre eux et furent repoussés rudement; de quoy ils avertirent le roy qui estoit à Montigni (4), diocèse de Bauvais. Le roy résolu plus que jamais de mettre à chef son dessein, les renvoya à Roye avec ordre d'enlever par force les sainctes reliques; et à ce sujet les fit accompagner de Robinet de Denfort, écuyer, seigneur de Cressonsac en Beauvoisis et seigneur de Chevreuses près Paris, par

(1) La *Nova Gallia Christ.*, vol X, col. 1563, dit que cette reconstruction fut faite en 1472.

(2) Saint Florent avait déjà été soumis à la même épreuve lors de la prise de Saumur par Foulques, en 1025. Les Angevins, dit la chronique de l'abbaye, *ignem oppido admoverunt, comite sæpius clamante: « Sancte Florenti! sine te concremari; meliorem enim Andegaris tibi habitationem exstruam. »* L'église périt en effet dans les flammes, et le comte se crut autorisé à accomplir son projet; mais le saint, dit la chronique, refusa de passer la Loire. V. ci-devant, vol. 1ᵉʳ. p. 410.

(3) Jean VIII de Gaucourt, nommé par Louis XI à l'évêché d'Amiens en 1473, mort en 1476.

(4) Les villages ou bourgs dont il est question, appartiennent tous au département de la Somme. Montigny et Cressonsac sont dans l'arrondissement de Clermont; Beaurains, anciennement Beautraignes, et Mortemer dans celui de Compiègne.

confiscation d'icelle sur Nicolas de Chevreuses qui s'estoit retiré vers le party ennemy du roi. Iceux entrants en l'église de Roye, avec la modestie requise, ne trouvèrent les sainctes reliques, lesquelles, la nuict précédente, deux prêtres avoient caché. Pour cela le sieur de Denfort en vint aux menaces et aux faicts, désirant accomplir la volonté du roy. Il en fit emprisonner plusieurs dont il se doutoit pouvoir sçavoir la vérité. D'autres furent menacez de mort et saccagement de leurs biens; même il se vantoit de faire brusler tout le pays à deux lieues à la ronde, et d'exercer plusieurs autres peines. Tous néantmoins demeuroient si opiniastres que plustost on les eût bruslé vifs que de leur faire confesser où étoient les sainctes reliques, de peur d'en estre privez. Désespérantz ainsy de connoistre la vérité, le mardy 25e jour de May, vers sept heures du soir, un prestre de l'église de Roye arriva qui leur dit où estoit caché le chef de S. Florent, asscavoir en une court de la paroisse de Beauvraignes, diocèse de Noyon, distante une lieu de Roye, où ils le trouvèrent enterré en une fosse profonde de six coudées. D'où l'ayant enlevé avec révérence, ils le portèrent en l'église de Mortemer, à deux lieux de là; où estants, sus les dix heures du soir du mesme jour, un habitant d'auprès de Roye vint leur enseigner le corps du sainct, qui estoit caché sous terre dans les champs à environ une lieue de Roye, où ils le trouvèrent enterré et l'apportèrent avec grande réjouissance en icelle église de Mortemer, puis à Cressonsac.

En ce transport des sainctes reliques, arrivèrent trois choses dignes de remarque. La première qu'icelles ayant esté autrefois ravyes de Saumur à force d'armes, le 25e jour de May, à semblable jour, par semblable force, elles furent ostées du pays de Roye pour les apporter à Saumur; car le 25e jour de May l'an 1475, jour auquel on célébroit la solennité du précieux corps de Nostre Seigneur, elles furent apportées en l'église de Noyon, Guillaume évesque de ladite ville célébrant lors les sacrés mystères, et reçeues avec toute magnificence par le roys Loys qui y estoit. La seconde, que ceux qui avoient caché le sainct corps confessèrent l'avoir senty tellement pesant, qu'ils demeuroient presque accablez sous le fais ; et néantmoins, lorsqu'on le retira de terre, il fut trouvé si léger que, ce que quatre hommes ne pouvoient porter auparavant que difficilement, un seul le porta aysément. La troysiesme, que le mercredy 21ᵉ jour du moys de May, lorsqu'on porta les sainctes reliques de Cressonsac jusques au monastère de la Chartreuse près Noyon, situé sur un haut lieu, le prieur et couvent venants bien loing au devant processionnellement avec deux torches allumées, sur les cinq heures du soir, le vent estant tel que les torches devoient s'esteindre plusieurs fois, elles demeuèrent néantmoins tousjours allumées, sans que la flamme vacilast de part ou d'autre et sans que la cire coulast ; ce que le prieur et quelques uns de ses moynes asseurèrent à l'évêque.

Tout ce que dessus fut rédigé par escrit par Guillaume évesque de Noyon (1) ; lequel y procédant par examen l'aprit de la personne du roy, en présence de Jean évesque d'Avranches (2), Jean évesque d'Évreux (3), et des dits Philebert de Best, George Robinet, Robinet de Denfort et autres.

Émery Olivier, maistre és arts et bachelier en loix, prestre curé de Dercé (4) en Poitou, qui avoit servy longtemps le roy Loys XI en sa chapelle, afferma la mesme chose, le 18ᵉ jour de Mars l'an 1492 (5), estant interrogé juridiquement par Jacques d'Estouteville...conseiller, chambellan du roy et garde de la prévosté de Paris. Et de plus

(1) Nous avons imprimé cette pièce dans la bibliothèque de l'École des Chartes, 1ʳᵉ série, vol. 3, p. 475 et suiv.

(2) Jean III. Bochard ou Bouchard, évêque d'Avranches, de 1459 à 1484.

(3) Jean V, Heberge, conseiller et familier de Louis XI, évêque d'Évreux, de 1473 à 1478.

(4) Vienne, arrondissement de Loudun.

(5) 1493 nouveau style.

adjousta que nul des religieux de l'abbaye S. Florent fut vers le roy, ni autres pour eux pour causer cette translation; mesme que les religieux ne luy en avoient jamais parlé, Sa Majesté ayant passé plusieurs fois par l'abbaye de Saumur auparavant, quand il alloit à Nostre Dame de Béthuart (1) et au Puy en Anjou, ce qui est contraire à ce que dit l'évesque de Noyon rapportant le témoignage du roy; car ils croyoient en avoir toujours esté en bonne possession.

Révérend père en Dieu Auger de Brie, abbé de Sainct Ouvre et de Laigny (2), déposa la mesme chose que les susdits, touchant le corps de S. Florent, comme aussi Jean Nepveu, abbé de la Victoire (3) près Senlis.

Les sainctes reliques estant dans l'église de Noyon, le roy fit regarder en la chàsse, où fut trouvé que sainct Martin avoit faict prestre S. Florent. Ce faict, Sa Majesté bailla charge au susdit maistre Philbert de Best et autres de porter ce sainct thrésor à Saumur (4), et escrivit aux chanoy-

(1) La chapelle de Béhuard, construite par Louis XI vers 1470 dans une des îles de la Loire, en face de Savennières et de Rochefort, est encore l'un des monuments les plus curieux de l'Anjou, et contient un portrait de son fondateur et de son fils, que l'on croit de la fin du quinzième siècle. Louis XI avait aussi fondé, vers 1472, au Puy Notre-Dame, un corps de chapelains, que le pape Sixte IV affranchit en 1482 de la juridiction épiscopale. V. Bodin. *Recherches sur Saumur*, 1re édition, p. 18.

(2) Protonotaire apostolique et membre du grand conseil du roi, qui le fit élire à l'évêché d'Angers, par suite de l'emprisonnement de La Balue. Il mourut en 1501. V. *Gallia Christ.*, 1re éd., vol. 2. p. 112.

(3) Abbé depuis 1469, évêque de Senlis en 1496, mort en 1499.

(4) « Le roy fit ainsy rendre un bras de sainct Aygnan à la ville d'Orléans, qui en avoit esté emporté autrefois par les guerres en la ville de Lens vers Therouenne, et le rapporta un moyne nommé Gervais Thairault, profex de l'abbaye d'Evron, au Mayne. Il fist le mesme du chef de sainct Gratien de Tours, qui estoit en l'abbaye d'Arras dans un beau reliquaire, et du corps d'icelui sainct qui y estoit aussy en une chasse fort ancienne. Ledit Emery Olivier asseura qu'il avoit tenu le chef à neu, lorsqu'il fut ouvert par le prieur de l'abbaye d'Arras, nommé Doublet; et estoit escry en un parchemin en latin comment le corps et le chef du sainct furent ravis par force de la ville de Tours par les grandes guerres des Picards et Flamens, et emportez en

nes de S. Martin de Tours qu'ils le reçeussent honnorablement; ce qu'ils firent processionnellement, depuis la coherie à la porte de Tours jusques en leur église; puis fust mandé à l'abbé et religieux de S. Florent qui le vinssent quérir.

Le susdit Philebert de Best nous tesmoigne aussy, par deux lettres missives, l'affection singulière que portoit le roy à l'évesque de Poictiers et à S. Florent, et rapporte en icelles un miracle arrivé en la personne d'une femme, les sainctes reliques passants par Tours. Les missives sont telles :

I.

A révérend père en Dieu et mon très honnoré seigneur, monsieur l'évesque de Poictiers, conseiller du roy nostre sire.

Révérend père en Dieu et mon très honnoré seigneur, je me recommande humblement à vostre bonne grâce. Le dimanche dix-huictieme jour de juin, arrivay devers le roy à Escouys, à l'heure de vespres, à qui je baillay vos lettres; dont il fut très joyeux, et me interrogea plus de cinquante fois si estiez bien joyeux de la venue de monsieur sainct Florent et quelle chière aviez faicte, et comment l'aviez receue. Je luy dis ce que aviez faict le mieux que je sceu, et que le roy vous avoit faict le temps passé beaucoup de biens, mais que cestuy surpassoit tous les autres; et ne eussiez pas esté si joyeux, quant il vous eust envoyé le chappeau de cardinal et cent mille escus; et qu'à cet heure estiez content que Dieu fist de vous ce qu'il voudroit, mais que eussiez veu le roy à votre ayse. Après que luy eu compté la manière de la ré-

Flandres en une des prévostez de S. Vaast, nommé Gorge, et depuis, par une autre guerre, portez en l'abbaye S. Vaast; adjoustant qu'il avoit leu sur le parchemin : « *Quod erat quondam episcopus Turonensis et unus de septuaginta duobus discipulis.* » Et apporta pour tesmoin de son dire frère Jean du Puy, abbé de Cormery près Tours, qui avoit demeuré longtemps à S. Vaast, par le commandement du roy, après qu'il eut pris la ville d'Arras. » D. Huynes, f. 329 et 330.

ception et comme aviez tenu hostel ouvert et taublc à tous venants et les grands miracles qui se firent lors, je luy dis aussy que paravant la venue de monsieur sainct Florent estiez malade, mais qu'il vous avoit guéry. En effect, monseigneur, il ne se pouoit saouler de me interroger de vous en disant : « *Monsieur de Poictiers te dit-il pas bien que je l'ayme, et que j'ay esté norry en sa maison, et que de ma jeunesse je l'ay tousjours aymé?* » Et je luy dis que ouy et qu'il n'estoit point déceu; car s'il vous aymoit bien, encore l'aymiez vous mieux. Monsieur, le procès, en parlant de vous, dura plus de demye-heure, et plus à long le vous dira monsieur le doyen d'Angers de la Vignole (1), qui doit passer par vous en allant en Bretaigne, qui a esté présent du commencement jusques à la fin. Et quant je remerciois le roy du bénéfice que m'avez donné (2) et s'il eut mieux valu, l'eussiez faict de meilleur cœur, et que n'aviez promis l'améliorer, dont il a esté fort joyeux et me dit : « *Nostre maistre sainct Florent guérit les autres et à vous a donné des bénéfices.* » Le dit sieur a voué au dit sainct quatre offrendes, c'est assavoir : Nus (3), monsieur l'Amiral, Péronne (4) et monsieur le Dauphin, moy present.

Vostre très humble et très obéissant serviteur,

PHILEBERT.

II.

A révérend père en Dieu et mon très honnoré seigneur, monsieur l'abbé de Sainct-Florent.

(1) Jean de la Vignole, doyen de l'église d'Angers, de 1464 à 1495.
(2) D. Huynes n'indique pas le nom de la cure que les Du Bellay donnèrent à Philibert de Best.
(3) Neuss, voir ci-devant, p. 100, n. 1, à cause de sa résistance au duc de Bourgogne.
(4) Où Louis XI avait été momentanément au pouvoir de Charles le Téméraire, et où il avait craint de subir le sort de Charles le Simple, en se voyant si près de la tour d'Herbert de Vermandois.

Révérend père en Dieu et mon très honnoré seigneur, je me recommande à vostre bonne grâce. J'escris à monseigneur la joye que le roy a faicte de la réception et des miracles de monsieur sainct Florent, et autres nouvelles, lesquelles il vous communiquera. Au regard de vos lettres, le dit seigneur les a veues et leues. Et après que je luy dis beaucoup de maux de vous, je lui dis que aviez un logis pour le recepvoir le mieux que vous pourriez, et que luy gardiez ung esbat de tessons (1) et de renars; et aussy que aviez la plus gente chienne à renars qu'on pouvoit voir, laquelle luy eussiez envoyé par moy, mais que vous douticz qu'elle fut pleine; dont il fut très joyeux et dit que seriez aussi bon homme comme votre oncle. Et a accepté vostre offre, et en signe de ce m'a baillé en garde vos lettres pour luy en faire souvenir. Monsieur, j'envoye ce porteur expressement par delà pour prendre possession de la cure que m'avez donné, dont j'ay remercié le roy qui en a esté fort content. Je le vous recommande, en vous priant que s'il en venoit une meilleure, que m'ayez pour récommandé ainsy qu'en vous ay parfaicte fiance. Le roy a faict quatre vœux à monsieur sainct Florent, comme voirez par les lettres de monseigneur, et croy qu'il fera des biens à vostre église. Il ne parle d'autre chose; je n'y nuyray pas. Quand nous passasmes à Tours, la dame des Trois Roys, laquelle cinq ans avoit esté malade des jambes, lesquelles elle avoit grosses et enflées tant que ne pouvoit aller, *voto facto, in instanti sanata est, sicut viva voce mihi retulit*. Je croy que le glorieux sainct apportera la paix et tranquillité au roy et au royaume, comme luy ay dit; et desjà commence bien (2), Dieu mercy. Monsieur,

(1) Jeunes sangliers, m. recassins. Louis XI aimait passionnément la chasse. Voir notamment les Mémoires sur l'ancienne chevalerie française par La Curne Sainte Palaye, édit. de Ch. Nodier, vol. 2, p. 303-311.

(2) Allusion aux succès de Louis XI en Picardie.

escrivez moy par ce porteur de vos nouvelles, et je prie à
Dieu que vous donne ce que désirez,

Escrit à Escouys, le dix-septiesme jour de Juin.

Vostre très humble serviteur,

PHILEBERT.

Les délectables nouvelles de l'arrivée des reliques parvenues en cette abbaye, Jean, évesque de Poictiers, naguères abbé de Sainct Florent, continuant néantmoins d'y faire sa résidence, envoya son nepveu, Loys Du Bellay, auquel il avoit résigné sa dignité abbatiale (1), au devant avec aucuns de ses religieux : lesquels, accompagnez des commissaires déppulez pour ce sujet, apportèrent le sainct corps en grande resjouissance jusqu'à Saumur, et fut posé en l'église de Nostre-Dame de Nantilly (2); où, pour monstrer que le ciel favorisoit cette translation, un tondeur de Saumur muet, passé y avoit vingt-deux ans, estant à genoux devant le corps sainct, recouvra la parole publiquement; et qui plus est plusieurs enfants morts-nez, à son retour et depuis, par les mérites et prières du sainct, recouvrèrent la vie et furent baptisez. De Nantilly, on apporta les reliques en cette abbaye avec la plus grande solemnité possible aux religieux, accompagnez de tout le clergé et d'une infinie multitude de peuple; où par après on les colloqua sur le grand autel.

(1) Le 16 novembre 1474. Louis n'en prit possession que le 24 mars suivant. Jean Du Bellay avait succédé à son oncle, de même nom que lui, le 10 juillet 1431. Nommé évêque de Fréjus par le pape Nicolas V, le 7 novembre 1455, il était passé, dans les premiers mois de 1462, au siége diocésain de Poitiers, par suite d'échange avec Léon Guérinet, qui en était titulaire depuis 1457. Jean Du Bellay mourut le 3 septembre 1479. Son neveu Louis gouverna le monastère de S. Florent jusqu'à sa mort, arrivée le 7 septembre 1504. D. Huynes, *passim*.

(2) Cette église, située dans le faubourg méridional de Saumur et dont la construction remonte au XIe siècle, dépendait de l'abbaye de S. Florent. Elle avait aussi été enrichie par le dévot monarque, qui y fonda notamment une chapelle dans laquelle on lit encore cette inscription : « Cy est l'oratoire du roy Louis XI. » V. Godard, vol. 2, p. 354.

Une des dittes châsses estoit de bois tout couvert d'argent avec des lames d'airain, et ornée des images suivantes. Au frontispice estoit l'image de Nostre-Seigneur, sise en un trosne, et avait au-dessus cette inscription : *Ego sum Alpha et Omega, et ego sum qui sum.* De l'un et de l'autre côsté estoient les images des apostres, distinguez par chapiteaux, et au-dessous de chaque image estoit le nom de l'apostre. Au derrière estoit l'image de sainct Florent avec cette inscription : *Sanctus Florentius confessor.* Sur le toict estoient gravez ces vers et les histoires signifiées par iceux :

Hic ad Martinum Florentius ire jubetur.
Flumen transire et sine remige non reveretur.
Hic homo vesanus a multis vix cohibetur,
Cui prece vir sanctus, depulsa peste, medetur.
Presbiter effectus, signis hic clarus habetur.
Hæc mulier natum recipit lumenque meretur.
Attonitam plebem serpentis ab ore tuetur.
Quem tumulus præsens cœlo florere fatetur.

L'autre châsse estoit un vase d'argent ou petit coffre, qui contenoit le chef de sainct Florent.

Icelles demeurèrent ainsy sur le grand autel pendant que maistre Gervais Bellier, orfèvre d'Angers, élabora une fort riche châsse, aux fraictz et par le commandement du roy Loys XI; laquelle il fit de six pieds de long, deux de large et cinq de haut, couverte de toutes parts d'argent doré, duquel or et argent la quantité estoit de trois cents marcs, merveilleusement élabouré. Au frontispice estoit représenté S. Martin conférant l'ordre de prestrise à S. Florent. En après, comme S. Florent passa le Rosne dans une nacelle toute carriée et vermoulue sans aviron; comme il entendit la voix de l'ange lui monstrant le chemin de Glonne; comme ayant receu la bénédiction de S. Martin, il s'y retira ; comme ayant receu le précieux corps de Nostre-Seigneur, il rendit l'âme à son créateur estant en oraison; comme il chassa un serpent; comme les soldats lui froissèrent les épaules et à son frère Florian; comme il fut délivré des soldats, et comme il guérit un démoniaque.

Au bas de la châsse, des deux costez, estoient gravez, en lettres azurées, ces mots : *Temporibus*, etc. ; (1) *eodem die, evolutis annis quadringentis quadraginta, videlicet XXV^a Maii, anno MCCCCLXXV°, gloriosissimus princeps dominus Ludovicus XI, rex Francorum, præfato oppido de Roya per eum vi armorum capto, sancto ductus spiritu, non sine miraculorum operatione, præfatum sanctum corpus, tunc in terra absconditum, ad suum proprium monasterium prope Salmurum, exultantibus populis, reposuit; ipsumque præsenti in capsa, suis sumptibus auro pariter et argento confecta, anno regni sui XIX°, votiva celebritate recludi procuravit, quod et factum fuit.*

Cette châsse estant apportée en cette abbaye, on assigna le 25e jour de juin de l'an 1480 pour faire la solennité de la translation des sacrés ossements, horsmis du chef qu'on laissa dans le petit coffre jusques en l'an 1482, au moys de juin. A ces fins l'abbé Loys convia Jean (2), abbé de Sainct-Pierre de Coustures, près le Mans, ordre de S. Benoist, et Pierre abbé de Loroux (3), ordre de Cisteaux; tous trois se revestants pontificalement en présence d'Auger de Brie, éleu pour évesque d'Angers, et de maistre Almaric Deniau, doyen de Cranois (4) et chanoine de l'église d'Angers, ces deux y assistant par le commandement du roy, et d'une infinie multitude de peuple de divers estats, âge et condition. Tous les autels estant ornez à l'advantage des plus riches et précieux ornements, les lampes, cierges, torches et flambeaux allumés de toutes parts en l'église, on posa sur l'au-

(1) Voir ci-dessus, page 101.
(2) Jean II, de Tucé.
(3) Pierre Chabot, abbé de N.-D. du Loroux, diocèse d'Angers.
(4) Craon, anciennement siége d'un des doyennés du diocèse d'Angers, fait aujourd'hui partie du département de la Mayenne, arr. de Château-Gontier.

tel deux châsses, savoir celle où estoit le corps de S. Florent, apportée de l'église collégiale S.-George de Roye, et une qui estoit d'antiquité en cette abbaye; puis on les mit chaque sur les espaules de deux religieux, qui les portèrent processionnellement et avec la plus grande pompe et dévotion qu'on put. De là on les remit sur le grand autel, où l'abbé de la Cousture célébra les sacrés mistères; et ayant achevé la confession générale et baisé l'autel, il exorciza et bénist la nouvelle châsse que le roy avoit faict faire. Après quoy, on ouvrit les châsses susdites; pendant qu'au chœur, le chantre ayant entonné l'hymne *Veni creator Spiritus*, le chœur et l'organiste le poursuivirent jusques à la fin alternativement à qui mieux mieux.

On trouva en celle de Roye les sacrés ossements de S. Florent en une peau de cerf décemment enveloppez, selon qu'avoit faict Absalon les enlevant furtivement de l'abbaye de Tournus (1) pour les apporter en ces quartiers de Saumur; et tant les ossemens que la peau estoient entiers, sans aucune corruption. De plus on y trouva deux lettres testimoniales touchant la translation du mesme sacré corps en icelle, faicte (2) par les mains sacrées et vénérables de Théodoric, évesque d'Amiens, et de Baldouin, évesque de Noyon, scellées des sceaux des dits évesques et du chapitre de Roye; avec une lame de plomb, large d'un poulce, longue de la paume de la main, sur laquelle étaient gravez ces mots : *Hic requiescit corpus beati Florentii confessoris*; lesquels sceaux et lame estoient pendants à la peau de cerf.

(1) Lors de l'invasion de l'Anjou par les Normans, les moines de Saint Florent s'étaient réfugiés à Tournus, diocèse de Mâcon, emportant avec eux les reliques de leur patron. Les Normans partis, ils avaient voulu regagner le monastère, et leurs frères de Tournus s'étaient refusés à leur rendre les bienheureuses reliques. La ruse du moine Absalon ravit aux dépositaires ce qu'ils n'avaient pas voulu restituer.
Voyez le récit curieux de ce retour du corps de saint Florent en Anjou dans l'histoire de ce monastère, imprimée par D. Martène, *Thes. Anecdot.*, vol. III, col. 813 et suivantes.
(2) Le 28 septembre 1152.

En l'autre châsse, qui estoit dès longtemps en ce monastère, on trouva aussy les ossemens de S. Florent selon qu'on les y avoit eus de tout temps, enveloppez décemment en un voile rouge.

Tout ce que dessus veu et mis sur l'autel, le chantre entonna au chœur l'introïte de la messe *Os justi*. La messe achevée, frère Robert de la Haye, prieur de S.-Pierre de Resi (1), moyne de cette abbaye, prescha publiquement touchant cette translation : disconrant de la bénignité et libéralité de Dieu, et de la munificence et largesse du roy Loys XI. Après la prédication, les dits révérends abbez élevèrent les sainctes reliques; et les mettans toutes ensemble avec les lettres susdites dans la nouvelle châsse, le chantre entonna l'hymne *Te Deum laudamus*, que le chœur et l'organiste achevèrent mélodieusement. Jean Bouet et Mathurin Barilleau bachelier en décrets, prestres, notaires apostoliques et tabelions publics, assistèrent à tout ce que dessus et en donnèrent acte que nous avons suivy.

Après cette translation, le roy, continuant ses dévotions et libéralitez, fit faire un riche reliquaire en forme de chef, et l'envoya en cette abbaye par maistre Simon Brahier et Jean Robineau, notaire et secrétaire de Sa Majesté; lesquels l'an 1482, le 16ᵉ jour de juin, l'offrirent au nom du roy pour y mettre et reposer le chef de S. Florent : et fut receu sur le grand autel de l'abbaye, par l'abbé Loys et son couvent. Le chef avec son diadème pesoit cent quatre marcs six onces; les six piliers et l'argent des goupilles ensemble trente-quatre marcs cinq ouces deux gros; la soubz-baste seule septante trois marcs iny gros; qui est en somme deux cent douze marcs trois onces six gros. Le roy donna de plus à cette abbaye des tapisseries rehaussées de soye et de fil d'or.

La translation des sacrés ossements de S. Florent, faicte au grand contentement de l'abbé et couvent de cette abbaye, fut grandement desplaisante aux doyen et chapitre de Roye;

(1) Près Montsoreau, Maine et Loire, arr. Saumur.

mais, pendant le règne du roy Loys XI, force leur fut de se taire. Et ne manquèrent pas, après sa mort, de provoquer les religieux, abbé et couvent de cette abbaye : obtenants des lettres du roy Charles, en date du 13ᵉ jour de juillet 1488, pour les contraindre a rendre les reliques; lesquelles (lettres) furent signifiées aux religieux le 14ᵉ jour de septembre ensuivant.

A cette signification l'abbé et les religieux, parlants au huissier, qu'ils firent entrer dans le cloistre, ils luy demandèrent s'il avoit procuration des chanoynes pour recevoir les sainctes reliques; et respondant que non, ils luy dirent que quand il en auroit une ils luy feroient response raisonnable. Ces beaux discours toutefois ne contentant les chanoynes, ils poursuivirent fort et ferme en justice, et firent dire par messieurs des requestes, le 2ᵉ jour d'avril l'an 1491, avant Pasques (1), que les religieux leur rendroient les reliques et les chasses de S. Florent, et paieroient tous les despens. Mesmes les chanoynes prétendoient que les reliquaires, donnez par le roy Loys à ce monastère, leur devoient appartenir : disans qu'ils avoient esté donnez au sainct et non à l'abbaye, et que le sainct leur appartenant les chasses aussy estoient à eux.

De tout cela les religieux, se portants appelants en la cour de parlement, ne sçavoient comment se déffendre. Car d'un costé ils vouloient prouver que de tout temps, ils en avoient esté en possession, par plusieurs passages des archives; d'autre part, s'appuyant sur les tesmoignages trouvez à Roye, ils improuvoient cet escriteau *Temporibus gloriosissimi*, etc., etc. (2), disant qu'il contenoit faussetè; et, supposé qu'il fust véritable, qu'on voicit par là qu'il leur avoit esté ravy, et partant que c'estoit restitution que leur en avoit faict le roy Loys XI. Mais la longueur des années que ceux de Roye en estoient en paisible possession leur ostoit le droit de restitution; et improuvans l'escriteau susdit, ils estoient con-

(1) 1492, nouveau style.
(2) V. ci-devant, p. 101.

trainets de conclure que ce n'estoit leur patron sainct Florent; qu'on leur avoit apporté de Roye. Sur quoy les chanoynes faisants abstraction, se contentants du tesmoignage susdit et de l'opinion qu'ils en avoient, demandoient qu'on les leur restituast selon qu'on les avoit apporté de Roye. En quoy le parlement les entendant confirma l'arrest des requestes, le 14e jour d'août l'an 1494; et fut dit que les religieux en paieroient les fraicts.

Pour l'exécution de cet arrest le mesme jour maistre Jean de Wignacourt (1), conseiller du roy en sa cour de parlement à Paris, fort zélé pour le party de Roye à raison que ses parents estoient yssus du pays et qu'il y possédoit de grands biens, fut depputé commissaire et exécuteur du dit arrest.

Nous ne mettons icy les sentences et arrests afin de n'estre trop long; recours aux archives de S. Florent-lez-Saumur à ceux qui les voudront voir. Les principaux poincts des chanoynes estoient que le feu roy Loys estant venu devant leur ville, ils se rendirent librement; c'est pourquoy l'admiral (2) leur auroit promis de les laisser libres eux et leurs biens. Que néantmoins six jours après il avait faict piller et brusler la ville, et mis hors les habitants. Que frère Jean Du Bellay, abbé de Sainct-Florent, évesque de Poictiers et aumosnier du roy, en estant adverty, envoya deux ou trois de ses serviteurs de basse condition pour avoir les reliques de S. Florent; et assurément que jamais le roy Loys XI n'avoit ordonné qu'on transportast les reliques de sainct Florent à Saumur. Que néantmoins on avoit usé envers eux d'estranges cruautez, pour les contraindre d'enseigner où ils avoient caché les sainctes reliques; qu'à force de tourments leur ayants estez enseignées, ils les avoient porté à Saumur.

Ceux de cette abbaye soustenants le contraire; que jamais ils n'avoient procuré leur retour, croyants les avoir chez eux;

(1) Pas de Calais, arr. Saint-Pol, com. Croisettes.
(2) V. ci-devant, page 109, note 1.

et que cela estoit arrivé par la franche libéralité de Loys, roy de France.

Plusieurs autres raisons estoient alleguées de part et d'autre; et la plus forte pièce du sac de ceux de Saumur estoit qu'ils avoient les sainctes reliques en leur église. Partant, se tenants bien barricadez de toute part, remonstroient aux Angevins le tort qu'on vouloit faire à toute la contrée, et employoient tous leurs amys envers le roy Charles pour casser, ou du moins pour faire surseoir ces arrests.

Et le 22e jour de septembre l'an 1494, ils obtinrent des lettres de faveur de Sa Majesté, adressantes à sa cour de parlement, pour recevoir son procureur à opposition de l'arrest : disant qu'il n'avoit esté ouy, et qu'en cette cause il y alloit de l'honneur du feu roy Loys son père, lequel, de sa franche volonté, avoit faict transporter le corps sainct. Ils obtindrent aussy plusieurs lettres missives de Sa Majesté, dattées à Ast et à Naples (1), adressantes tant au commissaire

(1) Charles VIII séjourna à Asti du 9 septembre au 6 octobre 1494, et à Naples du 24 février au 28 mai 1495.

Nous avons retrouvé parmi les titres de S. Florent la minute, corrigée et signée par l'abbé lui-même, d'une lettre qui se rapporte à cette partie du procès des reliques. Le personnage auquel elle est adressée paraît être René de Scepeaux, seigneur de Gaubert, de la Motte de Balou et de la Bodinière, fils d'Amaury de Scepeaux et de Jeanne de Maillé.

« Monsieur de la Bodinière, je me recommande à vous tant affectueusement que possible m'est, et vous mercye des grans plaisirs que me fistes en Aast, pour la matière du monde que plus me tousche, quant maistre Jehan Trotier la poursuyvoit. Noz adversaires veullent inpugner les lectres que le roy ordonna ad ce que son procureur fust receu à opposicion, et davantage me poursuyvent en la cause d'appel que j'ay interjetée de leur exécutoire ; lequel est fils de celuy qui a faict toute la sourprise de la judicature et ne voulut cesser pour noz recusations ; mais, pour achever de paindre, nous voulut contraindre de rendre les châsses que le feu roy Loys, à qui Dieu pardoint, fist faire toutes neufves espressement pour donner à l'église de siens (céans), à mettre le corps et le chef de monsieur Sainct Florent ; esquelles il les fit mettre. Toutesfoiz, ou procès ny en l'arrest, jamays n'en avoit esté parlé ! Et pour celle cause, je envoye devers le roy l'en advertir, en obeissant ad ce qu'il luy a pleu m'escripre. Et de rechef vous recommande la matière, quar noz adversaires taschent à gangner le roy, et

qu'à quelques principaux du parlement et aux justiciers de
Saumur, pour faire supercéder l'arrest jusques à son retour
à Paris. Mesmes deux leur furent adressées, l'une à l'abbé,
l'autre au couvent, par lesquelles le roy les blasmoit de négligence en cette affaire et (recommandoit) qu'ils prissent soi-
gneusement garde à ne laisser emporter leurs sainctes reliques.

Le conseil aussy des religieux fut d'avis que l'abbé s'ab-
sentast du monastère, à ce que le sergent qui l'adjourne-
roit pour obéyr et voir procéder à l'exécution de l'arrest ne
parlast à luy, et qu'il fust contraint faire son exploit par
attache, et semblablement qu'il ne parlast à aucun des religieux; qu'au jour assigné par le sergent, comparust quelque
procureur pour eux, qui proposeroit que depuis l'adjourne-
ment baillé il n'avoit veu l'abbé lequel il diroit estre absent:
requérant délay pour envoyer vers luy, et luy faire sçavoir
l'arrest prétendu par messieurs de Roye, disant que l'abbé
et les religieux en estoient ignorans, requérant délay luy
estre baillé; et si l'exécuteur ne le vouloit entendre, qu'il
en appelast; que s'il lui accordoit, il lui demandast copie de
l'arrest et jour pour y respondre le plus tard qu'il pourroit.
De plus, qu'au jour de l'assignation, le procureur du roy de
Saumur se présentast devant l'exécuteur; et après que messieurs de Roye luy auroient requis l'exécution de leur arrest,
qu'iceluy procureur, pour l'empescher, présentast des lettres
missives que le roy luy rescrivoit, en le requérant de supercéder cette exécution pour les causes contenues ès missives,
et en cas de refus qu'il en appelast. Aussy que le procureur
des religieux, abbé et couvent déclarast l'intention du roy
par la lecture des lettres missives escrites à l'abbé et au

---

sont gens pour luy dire de grans mensonges, affin de le sourprendre
à quelque heure qu'ilz le verront fort empesché. Monsieur de la
Bodinière, je desire faire quelque plaisir à vous et aux voustres, en
priant à Dieu qu'il vous done ce que vostre noble cuer desire. Escript
à Sainct Florent le XXIV° jour de Febvrier. Vostre cousin, LOYS abbé
de S. Florent. »

convent; et en cas que le commissaire voulût passer oultre, qu'ils ne respondissent autre chose tous, sinon qu'ils s'y opposoient.

Les abbé et religieux ainsy munis de conseil, le commissaire, maistre Jean de Wignacourt, auparavant que de sortir de Paris, envoya devant soy un sergent pour adjourner les abbé et couvent à comparoitre devant soy à Saumur, à certain jour; puis se mit en chemin le 23ᵉ d'octobre l'an 1494, accompagné de maistre Jean Carton, doyen de l'église de Roye, Pierre de Beaurains, thrésorier en la dite église, et de plusieurs autres Picards, qui se vantoient de ne retourner dans leur pays sans les sainctes reliques; et arriva à Saumur avec toute sa bande le 28ᵉ jour du dit moys. Ce que l'abbé Loys sçachant, il sortit le lendemain de grand matin de l'abbaye, prétendant cause d'ignorance, sous prétexte d'aller faire sa visite ès prieurez deppendants de cette abbaye. De Wignacourt, à son arrivée, fit assembler tous les officiers de justice et sergents du pays pour, au nom du roy et du parlement, lui prester main forte; lesquels tous en sa présence, pour le respect du parlement, lui promettoient assez de service, mais plus de parole que d'effect.

Pendant ce temps, les portes de l'abbaye estoient fermées, et n'y entroit aucun qui ne fut bien cognu de nom et surnom. Quant aux sergents qui s'y adressoient de la part du commissaire, quelquefois, après avoir bien frappez, on leur demandoit ce qu'ils désiroient; et perdants le temps à attendre responce, s'en alloient sans effect, ce qui servoit au commissaire à verbaliser à Saumur. Et tout le résultat de sa commission fut de faire publier qu'il délaissoit en garde, de par le roy et la cour, aux abbé et couvent le corps et le chef de S. Florent avec les chàsses vieilles et nouvelles; et de les faire citer à Paris au 1ᵉʳ jour de décembre en suivant. Ce faict, il partit de Saumur le 15ᵉ jour de novembre avec sa bande, et arriva à Paris le 22ᵉ jour dudict moys; où tant luy que les chanoynes, sans esgard à la fatigue de leur voyage, recommencèrent comme tout de nouveau à se plaindre au parlement et envers le roy de la contumace et désobéissance des religieux et justiciers de Saumur touchant leurs arrest et ordonnances, ceux-cy se tenant fort et ferme sur la deffensive.

Finalement messieurs de Roye, après avoir gasté beaucoup d'encre et de parchemin achepté par eux à grands frais, se déterminèrent à tenter les voyes pacifiques d'accord; à quoy les religieux entendirent volontiers, desirants estre délivrez des sainctes importunités des chanoynes. A ces fins, chacun de son costé nomma des arbitres: lesquels prononcèrent que le chef de sainct Florent avec les châsses données par le roy Loys XI, demeureroient en cette abbaye, et que le sainct corps avec les châsses apportées de Roye seroient rendus aux chanoynes; ce que les parties firent omologuer par la cour de parlement le 22e jour de mars l'an 1495 (1).

Toutefois il fut expressement dit et accordé verbalement que, s'il y avoit quelque pièce du chef jà divisée, ou si on trouvoit que licitement quelque chose en pust estre divisé et séparé, en baillant cette part aux chanoynes, qu'iceux consentoient qu'il demeurast en l'abbaye telle quantité du sainct corps que les parties adviseroient. Suivant quoi ils se trouvèrent ensemble en cette abbaye, le 25e jour de juillet l'an 1496, pour parachever cet accord, venir à bonne fin et avoir fraternité perpétuelle entre eux (2). De la part du chapitre de Roye furent présents: maistre Jean Carton doyen, Pierre de Baurains thrésorier et Noel Desponchaux, chanoynes de l'église de Roye, fondez par procuration de leur chapitre. Quant aux religieux, tous s'y trouvèrent en personne. Et les châsses neufves desdits chef et corps ayant estés ouvertes par certains prélats, sçavoir les abbez de S. Maur sur Loire et

---

(1) 1496, nouveau style.
(2) Voyez l'acte capitulaire qui fut dressé à cette occasion : Rec. des Bollandistes, Septembre, t. VI, p. 425 et suiv.

de Nostre Dame d'Asnière-Berlay (1), à ce requis et invitez, les ossements furent mis sur l'autel et on trouva que le chef se pouvoit diviser. C'est pourquoy les parties ayant jurez fraternité par entre eux, de s'entre-ayder perpétuellement en leurs affaires temporelles et spirituelles et de s'entrefaire anniversel le 25ᵉ jour de juillet chaque année à perpétuité, les prélats à ce depputez mirent certaine portion du chef et du corps de sainct Florent ès chasses apportées autrefois de Roye (2)

Et au regard du surplus du chef et corps du sainct, il fut incontinant remis par les dits prélats chacun en sa châsse neuve, que le roy Loys avoit donné à l'abbaye (3); moyennant quoy les parties renoncèrent de part et d'autre à tout procès tant en pétitoire que possessoire, faisant omologuer (4) le

(1) Monastères de l'ordre de Saint-Benoît, situés dans le diocèse d'Angers et dans l'archiprêtré de Saumur. Nous ne pouvons établir si l'abbé d'Asnières Bellay était encore Jean, nommé dans la *Gall. Chr.* 1ʳᵉ éd. vol. IV, p. 97, à l'année 1173. L'abbé de Saint-Maur était Guy de la Roche, élu le 30 mars 1496, en remplacement d'Étienne Ragot mort cinq jours auparavant.

(2) Voici, d'après l'acte capitulaire (Bolland., vol. cité, p. 426), les parties du corps de saint Florent qui furent restituées à la collégiale de Roye : « Ambæ mandibulæ inferiores integerrimæ cum earum mento, naturaliter sibi invicem cohærentes, et novem ex suis dentibus eisdem similiter colligati. Unum insuper ex principalibus ossibus colli quæ spondilli vel nodi colli vulgariter nuncupantur. Unum etiam tale de spina dorsi. Tres quoque costæ ex pretiosioribus. Majora insuper ossa duo unius brachii primum videlicet a spatula ad codicem attingens, et reliquum a codice usque ad manum tendens. Majus insuper et principalius os unius anchæ. Magnum similiter et unicum os alterius femoris, ab ancha videlicet usque ad genu ; et principale unius tibiæ, ex genu usque ad pedem protensum. »

(3) Il y eut de plus entre les parties un don mutuel d'autres reliques. V. dans les Bollandistes, l'acte capitulaire qui termina le procès.

(4) Lesquelles choses et chascune d'elles les dittes parties ont accordé et accordent de poinct en poinct.... et davantage ont promis de faire omologuer cest présent appoinctement par la cour de parlement ou cas qu'il lui plaise.... en suppliant la ditte court que les sacs du dit procès soient rendus aux parties. Ext. du traité signé le 23 juillet. Voy. D. Huynes, fol. 337-341.

tout en parlement, le 12e jour d'Aoust la mesme année 1496.

Et pour oster tout doute aux chanoynes, chaque religieux jura que c'estoient les vrayes reliques qui avoient été apportées de Roye, et qu'eux ni autres, autant qu'humainement ils pouvoient sçavoir, n'y avoit faict aucune fraude. Et de plus en témoignage de l'honneur et respect des sainctes reliques qu'on leur rendoit, l'abbé et convent nommèrent frère Jean de Mathefelon et frère Pierre Pinan, religieux de l'abbaye, pour les accompagner jusques à Lusarche, près Paris : où messieurs les chanoynes de Roye en donnèrent acquit le 16e jour d'aoust la mesme année; ce qu'ils confirmèrent de rechef le 6e jour d'apvril l'an 1498, avant Pasques (1) par acte passé en leur chapitre

Il ne faut douter si ce retour de cette partie des sainctes reliques de S. Florent en la ville de Roye fut agréable aux chanoynes et au peuple, puisqu'ils furent dix ans à en poursuivre par justice l'effect. Tous s'y portèrent unanimement avec grande ferveur et se rendirent louables, entre autres maistres Jean Carton doyen, et Pierre de Beaurains thrésorier, lesquels y employèrent corps et biens depuis le commencement jusques en la fin. Dès lors, en mémoire de ce retour, ils instituèrent une feste, avec office particulier, en leur église à perpétuité; et est toujours le dimanche après l'Assomption de la bienheureuse Vierge mère de Dieu.

(1) 1499. nouveau style.

L'ABBÉ DU ROI ET L'ABBÉ DES MOINES. (1)

MORT DE L'ABBÉ LOUIS DU BELLAY. — LOUIS XII ET ANNE DE BRETAGNE VEULENT FAIRE NOMMER A SA PLACE UN FRÈRE DU CAPITAINE LOUIS D'ARS. — LES RELIGIEUX ÉLISENT JEAN DE MATHEFELON. — MENACES, EMBARRAS ET PROCÈS SUSCITÉS A L'ABBÉ ET AU COUVENT PAR LE PROTÉGÉ DE LA COUR. — UN NOUVEAU COMPÉTITEUR SE PRÉSENTE. TRANSACTION ENTRE D'ARS ET MATHEFELON. — CE DERNIER RESTE POSSESSEUR DE L'ABBAYE, ETC., ETC. 1504 — 1509.

L'an 1504, le sabmedy 7ᵉ jour de septembre, mourut frère Loys Du Bellay, abbé de S. Florent-lez-Saumur, après avoir gouverné cette abbaye vingt neuf ans, cinq mois et quinze jours ou environ. Son corps fut enterré honnorablement le mesme jour en ce monastère. Ceux qui vivoient pour lors ne nous ont spécifié autrement l'endroit de sa sépulture : je croy qu'ils le mirent proche l'admirable mosolée qu'il fit dresser à son oncle et prédécesseur en cette abbaye, à costé de l'autel dominical (2).

Ce mesme jour, le prieur et convent s'assemblèrent en chapitre, pour adviser aux moyens d'élire au plus tost un abbé : où, sans préjudice des privilèges concédez à l'abbaye, ils nommèrent leur procureur frère Loys Garnier, prieur de Chastelloison (3), et frère René Fresneau, prieur de Montilliers (4), pour faire savoir au révérend père en Dieu Fran-

---

(1) Manuscrit de la préfecture, fol. 354 et suiv.
(2) V. Bodin, *Recherches sur Saumur* ; vol. 2, 28.
(3) Saint Georges de Chatelaison, diocèse d'Angers (Maine et Loire, arr. de Saumur). Ce prieuré a été réuni en 1666 au collège de l'Oratoire d'Angers.
(4) Alors du diocèse de Maillezais. V. ci-dessus, p. XXXIII (Mêmes Dép. et Arr.)

çois de Rohan (1), lors qualifié administrateur perpétuel de l'église et évesché d'Angers, ou à ses vicaires la mort du susdit abbé, et obtenir d'eux permission d'en élire un autre et faire toutes choses à ce nécessaires. Ce qu'ayants obtenu, le 8ᵉ dudit moys, des vicaires d'iceluy administrateur, le lundi 9ᵉ jour dudit moys ils s'assemblèrent en chapitre: où avec meure délibération, du consentement de tous, ils assignèrent le vendredi 11ᵉ jour d'octobre à cinq heures du matin, avec continuation d'autres heures et jours suivants si ce jour ne suffisoit, pour faire l'élection de leur abbé. Et pour ne manquer en aucun point, afin que tous les religieux absens et prieurs des prieurez de cette abbaye ou autres prétendans devoir estre appelez à l'élection n'alliguassent cause d'ignorance, ils constituèrent leurs messagers, pour les faire tous certains de la mort de l'abbé Loys et du jour assigné pour l'élection d'un autre (2); afin qu'ils s'y trouvassent personnellement ou par procureur, s'ils ne vouloient estre réputez contumax et forclos de l'élection.

A ces nouvelles, les uns vindrent au jour préfix. Les autres n'y pouvants venir, à raison du divin service deu en plusieurs prieurez ou pour cause d'infirmité, y envoyèrent leurs procureurs, avec pouvoir d'agir en leur nom comme ils eussent faict y estans personnellement

Cependant un moyne seulement d'habit, nommé frère

---

(1) Dans un grand nombre d'Aveux et Dénombrements conservés aux Archives de la Préfecture, il est dit *archevesque comte de Lyon*, *primat en France, évesque d'Angers*.

(2) Voici la lettre de convocation adressée, le 25 octobre 1271, par Michel Hurtaud, sous prieur de Saint Florent, pour l'élection d'un abbé, en remplacement de Geoffroy Moretel, enterré le même jour. L'élection y est fixée au 23 novembre suivant. Cette charte n'a pas été connue de Dom Huynes. « Nous ne savons, dit-il, au folio 221, spécifier précisément l'an ny le jour qu'il (Geoffroy) commença d'être abbé ou l'an qu'il finit. » Il n'est pas tout à fait inutile de compléter le savant bénédictin en déterminant l'époque de la mort de Geoffroy et celle de son remplacement par Guillaume Lorier. « Frater Michael, humilis subprior et capitulum monasterii S. Florentii Salmurensis, omnibus et singulis prioribus præfato monasterio immediate subjectis

Pierre d'Ars (1), appuyé de l'authorité de son frère selon la chair, le chevalier Loys d'Ars, ne perdoit point le temps pour tâcher à se faire élire et pour estre abbé de cette abbaye à tel prix que ce fut. Déjà le 20e jour de febvrier, il avoit obtenu des missives du roy au convent de cette abbaye, dattées à Lyon; pour, au cas que l'abbé Loys, lors fort infirme de corps, vint à mourir, ils ne manquassent de l'eslire. Ces missives sont telles :

DE PAR LE ROY

Chers et bien amez, nous vous tenons assez advertis des bons, grands, louables, très recommandables sevrices que nostre amé et féal conseiller et chambellan le capitaine Loys

ad quos presentes littere pervenerint, in domino salutem et requiem eternam. Mortuo cum Christo bone memorie Gaufrido, quondam abbate, viduatoque, quod dolendum est, monasterio nostro pastoris regimine, vobis omnibus et singulis, vocantes vos universos et singulos, precipiendo mandamus quatinus, omni exceptione dilacioneque remotis, in festo beati Clementis proximo venturo ad dictum monasterium nostrum personaliter accedatis, una nobiscum super electione pastoris et abbatis die crastina tractaturi; procul dubio scientes quod tunc in dictam electionem, quantum in jure fuerit, procedemus, cujuslibet absentia non obstante: in signum suscepti mandati, prout vestra nomina exprimentur in caudis, sigilla nostra presentibus litteris apponentes. Datum die dominica post festum beati Martini Vertavensis, in quo festo corpus prefati defuncti bone memorie Gaufridi, quondam abbatis nostri, cum lacrimis honeste tradidimus sepulture. Actum anno domini MCCLXXI°. *Michael Hurtaudi.*»

Cette lettre fut adressée aux 16 prieurs du chateau de Saumur, de Nantilly, d'Offard, de Boumois, Distré et Saint Lambert des Levées, *diocèse d'Angers*; de Saint Gondon, *dioc. de Bourges*; de Bruyères-le-Chatel, Deuil près Montmorency, Gonnesse et Sceaux, *dioc. de Paris*; de Saint Citroine, *dioc. de Poitiers*; de l'Orme-Robert, Saint Christophe et Saint Louant, *dioc de Tours*; ainsi que l'indiquent les inscriptions placées sur les bandes ou queues détachées de la feuille de parchemin parallèlement à l'écriture de la lettre. Tous les sceaux apposés à l'extrémité de chacune de ces bandes sont aujourd'hui brisés.

(1) Sans doute par suite d'une faute d'impression, il est appelé *Petrus Darci* dans la *Gallia Christiana*, 1e Édit. Vol. 4, p. 403.

d'Ars (1) nous a faict en nostre royaume de Naples et fait encore chascun jour; les quels nous avons bien deliberez de recongnoistre envers luy et ses parens, de sorte qu'ils appercevront n'avoir fait service a prince mescongnoissant. Et à cette cause, avons deliberé de faire tomber vostre abbaye entre les mains de frère Pierre d'Ars, frère dudit capitaine, qui est, ainsy que l'on nous a dit, très bon et honneste religieux. Par quoy vous prions, le plus affectueusement que faire povons et quand le cas de vacation y eschera et qu'il plaira à Dieu d'appeler de sa part vostre abbé moderne, que vous veuilliez nommer et eslire en vostre futur abbé le dit frère Pierre d'Ars, le quel plus que nul autre nous est en icelle agréable. Et y tiendrons tellement la main pour luy qu'il en demeurera paisible; de quoy vous avons bien voulu advertir, afin que soyez consonnans à nostre vouloir. Et desjà vous advisant que ainsy faisant vous nous ferez si grant agréable plaisir que plus ne pouriez; et en aurons les affaires de vostre église et d'un chascun de vous en particulier tellement pour recommandez, que vous en serez très contens et joyeux et n'aurez aucun regret de l'avoir faict à nostre requeste; la quelle vous prions de rechef mettre en

(1) L'un des plus valeureux chevaliers qui aient combattu en Italie pour soutenir les funestes prétentions de Louis XII. Après la défaite de Garigliano, 27 décembre 1503, et la capitulation de Gaëte, 1er janvier 1504, les seigneurs français qui avaient survécu aux désastres de la guerre, furent à leur retour disgraciés et éloignés de la cour. « Il n'y eut guères que Louis d'Ars qui fut bien reçu du roi; et il le méritait, lorsqu'il revint longtemps après les autres. Ce seigneur, après la défaite de Cérignole, s'était jetté dans Venose, ville de la Basilicate, et y avait recueilli les débris de l'armée du duc de Nemours. Il s'y maintint, et fit de nouvelles conquêtes, malgré tous les efforts des Espagnols, maîtres de presque tout le royaume jusqu'au Cariglian. Il ne voulut point être compris dans le traité de Gayete, et en fit un particulier pour lui et pour ses gens. Il sortit de la place, tambours battants et enseignes déployées, traversa toute l'Italie en bataille, et ramena en France ses troupes en bon état. » *Le P. Daniel*, Hist. de France, édit. de 1755, Vol. VIII, p. 398.

effect, et il vous redondera à proffit et utilité. Donné à Lyon e vingtiesme jour de febvrier.

Signé LOYS, et plus bas *Robertet* avec paraphe.

Frère Pierre d'Ars non content de cela, le 15e jour de mars ensuivant, fit paroistre trois recors à la porte de cette abbaye, l'un des quels se disoit prothonotaire; les quels présentèrent aux religieux des missives de la part du roy, pour les faire consentir à n'élire autre abbé que luy après la mort de leur abbé. Et mesme lui voulurent bailler des bulles de Rome, par les quelles le pape se réservoit la provision en faveur dudit d'Ars lors que l'abbaye viendroit à vacquer; mais les religieux ne les voulurent recevoir, disants qu'ils n'avoient permission de leur abbé et qu'ils les luy portassent, n'estant beaucoup esloigné du monastère (1).

Cependant l'abbé Loys défaillant petit à petit et ayant plust à Dieu le retirer de ce monde, d'Ars estant toujours aux aguets prit dès aussy tost la poste vers Blois, où estoient le roy et la royne; et le 9e jour de septembre, obtint des missives de Leurs Majestés telles que s'ensuit :

DE PAR LE ROY,

Chers et bien amez, incontinant que avons esté advertis du trépas de vostre feu abbé et pasteur, pourceque vostre abbaye, à cause de la situation d'icelle qui est près nostre ville de Saumur, est de grant importance et que nous désirons singulièrement y estre pourveu de personnage vertueux et à nous seur et féable, ainsy qu'il est bien requis pour le bien de nous et d'icelle, nous avons escry à nostre Sainct Père en faveur de nostre amé et féal conseiller frère Pierre

---

(1) Le Logis abbatial qu'on appelle *la Maison Neuve*, rebâti par Jean Du Bellay le Jeune, oncle et prédécesseur de Louis. D. Huynes, fol. 283. V. ci-dessus, p. 109.

d'Ars, frère de nostre amé et féal conseiller et chambellan le capitaine Loys d'Ars; du quel nous avons le bien et avancement en l'église très à cueur, tant en considération des bonnes mœurs, vertus et probités qui sont en sa personne que en faveur et recongnoissance des bons et aggréables services que le dit capitaine son frère nous a cydevant faicts ou fait des guerres, fait et continue journellement, dont il et les siens sont dignes de singulière recommandation envers nous, à ce que le plaisir de Sa Saincteté soit le pourveoir de la ditte abbaye : ce que sommes tout seurs qu'il fera très volontiers. A cette cause et pour obvier à tous différents, avons esté meus vous escrire pareillement en sa faveur : vous priant très à certes que, pour amour de nous et à nostre requeste, vous veuilliez eslire ou postuler iceluy frère Pierre d'Ars en vostre futur abbé et pasteur. En quoy faisant, vous nous ferez plaisir très aggréable et obvierez à tous procès, questions et différents qui pourroient sourdre en vostre église, de laquelle aurons de plus en plus les affaires en meilleur et plus singulière recommandation : ainsy que nous avons chargé au sieur de la Mothe au Groing (1), le quel envoyons pour ce expressément devers vous vous dire et déclarer de par nous; le quel vous croirez comme nous mesme. Donné à Blois, le neufiesme jour de septembre.

Signé LOYS, et plus bas *Robertet* avec paraphe.

DE PAR LA ROYNE,

Chers et bien amez orateurs, Monseigneur vous escript à ce que, à sa requeste, veuilliez eslire ou postuler en vostre futur abbé et pasteur frère Pierre d'Ars, religieux de vostre ordre, frère de nostre bien amé et féal Loys d'Ars : et jà en

(1) Luc Le Groing, l'un des cent gentils-hommes de la maison du roi, fils de Hélion Le Groing, grand maistre de l'artillerie de France. *Anselme*, vol. 8. p. 143.

escript en sa faveur si affectueusement à nostre Saint Père, que nous ne faisons point de doubte qu'il ne pourvoye le dit frère Pierre d'Ars, le quel, de nostre part, désirons semblablement qu'il en soit pourveu, tant pour les louables mérites et honnesteté de vie qu'il mène, comme l'on dit, que aussy en considération des grands, vertueux, et très recommandables services que ledit Loys d'Ars son frère a faict à mon dit seigneur et à nous. A cette cause et qu'il nous a semblé que en recongnoissance de ce nous avons tousjours porté et soustenu vostre église et les affaires d'icelle, mesme touchant la translation du glorieux corps monsieur sainct Florent (1), que aucuns se sont autrefois voulus efforcer de recouvrer pour le mener ès parties de Picardie, comme avez bien peu sçavoir, aurez de tant plus g... desir de complaire en cet endroict à mon dit seigneur... à nous, nous vous en avons bien aussy voulu escrire en faveur dudit frère Pierre d'Ars : vous priant de grant affecti... attendu qu'il est de vostre ordre comme dit est, que ve... ez libéralement, tous d'un courage, faire eslection ou postulation de sa personne en vostre futur abbé et n'en cont... arier au bon vouloir de mon dit seigneur et de nous. Pa... oyen de quoy, et de la provision que en fera nostre ... Sainct Père, vostre église et monastère pourroient... mber en division et confusion, qui nous feroit bien mal pour l'amour et dévotion que nous y avons; vous advisant de certain, que si ainsy le faictes et obtempérez à la requeste... mon dit seigneur et la nostre, que ce vous viendra à gran... ien, proffit et utilité, soustenement et augmentatio... d... tre ditte église et monastère, en quoy de plus en plus ... employerons : ainsy que sçaurez plus à plain par notr... é et feal Loys Herpin, nostre maistre d'ostel, les sieurs ... oreau (2), de la Tour(3),

(1) Voir ci dessus. p. 116
(2) Voir ci après, p. 116.
(3) La Tour de Menytes, paroisse de S. Hilaire S. Florent (Maine et Loire, arr. Saumur).

et Sainct Amadour (1), ausquels escrivons se transporter devers vous pour cette cause, que veuilliez croire de ce qu'ils vous en diront comme vous feriez nous mesme. Et à Dieu soyez. Escript à Blois le neutiesme jour de septembre.

Signé ANNE, et plus bas *Normant* avec paraphe.

Ces missives furent apportées et receues en cette abbaye le 11e dudit moys, par le sieur de la Mothe au Groing. Et Loys d'Ars, qui estoit aussy à Blois, escrivit à plusieurs de ces quartiers à ce qu'ils soustinssent son frère de tout leur pouvoir.

A ces lettres du roy et de la royne, les religieux, prieur et convent s'assemblèrent en chapitre, et délibérèrent à ce qu'il falloit respondre. A la sortie, un d'entre eux, au nom de tous, dit aux sieurs de Montsoreau, de Launay, du Chappeau et de la Tour du Menyves : « Messieurs, nous remercions très humblement le Roy et la Royne de leurs gratieuses lettres, lesquelles il leur a plus nous escrire. Oultre les prières ordinaires, ce matin à la messe Nostre Dame nous avons faict prières spéciales que Dieu leur vueille donner bonne vie et longue, bonne prospérité et santé; aussy pour le noble estat de messieurs les princes du sang et du royaume. Au regard du faict de l'élection dont ils nous ont escry, nous espérons, à l'ayde de Dieu, y faire en manière que le Roy et la Royne devront estre contents. »

Cette responce fut aussy portée au sieur de la Mothe au Groing jusques à Saumur par escrit, à son logis, et à luy présentée de la part du convent par frère Jean Du Vau, secrétain de Sainct-Florent-le-Vieil et prieur de Passavant (2), Pierre de Pincé prieur de Sainct Cittronne (3) et Jean Girard soub-cellerier, le 13e jour du dit moys.

(1) Paroisse de la Selle-Craonnoise (Mayenne, arr. Chateaugontier.)
(2) Alors du dioc. de Maillezais (Maine et Loire, arr. Saumur).
(3) Dioc. de Poitiers, aujourd'hui S. Citroine (Vienne, arr. Loudun.)

Cette responce n'estoit encore donnée, que Loys d'Ars, le 11e du dit moys, obtint autres missives du roy en faveur de son frère, adressantes au prieur de Sainct Martin de Pons (1), au prieur de la Rochefoucault (2) à M. de la Lande (3), au chantre de Poictiers (4) et de rechef au convent de cette abbaye. Mais toutes ces missives n'estants qu'une répétition des précédentes, les quelles tesmoignoient de plus en plus l'affection du roy envers le dit d'Ars, nous les passerons sous silence, excepté celles escriptes au chantre de l'église de Poictiers et à M. de la Lande qui sont telles :

A NOSTRE CHER ET BIEN AMÉ LE CHANTRE DE POICTIERS.

DE PAR LE ROY,

Cher et bien amé, pieça à nostre requeste l'abbaye de Sainct Florent près Saumur a esté, par nostre Sainct Père, réservée à nostre amé et féal conseiller frère Pierre d'Ars, frère du capitaine Loys d'Ars. Pourquoy, incontinant que avons esté advertis du trépas du feu abbé d'icelle abbaye, avons escry à nostre dit Sainct Père, priant Sa Saincteté que son plaisir soit, en ensuivant la ditte réservation, en pourvoir le dit frère Pierre d'Ars, ce que nous tenons pour tout certain qu'elle fera ; dont nous vous avons bien voulu advertir, pour ce que avons sçeu que estes allez en la ditte abbaye pour y faire quelque élection à vostre poste. Vous priant à cette cause, et néantmoins mandant, sur tout le service que faire nous desirez, que vous vueilliez désister de la poursuite que pourriez faire en cette matière à l'encontre dudit frère Pierre d'Ars et ne luy donner aucun trouble ou empeschement ; ains

(1) Dioc. de Saintes (Charente Infér. arr. Saintes.)
(2) Dioc. d'Angoulême (Charente, arr. Angoulême).
(3) René du Bellay.
(4) Martin du Bellay. V. ci-après, p. 111.

vous employez pour luy en sa faveur, à la conduite d'icelle selon nostre désir. Et vous nous ferez plaisir très agréable; car nous sommes délibérez y tenir main pour luy, par façon qu'elle prendra fin à mettre intention et qu'il en demeurera paisible. Donné à Blois l'onziesme jour de septembre.

Signé LOYS, et plus bas *Robertet* avec paraphe.

A MONSIEUR DE LA LANDE.

Monsieur de la Lande, j'ay esté adverty que, incontinant après le trépas du feu abbé de Sainct Florent-lez-Saumur, vous estes mis en icelle abbaye avec plusieurs autres et un grand nombre de laquais et gens vagabonds et la tenez par force, dont je ne me puis assez esmerveiller et treuve cette façon de faire très estrange. Et pour ce que pieça j'avois faict réserver la ditte abbaye à frère Pierre d'Ars mon conseiller, frère du cappitaine Loys d'Ars, j'ay escry à nostre Sainct Père en sa faveur pour l'en pourveoir, et escris semblablement aux religieux de la ditte abbaye qu'ils vueillent eslire ou postuler iceluy frère Pierre d'Ars, pour obvier à tous procès et différents. Dont je vous ay bien voulu advertir, en vous mandant et commandant très expressement que, incontinant ces lettres veues, vous vueilliez sortir hors de la ditte abbaye avec ces gens de guerre et autres que y pouriez avoir mis et vous désistez de cette matière. Et vous me ferez plaisir, car je suis totalement délibéré tenir main pour le dit frère Pierre d'Ars, par façon que la chose prendra fin à mon intention. Autrement je n'aurois cause de de me contenter de vous, et y donnerois provision telle qu'il appartiendroit; parquoy n'y vueilliez faire faute. Et à Dieu, monsieur de la Lande, qui vous ait en sa garde. Escript à Blois le onziesme jour de septembre.

Signé LOYS, et plus bas *Robertet* avec paraphe.

Le cardinal de Clermont (1) rescrivit aussy au prieur et convent ce qui suit :

Messieurs, le Roy et monsieur le légat vous escrivent faire eslection de vostre abbé de la personne de frère Pierre d'Ars prieur de Jarnaige (2), ainsy que verrez par les dittes lettres. Et pour ce que je suis seur que le Roy ne permettra jamais que autre que le dit d'Ars ait la ditte abbaye, attendu qu'elle est de fondation royal, je vous en veux bien advertir en vous priant de ma part, pour autant que je desire que vostre ditte abbaye ne tombe en procès, que en ensuivant le vouloir dudit seigneur eslisez en vostre futur abbé le dit frère Pierre d'Ars, le quel est de vostre religion et cappable de avoir et tenir ladite abbaye, et qui aura les affaires de l'église et de vous en bonne recommandation. Messieurs, si je vous puis faire quelque plaisir, tant en général que en particulier, en m'en advertissant je le feré de bon cueur, à l'ayde de nostre seigneur qui vous donne ce que desirez. Escrit à Bloys ce dishuictiesme jour de septembre. Le tout vostre, F. CARDINAL DE CLERMONT.

Plusieurs autres rescrivirent en faveur de ce frère Pierre d'Ars, profes de Marmoustier (3) : quelques uns mandants qu'il avoit deux bénéfices et qu'ils estoient destinez pour ceux qui luy favoriseroient davantage. Nonobstant tout cela, les religieux monstroient assez qu'ils n'estoient portez pour frère Pierre d'Ars : et on disoit apertement que le roy n'avoit cette intention, que telles missives estoient subreptives; ce qui donnoit la fièvre à ce frère Pierre d'Ars. C'est pourquoy le 10e jour de septembre son frère obtint des lettres du roy au prieur de Thouarcé (4), au prieur de Chastelloyson, au

---

(1) François de Castelnau, archevêque de Narbonne. V. *Gallia Purpurata*, p. 551.
(2) Jarnages, dioc. de Limoges (Creuse, arr. Boussac).
(3) Marmoutier. Voir en tête de ce volume.
(4) Dioc. d'Angers (Maine et Loire, arr. Angers).

cellérier de cette abbaye et à maistre Martin Du Bellay chantre de Poictiers, à chacun d'eux en particulier; toutes lesquelles n'estant que répétition de mesme chose, leur commandant à chacun d'eux d'aller trouver Sa Majesté et de n'empescher l'élection de frère d'Ars, nous nous contenterons d'en mettre icy une.

A NOSTRE TRÈS CHER ET BIEN AMÉ MONSIEUR MARTIN DU BELLAY, CHANTRE DE POICTIERS.

DE PAR LE ROY,

Cher et bien amé, nous avons esté advertis que, quelque chose que vous ayons escripte ne fait dire et déclarer touchant le désir et affection que nous avons à ce que nostre amé et féal conseiller frère Pierre d'Ars, prieur de Jarnaige, soit esleu ou postulé en l'abbaye de Sainct Florent près Saumur, ne quelque prière que vous ayons faicte faire pour ne luy donner aucun empeschement ains, pour amour de nous, vous désister de la poursuite que pourriez avoir faicte au contraire et tenir main pour luy, néantmoins vous n'avez aucunement différé : disant nostre intention et vouloir n'estre tels que les vous avons faict dire et déclarer et que ce sont toutes choses apostes et que nous n'entendismes jamais, dont nous donnons grant merveilles; à cette cause nous voulons et vous mandons que, incontinant ces lettres veues et toutes choses laissées et excusations cessants, partez et vous en venez devers nous, quelque part que soyons, pour, vous arrivé, estre à plain adverty de nostre dit vouloir touchant cette matière, pour après vous y conduire ainsy que adviserez. Mais gardez, comment que ce

(1) Dioc. d'Angers (Maine et Loire, arr. Saumur).

soit et sur tant que craignez nous désobéir, que n'y faicte
faulte. Donné à Bloys le dixneufiesme jour de septembre.

Signé LOYS, et plus bas *Robertet.*

Si iceluy Du Bellay et les autres allèrent trouver Sa Majesté, je n'en trouvé rien. Je croy néantmoins que non, et que par lettres et le moyen de leurs amis ils s'excusèrent modestement.

Le mesme jour le roy en rescrivit une autre au prieur et convent touchant frère Jean Scolin, prieur de Sainct Vincent près Saumur, qui estoit allé à Blois voir Loys d'Ars pour favoriser le party de frère Pierre d'Ars, et leur mande qu'ils le reçoivent sans luy faire aucune chose contre son gré, esmerveillant pourquoy ils l'avoient voulu mettre en prison; mais ce religieux avoit tort, n'ayant dit à Sa Majesté qu'il estoit sorty sans congé de ses supérieurs.

Une autre missive de la part du Roy fut aussy adressée au prieur de Sainct Lambert des Levées, pour favoriser frère Pierre d'Ars; et une autre au prieur et convent de cette abbaye qui est telle :

A NOS CHERS ET BIEN AMEZ LES RELIGIEUX, PRIEUR ET
CONVENT DE SAINCT FLORENT-LEZ-SAUMUR.

DE PAR LE ROY,

Chers et bien amez, nous vous avons piéça plusieurs fois escript et, par le sieur de la Mothe au Groing et plusieurs autres bons personnages que avons envoyé devers vous, faict amplement advertir du vouloir et desir que nous avons que nostre amé et féal conseiller frère Pierre d'Ars, prieur de

Jarnage, frère du cappitaine Loys d'Ars, soit éleu ou postulé en vostre futur abbé : attendu que l'abbaye luy a piéça esté réservée, à nostre requeste, par nostre Sainct Père lequel, comme croyons, ensuivant la ditte réservation l'en a de cette heure pourveu. Néantmoins, pourceque avons cette matière autant à cueur que dire se peut et que nous avons estez advertis qu'il y a de présent plusieurs personnages en vostre abbaye les quels n'en sont religieux, menants plusieurs practiques et menées pour empescher l'élection du dit frère Pierre d'Ars, aussy que quelque chose que vous ayons escripte n'avons eu aucune responce de vous, à cette cause avons bien voulu vous en escrire de rechef : vous priant, tant et si affectueusement que faire povons, que pour cette fois vous vueilliez, en obtempérant à nostre requeste, élire ou postuler le dit frère Pierre d'Ars, et ne vous arrester aux poursuites et menées que plusieurs font en cette matière contre nostre vouloir. Car ce sera le grand bien et pacification de vostre église, les affaires de la quelle nous aurons de plus en plus en singulière recommandation, comme nous escrivons au dit sieu de la Mothe et au sieur de Montsoreau vous dire et déclarer plus à plain de par nous; les quels vous croyrez comme nous mesmes. Et surtout nous faictes responses du vouloir que vous avez en cette matière et de la résolution que vous aurez prinse, pour après y pourveoir ainsy que adviserons. Et ne vueilliez faire faute. Donné à Bloys le dixneufiesme jour de septembre.

Signé LOYS, et plus bas *Robertet*.

Ces missives leur ayant esté données le 25e jour de septembre, ils s'assemblèrent le lendemain en chapitre; et la lecture faicte, ils respondirent au roy en ces termes :

AU ROY NOSTRE SIRE.

Sire, vous plaise sçavoir que monsieur de la Mothe au

Groing nous présenta dès piéça lettres de par vous, contetenant que vostre plaisir est qu'on eslise ou postule frère Pierre d'Ars en abbé de céans. Aus quelles vos lettres, le lendemain de la reception d'icelles, feismes responce de bouche et par escript, en vous remerciant très humblement de vos gratieuses lettres, que oultre les prières ordinaires et accoustumées nous avions faict prières espéciales à la messe Notre Dame pour vostre Royalle Majesté que Dieu vous vueille donne bonner vie et longue, prospérité et santé, aussy pour le noble estat de messieurs de vostre sang; et au regard du faict de l'eslection, nous qui estions présens espérions, o l'aide de Dieu, y faire en manière que vous deveriez estre content. Sire, le dit sieur de la Mothe nous présenta hier autres secondes lettres de par vous, d'une mesme substance et effect, contenants en oultre que nous ne nous vueillions arrester aux poursuites et menées que plusieurs font en cette matière contre vostre vouloir, ainsy qu'on vous a rapporté. Sire, aujourd'huy nous avons réitéré les prières espéciales comme dessus, vous remerciant de rechef très humblement du bon vouloir qu'avez à nostre monastère. Au surplus, requerans et supplians vostre Royalle Majesté que ne vueilliez croire que nous tenons céans estrangers pour faire practiques et menées à l'encontre de vostre bon vouloir; car nous ne souffririons jamais personne qui nous donnast conseil contre Dieu, contre raison, ne contre vostre Royalle Majesté. Sire, au jour de nostre élection nous ferons lecture de vos lettres à nos confrères absents pour le présent, sans lesquels ne pouons rien faire. Eulx venus, nous espérons faire en manière que deverez estre content, aydant nostre seigneur auquel nous prions qui vous donne bonne vie et longue. Escript en nostre monastère de Sainct Florent, le mardy vingtquatriesme jour de septembre.

Vos très humbles et obéissans subjects et orateurs,

LES PRIEUR ET CONVENT DE SAINCT FLORENT.

Le cardinal d'Amboise en escrivit aussy à cette abbaye : la substance de sa lettre estant que le pape en avoit pourveu le dit d'Ars, à raison des grands services que Loys d'Ars avoit rendu au roy au royaume de Naples; que le roy ne permettroit jamais qu'aucun autre en fut abbé quand bien les religieux ne le voudroient; qu'en ce faisant ils éviteroient tous procès, et qu'obtempérants à sa prière il les serviroit au besoin.

Le dernier jour de septembre, la royne Anne rescrivit de rechef de Blois aux religieux de cette abbaye, et en particulier au maistre prieur de Sainct Florent le Vieil.

Le roy en donna une estant à Clery (1) et une autre estant à Orléans. Le quatriesme jour d'octobre il en donna encore une estant à Orléans. L'..., comtesse d'Engoulesme (2), le mesme jour en rescrivit aussy, une d'Amboise au prieur et convent en général, et une au pitancier de l'abbaye en particulier. Nous obmettons toutes ces lettres, n'estant que répétition des précédentes et pr.. que en mesmes termes; et c'est merveille comment les religieux ne hastèrent le temps de l'élection de frère Pierre d'Ars, se voyants accablez de missives de toutes parts.

Le temps s'approchant, le capit.ine Loys d'Ars et son frère Pierre d'Ars voulurent assister à l'élection : le premier sous ombre d'authorité royale, le second se qualifiant prieur de Dol (3), par provisions obtenues le 18e de septembre dernier du pape Julles second du .. m. Et le 10e jour d'octobre, à trois heures après midy, .. présentant devant la porte

---

(1) Loiret, arr. Orléans. C'est da.. .. n église que Louis XI avait été enseveli.

(2) Mère de François Ier, .. duchesse d'Anjou, représentée dans la gravure placée en tête .. roniques de Bourdigné, qui lui fait hommage de son livre. V.. .. si la nouvelle édition du chroniqueur, donnée en 1842 par M. le comte de Quatrebarbes.

(3) Ancien siége épiscopal, momentanément archevêché (Ille et Vilaine, arr. Saint-Malo).

10

du monastère (1), il demanda a estre reçu pour religieux de l'abbaye, en vertu de telle provision, et par conséquent a avoir voix à l'élection qu'on devoit faire le lendemain. Mais ce n'estoit au pape a pourvoir au prieuré, cette fois, frère Barthelemy de la Chapelle en estant pourveu en temps et lieu; partant ce religieux s'en devoit retourner au lieu de sa profession ou monstrer titre valable (2). Ni luy ni son frère n'entrèrent en cette abbaye. Tous deux ne venants que pour troubler et oster la liberté aux capitulans, partant on leur haussa le pont-levys.

Le 9e jour du moys d'octobre, les religieux, prieur et convent assemblez en chapitre, pour n'obmettre aucune forme requise selon le temps à l'élection d'abbé qu'ils devoient faire en bref, esleurent vénérables et scientifiques personnes maistres Martin Du Bellay chantre de l'église de Poictiers et curé de Saumur, frère du deffunct abbé Loys Du Bellay, Noel Mesleau soub-chantre de l'église de Poictiers, Henri de Kernerel, Nicolas Adam docteurs en droict, régens en l'université d'Angers, et Guillaume Genault licentié en loix, pour estre leurs conseillers et directeurs; Jean Gallart professeur des sainctes escritures, chanoyne d'Angers, Jean de Riaille curé de Sainct Lambert des Levées, Jean Blanchet curé des Molières (3), prestres et bacheliers en droict, et Estienne Bouchet licentié en loix, pour estre tesmoings; Jean et Pierre les Cruchetz, Ambroise Goneault et Mathurin Barilleau bachelier en décret, prestres, pour estre notaires en l'élection qu'ils devoient faire le vendredy suivant.

Le vendredy, ils se trouvèrent personnellement soixante

(1) Pierre d'Ars.
(2) Néantmoins, par après, à raison que son frère estoit favory du roy, il demeura possesseur du prieuré de Dol, en faisant cent livres de pension annuelle au dit de la Chapelle, prieur en tiltre de Brégain et commendataire du prieuré de Saint Ma'o de Dinan... Iceluy frère Pierre d'Ars estoit encore prieur de Dol l'an 1518. *D. Huynes. l. c.*
(3) Dordogne, arr. Bergerac.

et dix moynes en l'église à cinq heures du matin, les autres absens y estants par procureurs. Et tous s'estants confessez sacramentellement, ayants célébré la messe ou communié et entendants en commun la messe du sainct esprit, l'exhortation pour exciter à eslire canoniquement estant faicte, tous ayants faict le serment requis suivant le concile de Basle, les monitions et exhortations à ce requises faictes, tous furent d'avis et consentirent qu'on procédast à l'élection par voyes secrettes. C'est pourquoy trois religieux, asscavoir Jean Du Vau, secretain de S. Florent-le-Vieil et prieur de Passavant, Loys Garnier prieur de Chastelloyson, et Pierre Lambert prévost de S. Laurent du Mothay (1) et prieur de Maidon (2), furent esleus scrutateurs. Lesquels ayants reçeu les voix, ou plus tost les desirs des capitulans par billets, se mirent en un lieu secret et escarté, derrière l'autel dominical, accompagnez des susdits conseillers, secrétaires et tesmoings : où ils trouvèrent que frère Pierre d'Ars avoit neuf suffrages, frère Loys Garnier un, frère Jean Brossier hostellier de cette abbaye un, et frère Jean de Mathefelon quatre-vingt-quatre; comprenant en tous les susdits suffrages, tant ceux des présens, que ceux des absens comparans seulement par procureur.

Ainsy frère Jean de Mathefelon en ayant beaucoup plus que les autres, et estant digne de ce rang, frère Jean Du Vau prestre, premier entre les scrutateurs et au nom des autres, proclama haut et clair que frère Jean de Mathefelon estoit abbé. Incontinant le chantre entonna l'hymne *Te Deum laudamus*, que tous poursuivirent solennellement, excepté neuf ou dix; durant quoy les premiers d'entre eux le portèrent au grand autel, l'intronisèrent ès chaires abbatialles du chœur et publièrent hautement partout son élection : laquelle ils lui présentèrent par escript le suppliant de l'accepter, sur quoy il demanda terme d'y penser. Et le lendemain

(1) Dioc. d'Angers (Maine et Loire, arr. Beaupreau.)
(2) Dioc. de Nantes (Loire-Infér. arr. Nantes).

estant de rechef prié de l'accepter, il le fit avec actions de grâces. Aussytost furent despeschez messagers à Angers, lesquels firent confirmer l'élection par les vicaires généraux du révérend père en Dieu François de Rohan, administrateur de l'évesché.

Nous serions trop long icy à rapporter les actes d'opposition qui furent faicts, au nom de Pierre d'Ars, par les neuf qui l'avaient éleu, qui avoient noms : frère Guillaume de Aye prieur de Bergerac (1), Jacques de Maillé prieur de Sainct Helier (2), Jean Scolin prieur de S. Vincent près Saumur et chambrier de cette abbaye, Jean Girard prieur de Sainct Eloy près Tours, Hugues Colombe chapellain de S. Benoist en cette abbaye, Gilbert Gabriel, Remond Limoge et Bernard de Aye. Ils inventèrent ce qu'ils purent pour monstrer que l'élection de Mathefelon n'estoit légitime. Mais toutes leurs finesses estants cousues de fil (3) blanc, et leurs raisons appuyés sur le sable, nonobstant tout ce qu'ils purent dire au désavantage et déshonneur de Mathefelon et de ceux qui l'avoient esleu, on assigna jour pour le bénir, qui fut le dimanche 10ᵉ jour du moys de novembre ensuivant. Pour cet effect fut invité revérend père en Dieu Richard évesque de Veriense (4) (Veriensis episcopus) lequel assisté de Loys Prévost abbé de Nostre Dame d'Asnières (5) et de Guy de la Roche abbé de S. Maur (6) en Anjou, avec licence des vicaires généraux de l'église et évesché d'Angers, célébrant pontificalement la messe en cette abbaye, le bénit abbé avec toutes les cérémonies à ce requises, en présence de vénérables et hon-

(1) Dioc. de Périgueux (Dordogne).
(2) Dioc. d'Angers (Maine et Loire, arr. Angers).
(3) Proverbe encore usité en Poitou. On dit aussi *finesse de Croutelle*; application peu flatteuse pour les habitants d'un village situé près de Poitiers.
(4) Dans l'Afrique proconsulaire, régence de Tunis.
(5) Asnières-Bellay.
(6) Saint-Maur sur Loire, O. S. B. Voir notre 1ᵉʳ Volume, p. 293 et suiv.

nestes personnes maistre Martin Du Bellay chantre et chanoyne de l'Église de Poictiers, Maistre Jean de Mathefelon, curé du Vau-Chrestien (1), noble homme Pierre de Mathefelon, seigneur temporel de l'Anchenay, frères dudit abbé; Jean Du Bellay, René Du Bellay seigneur temporel de la Lande, escuyer, frère Michel Furbert maistre prieur de cette abbaye et de tous les religieux, de plusieurs autres notables personnages et d'une infinité de peuple; et après il fut mis en possession de toute l'abbaye.

Cet abbé estoit issu de race noble. Son père avoit nom Jean de Mathefelon, et sa mère Anne de Mulley. Il receut la tonsure cléricale à Laval, par Philippe de Lucembourg, cardinal du tiltre de Sainct Pierre et de Sainct Marcellin et evesque du Mans, le 6e jour de septembre l'an 1478. Ayant receu l'habit de Sainct Benoist en cette abbaye et estant jugé capable de faire profession de la règle, il en fit vœu solennel entre les mains de l'abbé Loys Du Bellay, son prédécesseur, l'an 1482 le 12e jour de mars. Le 22e jour de septembre, l'an 1485, son abbé luy permit de recevoir les ordres mineurs et de soub-diacre; et le 21e de septembre l'an 1486 il lui donna obédience pour estre promu aux ordres de diacre et prestrise. S'estant rendu recommandable en cette abbaye en plusieurs actions et occasions, les religieux le réputant très chaste, zélé pour l'observance régulière et bien expérimenté ès choses spirituelles et temporelles (2); ayant passé par plusieurs offices en cette abbaye, asscavoir: d'infirmier, cellerier, etc., etc., et esté titulaire de divers prieurez successivement, il fut esleu abbé ainsy que nous avons dit.

Au temps de cette élection il estoit prieur de Cocé (3), diocèse du Mans, et de Sceaulx (4) diocèse d'Avranches. Il se démist de Sceaulx tost après son eslection, bien qu'il eut

(1) Vauchrét'en (Maine et Loire, arr. Angers).
(2) V. ci dessus, p. 121.
(3) Cossé le Vivien (Mayenne, arr. Château-gontier).
(4) Ceaux. (Manche, arr. Avranches).

dispence des papes Innocent VIII et Alexandre VI de tenir plusieurs bénéfices ensemble (1); et obtint de rechef des bulles du pape Jules II, données a Rome le 8 décembre 1504, pour tenir le prieuré de Cocé avec cette abbaye.

Or jaçoit qu'il fut éleu, confirmé et beny abbé, il n'en fut néantmoins si tost paisible possesseur, frère Pierre d'Ars s'y opposant, et un je ne sçay qui nommé frère Guillaume de Passac : celui-cy se qualifiant de l'ordre de Sainct Benoist et pourveu de cette abbaye par dévolu; vacante, se disoit-il, non par la mort de frère Loys Du Bellay, mais dès auparavant par incompatibilité de bénéfices qu'avoit tenu le deffunct sans dispence, ainsi qu'il asseuroit; et s'en disant pourveu par l'archevesque de Tours. A raison de ce tiltre, il s'opposa longtemps tant contre d'Ars que contre Mathefelon. Et mesme après l'accord entre d'Ars et Mathefelon, il vouloit encore s'en dire abbé, jusques à ce qu'il y renonça sans aucun proffit, l'an 1512 le 28ᵉ jour d'aoust : car c'estoit à tort qu'il disoit que l'abbé Loys n'avoit eu dispence. Et quand bien cela eut esté, Mathefelon n'estoit obligé d'en respondre; car, selon qu'il est dit : *Non tenetur impetrans probare titulum prædecessoris sui per cujus factum impetravit, dummodo illius reputationem et possessionem pacificam probet* (2).

Or c'estoit chose facile à prouver que Loys estoit mort pacifique possesseur de l'abbaye, et cette batterie, bien qu'elle durast longtemps, ne fut que jeu, la comparant à celle de Pierre d'Ars. Ses dars et flesches estoient bien plus affilez estant soustenu de son frère, grand favory du roy Loys XII; et sans cela, jamais de Mathefelon n'eut eu difficulté.

Iceluy d'Ars, n'ayant peu entrer par la porte au gouvernement de cette abbaye, tâcha d'y entrer par les fenestres; et constitua des aussytost des procureurs pour plaider, par

(1) L'abbé Loys de Bellay estoit beaucoup porté à la possession de plusieurs bénéfices, ainsy que son oncle et tous ses successeurs en cette abbaye ont esté. *D. Haynes*, f. 283.
(2) Décisions Romaines, C. 9. *D. Haynes*.

procuration dattée au lieu et manoir d'Ars, près Chasteau (1), au diocèse de Bourges, en présence de révérend père monsieur Jean, abbé du monastère d'Herbe-Mathe (2), ordre de sainct Benoist, diocèse de Bourges, et de plusieurs autres. Et obtint des missives du roy à François de Rohan, évesque d'Angers, lesquelles lui furent présentés en son manoir du Verdier (3) le 2e jour de novembre, l'an 1504; par lesquelles Sa Majesté luy faisoit sçavoir que son aumosnier frère Pierre d'Ars avoit obtenu du Pape l'abbaye de Sainct Florent, et qu'il se gardast bien de donner son consentement à l'élection qu'on avoit faict d'un autre. Ce qui obligea Mathefelon, avec le temps, à prouver que les vicaires généraux du dit évesque, desquels il avoit eu son approbation, avoient puissance d'agir, soit que l'évesque fut en son diocèse, soit qu'il en fut éloigné; ce qu'il prouva monstrant les lettres de leurs vicariats. Et le 29e jour de novembre la mesme année, frère Pierre d'Ars obtint d'autres lettres du roy pour se faire reconnoistre abbé par le prieur et convent, de l'abbaye qui sont telles :

A NOS CHERS ET BIEN AMEZ LES RELIGIEUX PRIEUR ET CONVENT DE L'ABBAYE DE SAINCT FLORENT-LEZ-SAUMUR.

DE PAR LE ROY,

Chers et bien amez, nous escrivons presentement à nostre ami et féal conseiller et maistre des requestes ordinaire de nostre hostel maistre Adam Fumée, sieur des Roches, qu'il mette à exécution la main-levée que nous avons faicte

(1) Indre, arr. La Châtre.
(2) Il n'y a pas eu de monastère bénédictin portant ce nom dans le diocèse de Bourges. Dom Huynes aura probablement mal traduit ici comme plus bas.
(3) Sic pour *le Verger*; traduction fautive du nom latin *Viridarium*. Bodin, Recherches sur Angers, vol. 2. f. 67.

et baillée du temporel et place de l'abbaye Sainct Florent à nostre amé et féal conseiller et aumosnier frère Pierre d'Ars. Et pourceque nous voulons et désirons que nostre dit conseiller et aumosnier, et non autre, soit et demeure abbé paisible de la ditte abbaye, nous vous mandons, sur ce que tant desirez nous complaire et obéyr, que vous obéyssez entièrement à icelle nostre main-levée, et au dit d'Ars comme à vostre vray pasteur et abbé. Vous advisant que si faictes le contraire, ce que ne pourrions croyre, pourrez cognoistre par effect que ce ne sera le bien ne le profit de vous ne de vostre église. Pour ce n'y veillez faire aucune faute. Donné à Bloys le vingtneufiesme jour de novembre.

Ainsy signé LOYS, et plus bas *le Charrion* avec paraphe.

Cette lettre leur fut presentée le 6ᵉ jour de décembre. Et respondirent aux messagers qu'il fairoient tant que Dieu, le roy et justice seroient contens, et qu'il convenoit convoquer tous les religieux qui avoient éleu Mathefelon, pour cognoistre sur ce leurs volontés.

Les adversaires voyants que cette voye estoit inutile, ils firent saisir le temporel de l'abbaye, l'an 1505 au moys de may, à faute de serment de fidélité rendu au roy par l'abbé. Sur quoy, le temporel n'estant clairement divisé entre l'abbé et les religieux, maistre Guillaume Sireau, conseiller du roy, establit frères Jean Garnier et Jean Scolin, avec plusieurs séculiers de Saumur et des environs, pour en avoir soin, en nourrir les religieux et respondre du reste au roy. Incontinant, iceluy d'Ars se présenta pour faire le serment de fidélité, et y fut receu avec délivrance des biens à son profit.

Pour obvier à cet inconvénient, l'abbé Jean de Mathefelon alla à Tours; et le 4ᵉ jour de juillet, au dit an, se présentant devant M. le chancellier de France(1), il lui dit : « Mon-

(1) Guy de Rochefort.

» seigneur, j'ay sçeu que le roy nostre sire, ou vous mondit
» seigneur, en vertu des lettres patentes émanées de la chan-
» cellerie, a faict saisir par le baillif de Touraine ou son
» lieutenant général, tout le temporel du monastère Sainct
» Florent près Saumur, dont je suis abbé, par deffault de
» n'avoir faict le serment de fidélité que le Roy nostre sire
» dit luy estre dû à raison du monastère. Et pource que j'en
» suis abbé, et qu'il convient que j'aye les biens d'iceluy
» pour continuer le service divin, nourrir les religieux et
» faire autres choses au monastère, combien que je n'aye
» point sçeu ny cognu que jamais mes prédécesseurs abbez
» ayent faict aucun serment de fidélité, toutefois, sans préju-
» dice des droits du monastère et afin que le roy nostre dit
» seigneur connoisse que je suis et veu estre son vray et
» obéissant serviteur, je m'offre pour faire le dit serment
» entre vos mains. »

Le chancellier luy répondit : « Au Roy nostre sire est de
» recevoir tels serments de fidélité ; partant faictes le ad-
» vertir, afin qu'il vous déclare son vouloir. »

A cette cause le lendemain samedy 5ᵉ jour du moys, iceluy Mathefelon se transporta au lieu du Plesseis du Parc-lez-
Tours. Et comme le roy entroit dans l'église Sainct Jean,
estant en la basse-court dudit lieu, pour ouyr la messe, il se
présenta et humilia devant Sa Majesté en luy disant : « Sire,
» il vous a plu faire saisir le temporel de l'abbaye de Sainct
» Florent, dont je suis abbé, et ce par deffault de serment de
» fidélité. Je suis prest de le faire. »

Lors le roy fit quelque responce à basse voix. Ce qui fut
cause que l'abbé demeura en l'église jusqu'à la fin de la
messe, et retour du roy ; lequel dit à l'abbé qu'il s'en al-
last vers le chancellier, et qu'il luy fairoit justice.

Partant, sur les dix heures du matin, l'abbé se présenta
au chancellier, et luy dit la responce du roy. Le chancellier
luy répliqua qu'il en parleroit à Sa Majesté et puis luy feroit
responce. C'est pourquoy, vers cinq heures du soir, l'abbé
retourna vers le chancellier, requérant comme dessus, d'es-

tre admis au dit serment. A quoy le chancellier respondit qu'il en avoit reçeu un autre et qu'il n'en recevoit deux; dont et desquelles choses l'abbé demanda actes aux notaires qui l'accompagnoient.

Le 8ᵉ jour du dit moys, il se présenta derechef devant le chancellier, et celui-cy refusant encore, il luy en demanda acte; mais le chancellier ne luy respondit autre chose sinon qu'il en avoit reçeu un autre, et qu'il n'en recevoit deux.

Cependant Mathefelon poursuivoit son droit au parlement de Paris, et frère d'Ars le 27ᵉ jour de juillet au dit an 1505 obtint lettres patentes du roy d'évocation de cause au grand conseil ; se plaignant que Mathefelon avoit usé de violence à la main-mise sur le temporel de l'abbaye; mais Mathefelon prouva (1) mesme par ceux qui en avoient soin, qu'il ne leur avoit apporté aucun trouble. Nonobstant on démist les dits commissaires, et Adam des Roches, conseiller du roy, maistre des requestes ordinaires de son hostel, en fut establi commissaire général; lequel substitua en son lieu Jean de Chambes chevalier et chambellan du roy, seigneur des baronnies de Montsoreau (2), le Petit-Chasteau, Chavaignes (3) et Venier (4), le 27ᵉ jour de novembre 1505. Lequel, deux jours après, en donna soin à d'autres; un desquels estoit François Bourneau, lieutenant du sénéchal d'Anjou au siége de Saumur, qualifié, en une requeste faicte lors par les prieur et convent au grand conseil, ennemy mortel de l'abbaye (5). Iceluy Fumée en mit d'autres en leur place, et le 5ᵉ jour de décembre la mesme année, sçavoir : Jacques de Fay seigneur de Baucheron (6) quant à la garde de la

(1) Par acte du 27 octobre, dans lequel il s'intitule *abbé confermé*, Orig. Arch. de Maine et Loire.
(2) Depuis, érigée en comté (Maine et Loire, arr. Saumur.)
(3) En Bas Poitou, auj. dép. de la Vendée.
(4) Vienne, arr Loudun.
(5) Voir dans Dom Huynes, fol. 371 et suiv., le récit du pillage de l'abbaye par les huguenots, sous la conduite d'un des membres de cette famille, au mois de mai 1562.
(6) Seigneurie dépendant de l'abbaye et située près de Saumur.

place et parc de Verrie; et maistre Guillaume de Nogent, secrétaire du roy, avec noble homme Jean d'Aubusson pour avoir soin du reste du temporel, place, maison, fort, circuit, cens, rentes et revenus de cette abbaye.

Tous ces commis et substituts estoient gens du party de frère Pierre d'Ars; lesquels se taxoient leurs journées sur le bien de l'abbaye, selon leur desir et volonté, sans qu'aucun ies y osast contredire : tellement que tous les religieux de cette abbaye estoient en grande disette et calamité.

Cependant la justice commença peu à peu à favoriser le droict de Mathefelon. François Binel, licencié en loix, juge ordinaire d'Anjou et commissaire en cette partie de par le roy et son grand conseil, par lettres données à Bourges le 22e d'avril 1506, fit lever la main mise de par le roy, à raison de faute de foy et hommaige, jaçoit que le procureur de frère Guillaume de Passac y contredit : commandant au premier huissier du grand conseil, ou autres sergents royaux sur ce requis d'en mettre Mathefelon en pleine jouissance. D'Ars et de Passac ne voulant obéir à cet arrest et, tant eux que leurs gens qui s'estoient saisis de l'abbaye, molestants grandement les religieux, le roy Loys, au moys de juin et le 15e jour d'aoust 1506, donna commission au susdit maistre Adam Fumée de se transporter dans cette abbaye, et d'y mettre Mathefelon en possession des biens temporels.

Tout cela n'estant bastant (1), le dernier jour de septembre 1506, fut de rechef prononcé, par arrest du grand conseil, que Mathefelon seroit maintenu en possession du temporel de l'abbaye; et maistre Pierre de Sainct André, conseiller ordinaire du roy en son grand conseil, en fust establý commissaire; lequel fit adjourner Jean de Chambes seigneur de Montsoreau, le seigneur de Baucheron, maistre Guillaume de Nogent et Jean d'Aubusson à comparoitre devant luy à Saumur le 22e d'octobre : afin de rendre compte de l'administration du temporel de l'abbaye et en délaisser le soin

(1) Suffisant.

doresnavant à Mathefelon. Et Jean Regnier, licentié en loix, lieutenant général à Saumur et au ressort pour le juge ordinaire d'Anjou, l'an 1507 le 7ᵉ jour de febvrier, donna sentence au profit de Mathefelon, pour estre remboursé de de certaine somme d'argent prise de l'abbaye par les susdits commissaires.

Mathefelon ayant obtenu la recréance du temporel de l'abbaye moyennant caution suffisante, ses adversaires le poursuivirent de tous costez touchant le possessoire : premièrement à Tours, où fut dit que les parties prouveroient leur droict par escrit. Sur quoi frère Pierre d'Ars, se voyant grevé, en apela à Lyon devant l'official, homme suspect à l'abbé Mathefelon; ce qui fut cause que l'official, du consentement des parties, renvoya la connoissance de leurs débats au sacristain d'icelle église de Lyon pour en juger : frère Pierre d'Ars soustenant avoit esté éleu canoniquement par la plus saine partie du chapitre, et que la confirmation de l'élection de Mathefelon avoit esté faite à Angers par précipitation sans entendre les raisons du party contraire. Sur quoy le sacristain, favorisant frère Pierre d'Ars, prononça qu'il avoit bien appellé, et que les vicaires de l'archevesque de Tours avoient mal jugé : disant qu'il suffisoit que frère Pierre d'Ars prouvast son droict par tesmoingts, condamnant de plus Mathefelon aux despens; ce qui excita Mathefelon d'en appeller à Rome. Le sacristain n'ignorant cet appel, prononça de plus que la confirmation de l'élection de Mathefelon, faicte à Angers, estoit nulle; et l'obligea, sous peine d'excommunication, d'en payer les dépens. Les officiers de Rome se monstroient aussy peu portez pour Mathefelon. Et luy estoit nécessaire de distribuer plusieurs sommes de deniers pour prouver son bon droict; la faveur du courtisan Loys d'Ars inclinant les juges plus tost vers frère d'Ars son frère, que le droict vers Mathefelon.

Enfin, pour terminer le tout, il falut venir à accord : qui fut que Mathefelon et ses successeurs, soit qu'ils eussent en titre l'abbaye ou en commande, payeroient chaque année au dit frère Pierre d'Ars, sa vie durant, de pension sur cette abbaye 2000 livres tournois.

On fit difficulté à Rome de confirmer cette pension; les officiers de la cour romaine ne la voulants créer que Mathefelon n'eut pris au préalable provisions du pape pour estre abbé, comme par résignation du dit frère Pierre d'Ars, jaçoit qu'il en fut éleu canoniquement abbé. Nous ne trouvons ce qu'il fit en ce point. Néantmoins nous voyons que le pape Julles II le confirma l'an 1509 le 5e jour de novembre, l'an sixiesme de son pontificat, par une bulle donnée à Sainct Pierre de Rome.

Oultre ce, Mathefelon donna 2000 escus au dit frère Pierre d'Ars une fois payez, pour les fraictz qu'il avoit faict.

Iceluy frère Pierre d'Ars l'an 1505, le 21e jour de décembre, se qualifioit abbé du monastère Nostre Dame de Bornet, ordre de Sainct Benoist au diocèse d'Engoulesme (1), ce qu'il faisoit encore les années 1526 et 1527; auquel temps frère Jacques Le Roy, abbé de ce monastère (2), plaidoit contre luy: disant qu'il ne luy devoit continuer la dite pension, estants intervenus plusieurs deffaux en l'impétration d'icelle. Néantmoins iceluy abbé de Bornet obtint arrest; et fut dit que l'abbé de Sainct Florent continueroit le paiement d'icelle, oultre les arriéraiges, sans recevoir les excuses de l'abbé Jacques Le Roy, qui disoit avoir faict plusieurs réparations en cette abbaye.

A ces conditions ce monastère demeura en paix, et Mathefelon en fut paisible possesseur jusqu'à sa mort, continuant le paiement des 2000 livres de pension, ce qui estoit beaucoup, ayant de plus à nourrir cinquante religieux en cette abbaye. Et ayant esté quelque peu négligent au payement d'icelle, il obtint, l'an 1512 le 20e de novembre, une bulle d'absolution d'excommunication, par précaution,

---

(1) V. Gall. Christ. Vol. 2. Coll. 1031-1032.
(2) Successeur de Jean Mathefelon.

du concile général de Pise, transféré lors à Lion pour quelque temps.

Pendant les poursuites susdittes Mathefelon, estant tenu de la pluspart abbé, fit son entrée solennellement au monastère de Saint Florent-le-Vieil (1), l'an 1506, le dimanche 22e jour de novembre, estant accompagné de Pierre de Mathefelon chevalier seigneur de l'Anchenay son frère; de Jean Du Bellay chevalier, seigneur du Pont Feron, de Lyré et de La Turmelière, Jean Du Bouchet chevalier, seigneur du Puy-Greffier et René Du Bouchet escuyer, son fils, Maude Du Breil escuyer, seigneur de la Mauvoisinière et de plusieurs autres.

Et à l'entrée de la porte Brunet, se présenta à luy René Jarret escuyer, seigneur de la Bellière de Sainct Florent, homme de foy du dit révérend abbé; lequel confessa qu'à raison des choses de son hommaige, il devoit et estoit tenu mener et conduire l'abbé, par la bride de sa hacquenée ou autre monsture, depuis la ditte porte jusques à l'entrée du monastère, ce qu'il fit. Et l'abbé estant au monastère revestu et mitré, Charles Du Plessis escuyer, fils ainé et procureur spécial de Jean Du Plessis seigneur de la Bourgoignière, prit la crosse du dit révérend pour la porter et rapporter devant l'abbé; ce qu'il fit en la procession depuis l'église du monstier jusques en l'église parrochiale, et au retour jusques au monstier. Et pour ce que Jean Le Gay escuyer, seigneur de la Bernetière, ne se présenta pas pour porter et rapporter la bannière en la procession, Jacques Foucquet escuyer, seigneur du Bois-Garnier, fit cet office, sauf tel intérest, réparation et amende que de raison contre le sieur de la Bernetière. Et le dit jour et autres suivants, l'abbé receut les foys et hommaiges à luy deus à raison de

---

(1) Le procès-verbal de cette solennité se trouve dans le Livre Rouge de Saint Florent, fol. 119 et suiv. Les seigneuries nommées ci-après relevaient de l'abbé, seigneur temporel et spirituel du territoire de Saint Florent-le-Vieil, dans lequel elles étaient situées.

sa supériorité en l'abbaye Saint-Florent-lez-Saumur et ès dépendances.

L'abbé Jean ayant consommé grande quantité d'argent provenant de ses bénéfices à raison des procès susdits, fut contraint, l'an 1510 le 22e d'aoust, d'emprunter 400 escus d'or au soleil de Jean Du Mesnil abbé de Belle-Branche, diocèse du Mans, ordre de Cisteaux; les quels il rendit à Jean Le Conte, son successeur en l'abbaye après sa mort, et au convent de Belle-Branche les années 1516 et 1517. Il en emprunta aussy à plusieurs autres, et ne laissa de faire quelque chose pour l'ornement de cette abbaye. Il fit faire onze voultes au cloistre, sçavoir : huict en l'allée joignant l'église, une en l'allée joignant les greniers, contigue aux susdittes, et deux en l'allée du chapitre pareillement contigues au susdittes... Il fit poser les armes de la famille des Du Bellay (1) en deux d'icelles, en ressouvenance des bienfaicts receus de l'abbé Loys; ès autres il fit mettre celles de sa famille et de ce monastère (2). A cet œuvre quelques uns de ses religieux y contribuèrent gratuitement.

Les armes de la famille de cet abbé paroissent aussy en quelques autres voultes (3), et sur une croix fort riche qu'on porte ès processions, comme aussy sur la grosse cloche de la tour, qui est d'un son très armonieux, sur laquelle il est dit que l'abbé Jean la fit faire en l'année 1515.

A sa requeste le pape Julles II, l'an 1507, le 9e jour de febvrier, confirma à cette abbaye et aux dépendances le droict des novalles, comme avoit faict longtemps auparavant Alexandre IV.

Touchant le reste de ses actions, nous trouvons que l'an

---

(1) D'argent à la bande de fusées, accostées et accolées, de gueules; accompagnée de 6 fleurs de lys d'azur en orle.

(2) D'azur à la crosse d'or accostée d'une clef d'argent et d'une fleur de lys d'or.

(3) On les voit notamment à la voûte de l'élégante chapelle encore existante dans le cimetière de Saint-Florent-le-Vieil, qui paraît avoir été terminée, sinon construite par cet abbé.

1509, le 21e jour d'octobre, il empescha Charles Du Plessis, seigneur de la Bourgoygnière de fermer son jardin de la Bourgoygnière en manière de forteresse (3). Et les années 1514 et 1515, en qualité de cellérier, de Sainct-Florent-le-Vieil, il permit aux paroissiens de Sainct-Pierre de Bouzillé de prendre une petite pièce de terre pour accroistre leur église, sise icelle pièce le long de la ditte église parrochiale du costé de vent de galerne ; à condition que la fabrique rendroit au cellérier, à perpétuité, 12 deniers de cens.

L'an 1518, le 28e jour d'aoust, mourut frère Jean de Mathefelon, abbé de ce monastère, et fut enterré dans cette abbaye. On dit que c'est sous une grande tumbe qui est dans le chœur.

(1) L'abbé Jean Du Bellay le Jeune, n'estant encore que prévost de S. Laurent du Mothay, eut des différents avec Baudouin de la Porte, chevalier, et Jeanne Chapronnière, sa femme, à cause d'elle seigneur de la Bourgoygnière, l'an 1129, le mercredy 13e jour d'avril : à raison des fortifications qu'icelui Baudouin vouloit entreprendre au lieu de la Bourgoygnière. En l'an 1136, le 18e d'apvril, estant abbé il plaidoit pour le mesme sujet contre messire Jacques Du Plessis, lors seigneur de la Bourgoygnière. Néantmoins nous voyons qu'il permit, du consentement de son chapitre de Saumur, l'an 1146 le 15e jour de juillet, à messire Jean Du Plessis, à raison des aggréables services (est-il dit) et singulière affection qu'il portoit aux religieux, de fortifier et clore de fossez, murailles et pont-leveys et de toute autre appartenance a fortifications, son hostel et manoir de la Bourgoygnière, tenu de l'abbaye avec la terre de Bouzillé à foy et hommage liges à condition que, sous ombre de cet octroy, le dit chevalier ny ses successeurs ne pourroient prétendre n'y avoir aucun droict de chastellenie ny plus grand droict de justice qu'il avoit auparavant; sans pouvoir contraindre aucun sujet à y faire guet ny empescher les officiers de l'abbaye à faire justice au dit manoir sur tous les demeurants et retraicts en l'hostel, comme auparavant. D. H. 69. 301 v. 305.

TRÉSOR DES CHARTES.

TITRES ORIGINAUX (1).

ANJOU ET CRAON.

TABLE ANALYTIQUE.

ANJOU.

N° 1.   1199, 18 avril.

à la Haye-aux-Bons-Hommes, près Angers.

Charte d'Arthur, duc de Bretagne, comte d'Anjou et de Richemont, en faveur de l'abbaye de Notre-Dame de Pontron. Par suite de son avénement au comté d'Anjou, Arthur étant venu dans cette province, il passe le jour du Vendredi Saint dans l'abbaye de Pontron où il entend la messe, adore

---

(1) Archives du Royaume, J. 178 et 179.

la sainte croix et est admis par les moines au bénéfice de leurs oraisons et aumônes. Reconnaissant de la faveur que lui accordent les religieux, touché d'ailleurs de la vie régulière qu'ils mènent et désireux de soulager leur indigence bien évidente, il leur donne, à titre d'aumône annuelle et perpétuelle, 12 livres, en monnaie angevine, à percevoir sur la part du comte dans le produit du péage d'Angers. Le jour de Pâques, il en investit Jean, abbé de Pontron, dans la chapelle de la Haye-aux-Bons-Hommes, avec les gants de Guillaume de la Guerche, et en baisant la main de l'abbé. Témoins : Constance duchesse de Bretagne, mère d'Arthur, Geoffroy évêque de Nantes, Geoffroy de Chateaubriant, Geoffroy abbé de Redon, André de Vitré, Geoffroy d'Ancenis, Juhel de Mayenne, etc., etc.

Original latin, avec sceau en cire jaune sur cordon de soie verte.

N° 2.   1323, 22 novembre.

Charte de Jean abbé et du couvent de Pontron, contenant échange passé entre eux et Charles, fils du roi de France, comte de Valois et d'Anjou, des 12 livres de revenu données par Arthur de Bretagne à leur monastère, sur le péage d'Angers, pour une rente de 18 livres, achetée par le comte Charles à Gillet Michau, bourgeois de Saumur, auquel elle était due par les religieux même de Pontron, à cause de leurs herbergement, vignes, garenne et autres dépendances de Verrières. Cet échange fut surtout consenti par les religieux, afin d'obtenir du prince une renonciation pleine et entière aux prétentions qu'il avait élevées sur la garenne de Verrières, renonciation pour la quelle Charles se fit encore payer 40 livres en monnaie courante. Il fut fait avec l'assentiment de Pierre abbé du Louroux, père abbé des moines de Pontron.

Orig. lat. avec 2 sceaux en cire brune sur double queue de parchemin.

N° 3.   à Saumur.   1162.

Charte de Henri II, roi d'Angleterre, duc de Normandie et d'Aquitaine et comte d'Anjou, adressée à ses archevêques, évêques, abbés, comtes, barons, etc., etc., relativement au pont de Saumur.

Ce pont venait d'être construit en bois, sur la Loire en face de la ville, par les bourgeois et chevaliers, qui avaient entrepris ce travail pour le salut de leurs âmes. Le comte-roi étant venu à Saumur, admirer l'œuvre de ses sujets, s'en réjouit comme souverain et leur adresse des remerciments. Bientôt Froger le Petit, abbé de Saint Florent, accourt auprès du monarque, pour le supplier, au nom de Dieu, de ne pas laisser dépouiller l'abbaye de ses droits. Henri lui demande quels sont les droits dont il se prétend dépouillé. Alors Froger établit, par bons et légitimes témoins, que le monastère a été transféré du château de Saumur au bord du Thouet, par Foulques le Jérosolimitain, comte d'Anjou. Il affirme aussi que ce prince, l'un des plus grands bienfaiteurs de son monastère, lui a donné le droit de bac sur la Loire à Saumur. Henri reconnaît sans peine la vérité des faits énoncés par Froger le Petit. Afin de remédier au préjudice que l'œuvre des chevaliers et bourgeois cause aux moines en détruisant leur bac, il confère à l'abbaye de Saint Florent le passage et le péage du pont. Cette résolution est prise avec l'assentiment des barons et probes hommes du souverain, qui, de concert avec eux, établit à perpétuité, le tarif suivant :

1° Charge de marchandises : par charriot à un seul cheval, 2 deniers, et pour chaque cheval en sus 1 denier; par cheval ou jument, 1 denier; par homme gagé ou par âne, 1 obole. Celui qui portera lui même ses marchandises ne paiera rien : en cas de contestation de la part du receveur, il sera cru sur serment. Les objets appartenant aux moines, chevaliers, clercs, religieuses, sergens-fieffés et autres personnes qui ne font pas le commerce, seront exempts de tout péage.

2° Bestiaux destinés à être vendus : âne, bœuf, porc, vache, 1 denier par tête; béliers, brebis, chèvres, 1 denier par couple. Il ne sera rien perçu pour les veaux, agneaux et cochons de lait; la mère payant pour son fruit.

3° Juif emportant ses gages, ou conduisant soit un cheval soit tout autre objet qu'il veut vendre, 1 denier. En cas de contestation il sera cru sur son serment, prêté d'après sa loi.

En considération du bon et utile travail exécuté par les chevaliers et bourgeois de Saumur, Henri exempte du péage tous les habitants du château, soit qu'ils partent de chez eux soit qu'ils y reviennent. Ceux-ci de leur côté, à perpétuité, pour eux et pour leurs hoirs, s'engagent à ne pas oublier le pont, lorsqu'à l'approche de la mort ils disposeront de leurs biens. D'après le conseil de son confesseur et de ses exécuteurs testamentaires, chacun d'eux devra faire un legs proportionné à sa fortune, et dont le montant sera employé à rebâtir le pont d'une manière plus solide.

Cette reconstruction est réglée par le comte-roi de la manière suivante. A partir de l'année 1164, les moines de Saint-Florent devront élever tous les ans une arche en pierre, jusqu'à ce qu'ils aient ainsi complètement remplacé celles qui sont en bois. L'entretien, la réparation et même la reconstruction, en cas de ruine complète du pont, sont encore laissés à la charge de l'abbaye.

Ces conditions ayant été adoptées par l'abbé comme par les chevaliers et bourgeois, Henri les transmet aux moines de Saint-Florent. Pierre Vaslin, préfet ou prévôt de Saumur, Michel Robert, Briand fils d'Alon, Nicolas de Saint-Pern, Aimery Achard, Payen Hardy et Guy de Bagneux, ses députés, les communiquent aux religieux réunis en chapitre. Ils reviennent bientôt, apportant l'assentiment complet des moines à tout ce qui a été accepté par leur abbé. Alors le comte-roi fait rédiger et transcrire, par son chapelain, maître Étienne, la charte que nous venons d'analyser; et il en ordonne solennellement l'exécution, en présence de Jean Gosselin son panetier à Angers, Hugues de Cleers son panetier à la Flèche, Berlay de Montreuil, Guillaume fils d'Aimery, Oger Savary, Gosselin Roognard, Mathieu et Girard de de Baugé, Vaslet de Monceaux (1).

Vidimus donné au XIIIe siècle, par Guillaume d'Issy, professeur en droit, et par Jean de Pontoise, scellé en cire brune, sur double queue.

N° 4.   1223, septembre.
à Saumur.

Charte de Dreux de Mello, contenant qu'en présence de Louis VIII, roi de France, et d'un grand nombre de barons et chevaliers, il a été déclaré, par le jugement de la cour de Saumur, que le roi a sur tous les domaines de l'abbaye royale de Cormery, en Touraine, droit de rapt et de meurtre, quatre deniers sur chaque rubain, host et chevauchée. Dreux s'engage à garder fidèlement les droits sus-énoncés pour le roi et pour ses successeurs, aux quels il comptera le montant de ce qu'il en aura perçu. Il déclare aussi tenir du roi, en fief et hommage lige, la garde ou avouerie du monastère de Cormery, en vertu de la donation qui lui a été faite par Philippe Auguste, père de Louis VIII.

Orig. lat. avec sceau en cire jaune sur double queue.

N° 5.   1224, décembre.

Charte de Galeran d'Ivry, vicomte de Melun et seigneur de Montreuil-Bellay, contenant cession et transport à Louis VIII, roi de France, du consentement de sa femme Agnès, de tous les droits qu'il possédait à Beaufort, à raison de 100 livres de revenu annuel sur la prévôté de Loudun.

(1) V. Archives de la préfecture : Livre Rouge de S. Florent, fol. 21. Livre d'Argent, fol. 19. En marge de ce dernier on a écrit, au XVe siècle, la note *Carta Bona*.

Ce traité ne sera valable que pendant la minorité des enfans qu'Agnès a eus de son premier mari, Guillaume vicomte de Melun, dont elle et ledit Galeran ont le bail et la garde. Il ne pourra être invoqué par le roi contre lesdits enfans qu'après avoir été approuvé par eux, lorsqu'ils auront atteint leur majorité.

Orig. lat. jadis scellé sur double queue.

N° 6.   1225, novembre.
à Melun.

Charte de Louis VIII, roi de France, de même teneur que celle de Dreux de Mello, N° 4, concernant les droits du roi sur l'abbaye de Cormery.

Orig. lat. jadis scellé sur fils de soie rouge et verte.

N° 7.   1230, janvier.
à Saumur.

Charte de Louis IX, roi de France, contenant une transaction, passée devant lui, entre les religieuses de Fontevraud et les moines de Saint-Aubin d'Angers, qui se disputaient depuis longtems le droit de reconstruire, réparer et entretetenir les quatre arches du Pont-de-Cé sous les quelles les moines avaient des moulins ou pêcheries (1).

1° Les moines posséderont à perpétuité les dits moulins et pêcheries et tout ce qui en dépend. 2° Les religieuses leur cèdent le droit de reconstruire, réparer et entretenir, avec bonne foi et en bon état, les dites arches : à condition qu'elles continueront à jouir en pleine et paisible propriété du péage ainsi que de la seigneurie, viguerie et justice de cette partie comme du reste du pont. 3° Si les quatre arches sont détruites ou s'écroulent, les moines devront les reconstruire

(1) Archives de la Préfecture, Fontevraud, les Ponts-de-Cé : *Vidimus*, donné le 1er mai 1293 par Jean Piqueyn, sous bailli du comte d'Anjou à Saumur, avec le sceau de la cour du dit lieu, en cire brune sur double queue.

en entier et les rendre praticables pour qu'on puisse y passer avec sécurité, dans l'espace de neuf semaines. Si ces accidents n'arrivent qu'à une partie des quatre arches, ils devront être réparés dans un délai proportionné à celui qui est fixé plus haut; le tout à peine de 20 sous d'amende, payables aux religieuses ou à leur prieuré du Pont-de-Cé, pour chaque jour de retard, jusqu'à ce que la circulation soit rétablie. 4° Si le pont devient impraticable par la faute des moines, ils devront la même amende depuis l'interruption jusqu'au rétablissement du passage. 5° Dans le cas où les nécessités de la guerre ou la violence du comte amèneraient la destruction du pont et empêcheraient qu'il ne fût rebâti, si pendant tout le temps que dureront ces circonstances, les moines ne peuvent faire traverser la rivière par leurs charrières ou bacs, l'amende susdite ne sera pas due par eux. 6° Ils en seront encore exempts tant que, la Loire étant tout à fait gelée ou charriant des glaces et le pont venant à être rompu, ils ne pourront faire circuler leurs bateaux, soit à cause des obstacles de la gelée soit à cause du péril de la traversée. Si la violence d'un grand seigneur les obligeait à affronter les dangers de la navigation, on ne pourrait pas en conclure que les glaces ne s'opposent plus à la traversée, à moins que le bateau ne revînt le jour même à la rive d'où il était parti. Aussitôt que la gelée aura cessé, les travaux de reconstruction seront commencés et devront être terminés dans le délai fixé plus haut, sans pouvoir être interrompus autrement que par le froid ou par quelque cas de force majeure. 7° Si la partie du pont appartenant aux religieuses étant détruite ou cessant d'être praticable, les quatre arches des moines éprouvent le même sort, l'amende de 20 sous ne sera pas exigée jusqu'à ce que les religieuses aient elles mêmes terminé leurs travaux. 8° Le paiement de cette amende devra être fait au bout de huit jours, pour tout le temps pendant lequel elle aura été encourue.

Orig. lat. avec sceau en cire verte sur cordon de soie et fil rouge, vert et blanc.

N° 8.   1252.

Charte des doyen et chapitre de Saint-Laud d'Angers, contenant quittance au roi Louis IX, tant en leur nom qu'en celui de Jean d'Aubigné et de Philippe Savary leurs chapelains, de la somme de 28 livres tournois, à titre d'indemnité pour le dommage que leur ont causés les travaux faits pour la fortification du château d'Angers, savoir : 20 livres pour la destruction des maisons et murs de la chapellenie de Jean, 100 sous pour la destruction des murs de celle de Philippe, et 60 sous pour l'occupation d'un marché, appartenant en propre aux chanoines(1).

Orig. lat. avec sceau en cire brune sur queue simple.

N° 9.   1252, 13 septembre.

Charte de Guillaume, évêque d'Angers, contenant quittance donnée par lui, par B. doyen et par le chapitre de Saint-Maurice à Louis IX, roi de France, et à la reine Blanche sa mère, de 900 livres angevines, pour les indemniser des dommages que leur a causés la fortification d'Angers. Ces dommages consistaient dans la destruction de deux églises des chanoines, et de plusieurs maisons occupées les unes par leurs chapelains, les autres par des clercs ou laïques qui leur en payaient un cens annuel. En outre le roi s'était emparé de pierres, chaux et autres matériaux destinés à la réparation de la cathédrale, pour les employer à la construction des murs et tours formant l'enceinte de la ville. Toutes les pertes résultant de ces divers actes étaient estimées par l'évêque et par les chanoines à plus de 1,500 livres. Le roi refuse d'en donner plus de 900. Il décide en outre que le prélat et le chapitre disposeront deux nouvelles églises, pour remplacer celles dont il est question ci-dessus, et qu'ils n'élèveront jamais aucune construction sur l'emplacement des

(1) Les chartes relatives à la fortification d'Angers par Saint-Louis sont imprimées à la fin de ce volume.

édifices qu'il a fait démolir ni auprès des murs d'enceinte : de peur de nuire aux dits murs, qui doivent être considérés comme sacrés.

Orig. lat. ayant jadis 2 sceaux sur queue simple.

N° 10.   1232, 13 septembre.

Charte de H. doyen et du chapitre de Saint-Martin d'Angers, contenant quittance au même roi de la somme de 40 livres, reçue par eux, à titre d'indemnité pour le tort et les pertes que leur ont causés les travaux d'agrandissement du château d'Angers, notamment par la destruction de maisons et par l'occupation de terres et vignes appartenant à leur église.

Orig. lat. avec 2 sceaux en cire jaune sur double queue.

N° 11.   1232.

Charte de Geoffroy abbé et du couvent de Saint-Aubin d'Angers, contenant quittance à Louis IX et à sa mère, la reine Blanche, de la somme de 600 livres, reçue à titre d'indemnité pour les dommages causés à leur monastère par la fortification d'Angers. Ils consistaient surtout dans la démolition des murs de l'abbaye et de plusieurs maisons qui en dépendaient, dans la destruction de ses cimetière et vignes, dont partie avait été prise pour faire les fossés de la ville; dans les abbatis de bois faits à Pouillé, à Guinesert et dans l'Ile Saint-Aubin; dans l'application de ses charrettes et chalans au transport des matériaux, etc., etc. Ces dommages étaient estimés à plus de 1,600 livres par les moines, qui finissent par se contenter de 600.

Orig. lat. avec 2 sceaux en cire verte sur cordon de fil et soie rouge, blanc et vert.

N° 12.   1232, septembre.

Charte du prieur de Saint-Gilles du Verger, dépendant de

Marmoutier (1), contenant quittance au roi de la somme de 20 livres, reçue comme indemnité des pertes causées au prieuré par la fortification d'Angers.

Orig. lat. scellé en cire jaune sur queue simple.

N° 13.   1252, septembre.

Charte de Geoffroy prieur et des religieux de l'Aumônerie de Saint Jean l'Évangeliste d'Angers, contenant quittance au roi de la somme de 60 livres tournois, pour les mêmes causes et au même titre que ci-dessus.

Orig. lat. avec sceau en cire brune sur queue simple.

N° 14.   1252.

Charte de Marie de Beaumont, abbesse, et du couvent de Sainte Marie de la Charité d'Angers (le Ronceray), contenant quittance au roi de la somme de 500 livres, pour les mêmes causes et au même titre que ci-dessus.

Orig. lat. avec 2 sceaux en cire jaune, sur double queue.

N° 15.   1252, 13 septembre.

Charte de Guillaume, évêque d'Angers, contenant quittance donnée au roi par la prieure et par les religieuses de l'Aumônerie de Hannelou près Angers, dépendant de l'abbaye de S. Sulpice près Rennes, de 100 livres tournois, pour les mêmes causes et au même titre que ci-dessus.

Orig. lat. avec sceau en cire jaune sur queue simple.

N° 16.   1252.

Charte des abbé et couvent de Toussaint d'Angers, contenant quittance au roi de France de la somme de 50 livres tournois, comme indemnité des dommages éprouvés

(1) V. ci dessus, p. V.

par eux, à cause de la clôture et de la fortification d'Angers (1).

N° 17.   1232.

Charte des abbé et couvent de Saint-Georges-sur-Loire, contenant quittance au roi de la somme de 60 sous, pour les mêmes causes et au même titre que ci-dessus.

Orig. lat. avec 2 sceaux en cire jaune sur queue simple.

N° 18.   1232, septembre.

Charte de Philippe abbé et du couvent de Saint Serge d'Angers, contenant quittance au roi de la somme de 150 livres, touchées au même titre et pour les mêmes causes que ci-dessus.

Orig. lat. avec 2 sceaux en cire verte sur queue simple.

N° 18 *bis*.   1232.

Charte de Constant abbé et du couvent de Saint Nicolas d'Angers, contenant quittance au roi de la somme de 300 livres, touchées au même titre et pour les mêmes causes que ci-dessus.

Orig. lat. avec 2 sceaux en cire jaune sur queue simple.

N° 19.   1231, septembre.

Charte de Geoffroy abbé et du couvent de Saint-Aubin d'Angers, contenant que la translation faite, par le roi de France, du chapitre de Saint Laud du château d'Angers, où les chanoines ne pouvaient demeurer sans danger pour le château et sans préjudice pour le service divin, dans l'église de Saint Germain appartenant au susdit monastère, ne portera

(1) Cette pièce n'existe plus aux Archives du Royaume. Nous en donnons l'analyse d'après l'inventaire dressé par Godefroy et Dupuy. On en trouve une autre analyse dans la Collection de Dom Housseau, Vol. XIII, N° 7973. L'indemnité y est portée à 230 livres et l'abbé y est appelé Adam.

aucune atteinte aux droits de patronage, présentation et autres privilèges que les rois de France ont eus jusqu'à ce jour sur les dits chapitre et chanoines.

Orig. lat. scellé en cire jaune sur cordon de soie verte, de 2 sceaux, dont le 1er est perdu.

N° 20. 1246, mai.
à Orléans.

Charte de Pierre comte de Vendôme, Geoffroy vicomte de Chateaudun, Hugues de Bauçay, Pierre de Chemillé, Adam vicomte de Melun, Geoffroy de Lusignan, Geoffroy de Chateaubriant, Hamelin d'Anthenaise, Guillaume de Sillé, Raoul de Thorigné, Hamelin le Franc, Renaud et Robert de Maulévrier frères, Payen de Chourses, Jodouin de Doué, Jocelin de Beaupreau, Aimery de Blou, Jacques de Chateaugontier, Herbert des Champs, Olivier de Neuville, Jean de Gonnord et Thibaut de Blazon, contenant un traité et règlement passés entre les susdits barons et Louis IX, roi de France, au sujet des baux et gardes et des rachats en Anjou et dans le Maine, pour les quels il existait des difficultés et contestations assez nombreuses. Après une conférence fixée et tenue à Orléans, en présence du roi, les dispositions suivantes sont reconnues ou établies d'un commun accord.

1° La veuve d'un baron ou d'un possesseur de fief a le bail de ses enfans et de leur terre, en Anjou, et ne doit pas le rachat à moins qu'elle se remarie. A sa mort, le bail appartient à l'héritier le plus proche dans la ligne d'où provient la succession, soit paternelle, soit maternelle.

2° Si l'héritier du fief est une femme, la mère ou l'ami à qui sa garde est confiée doit donner caution au suzerain qu'elle ne sera pas mariée sans sa permission et sans le consentement de la famille.

3° Quand la veuve d'un baron ou du possesseur d'un fief se remarie, son nouvel époux doit rendre hommage au suzerain et payer le rachat, fixé à la valeur du revenu du fief pendant une année.

4° Le rachat n'est pas dû par le père ni par le frère aîné ayant le bail de leur fils ou frère. Toutes autres personnes le doivent aussi bien que l'hommage.

5° Si celui qui tient le bail est héritier présomptif de la terre, il ne doit pas avoir la garde des enfans, qui est confiée à l'héritier le plus proche après lui.

6° Le revenu net du fief des père et mère appartient aux enfans. Celui qui a le bail doit payer le rachat ainsi que les dettes, et tenir la terre en bon état.

7° L'héritier mâle doit faire hommage à son suzerain et prendre en possession de son fief dès le jour où il entre dans sa vingt et unième année.

Ces dispositions sont générales pour l'Anjou et le Maine, sauf les deux exceptions suivantes, en ce qui concerne cette dernière province : la veuve qui se remarie y perd le bail des biens paternels de ses enfants; et celui qui a le bail rend hommage au suzerain et lui paye le rachat, à moins qu'il ne soit frère du défunt.

A la Ferté-Bernard et dans sa chatellenie, il y a pour les rachats, une coûtume particulière.

Comme dans aucun des deux comtés il n'y avait d'usage constant pour la majorité des femmes, le roi, de concert avec ses barons, établit et ordonne que la femme non mariée sera à quinze ans accomplis, en âge légitime pour faire hommage à son seigneur et entrer en possession de son fief (1).

Orig. lat. scellé en cire verte sur double queue, de 20 sceaux, dont les 7e, 11e et 20e manquent.

---

(1) La charte du roi de France, contenant les mêmes dispositions, a été imprimée par Brussel : *Usage général des fiefs*, Preuves, p. XXXV.

N° 21.   1231, 1er mars.
à Saumur.

Charte de Charles, fils du roi de France, comte de Provence et d'Anjou, contenant les statuts établis pour le salaire des avocats en cour laïque d'Anjou et du Maine, dans l'intérêt de ses sujets des deux pays, de l'assentiment et par le conseil de ses barons, et avec le consentement des abbés de Saint Florent de Saumur et du Louroux.

1° L'avocat habitant dans la terre devant la cour de laquelle le procès a lieu recevra, à titre de salaire, pour chaque jour de vacation, en monnaie angevine, 3 sous au plus s'il a un cheval, et 5 sous s'il en a deux.

2° Dans le cas où le plaideur l'entraînerait devant une autre cour, il lui devrait, outre le salaire susdit, une somme convenable pour ses frais de voyage, en allant et revenant, plus une rétribution spéciale pour chaque distance de dix lieues au moins.

3° Si par force ou par intrigue de son adversaire, une des parties ne peut, en la cour du comte ou en celles de ses vassaux, trouver un avocat pour faire valoir sa cause, cet adversaire ayant lui-même plusieurs avocats, la personne qui tiendra la cour obligera ce dernier à en choisir deux parmi ceux qu'il aura amenés, et donnera d'office à la partie qui en est dépourvue, un avocat qui devra l'assister moyennant le salaire fixé plus haut.

4° Ceux qui voudront exercer l'office d'avocat, commenceront par jurer de fidèlement remplir cette charge et de ne rien recevoir, par eux ni par autrui, au-dessus du présent tarif.

5° Celui qui aura été convaincu d'avoir commis ou fait commettre quelque fraude contre les présents statuts et de les avoir violés en recevant, d'une manière directe ou indirecte, une somme une fois payée ou une rente annuelle excédant le tarif, qu'il ait reçu ou qu'il ait donné, sera passible de confiscation de ses biens au profit du seigneur dans le fief duquel lesdits biens seront trouvés.

6° L'avocat ou la partie soupçonnés d'avoir violé ce règlement seront contraints, par celui qui tiendra la cour, de dire la vérité sous la foi du serment.

Les barons qui ont assisté avec le comte d'Anjou et les susdits abbés à l'assemblée dans laquelle ces statuts furent adoptés étaient : Bouchard comte de Vendôme, Pierre de Bauçay et Guillaume son frère, Jean de Berrie, Thibaut de Blazon, Simon Chamaillard, Hugues et Simon de Champ-Chevrier, Jean Chaorcin, Robert Godechau, Maurice de la Haye, Barthelemy de l'Isle, Jacquelin de Maillé, Robert de Maulévrier, Rotrou de Monfort, Guillaume de Pinquigny, Rainaud du Plessis-Macé, Gerard de Sacé, Guillaume de Sillé, Aimery de Sobs et Herbert Turpin chevaliers; maitre Odon de Lorris, sous doyen de Saint Martin de Tours, et autres.

Orig. lat. scellé en cire jaune sur double queue de 16 sceaux dont le 5° et les six derniers manquent.

N° 22.   1251, 5 janvier.
à Valenciennes.

Charte de Charles, fils du roi de France, comte d'Anjou, de Forcalquier, comte et marquis de Provence, contenant donation à Arnoul de Chison chevalier et à ses héritiers directs et légitimes de 60 livres parisis de rente sur le Temple de Paris, jusqu'à ce que le comte ou ses successeurs aient pu assigner à Arnoul, ou à ses hoirs une terre d'un revenu égal à la dite rente. Arnoul et les siens devront rendre hommage lige au comte d'Anjou, tant pour la dite rente que pour la terre qui leur sera donnée en remplacement.

Orig. lat. avec sceau en cire jaune sur fils de soie rouge.

N° 23.   1291, 12 mars.
à Paris.

Charte de Herlins, seigneur de Chison, contenant quittance à Charles, fils du roi de France, comte de Valois, d'Alençon et d'Anjou, de la somme de 500 livres parisis, à lui payée en remplacement des 60 livres de rente foncière et des arrérages qui lui étaient dûs sur le comté d'Anjou. Ce remboursement n'empêche pas Herlins et ses héritiers de demeurer obligés à rendre au prince foi et hommage lige.

Orig. lat. avec sceau en cire verte sur cordon de soie rouge.

N° 24.   1190, juillet.

à Corbigny.

Charte de Philippe II, Auguste, roi de France, et de Richard Cœur de Lion, roi d'Angleterre, duc de Normandie et d'Aquitaine et comte d'Anjou, contenant ordre de procéder à une enquête pour parvenir au règlement des droits que le comte d'Anjou possède en Touraine, notamment dans les domaines du chapitre de Saint-Martin de Tours.

Charte lat. en Vidimus de l'official de Tours, février 1255; avec sceau en cire verte sur double queue.

N° 25.   1256, 17 décembre

à Angers.

Charte de Guy de Laval, chevalier, contenant déclaration qu'il est tenu à livrer à Charles de France, comte d'Anjou et de de Provence, son château de Laval, à grande et petite force, toutes les fois qu'il en sera requis.

Orig lat. avec sceau en cire brune sur queue simple.

N° 25 bis.   1256, 17 décembre.

à Angers.

Charte d'Ama ou Emmenie, comtesse de Laval et d'Alençon, de même teneur que celle de Guy de Laval son époux.

Orig. lat. avec sceau en cire brune sur queue simple.

N° 26.   1256, 6 novembre.

Charte de Louis IX, roi de France, contenant une sentence arbitrale sur les différens qui existaient entre son frère Charles, comte d'Anjou et de Provence, d'une part, et Béatrix, comtesse de Provence, veuve de Raymond Berenger et belle mère dudit Charles, d'autre part.

Orig. lat. avec 3 sceaux sur double queue : le 1er et le 2e en cire verte; le 3e manque.

N° 27.   1258, avril.

Charte des doyen et chapitre de Saint-Maurice d'Angers, contenant une transaction passée entr'eux et Charles comte d'Anjou. Cédant à de sages conseils, le comte restitue et confirme au chapitre : 1° la dime du Vieil et du Nouveau Baugé, donnée par la dame de Brain; 2° le manoir du Coudray en Feneu, acquis en vertu d'un privilège spécial du roi de France; 3° le droit de choisir parmi les bourgeois d'Angers un de ceux qui payent moins de 50 sous de taille et de lui donner la charge de percevoir leur ban-vin; 4° l'exemption de tout service militaire pour les habitants du domaine de Douces et des villages de Brossay, Epinats et Montfort; avec restitution auxdits habitants des sommes d'argent et des objets mobiliers saisis sur eux par suite de refus de ce service.

En outre le comte fixe la quotité et la nature des acquêts que les chanoines pourront faire dans ses fiefs et arrière-fiefs. Enfin il détermine l'étendue de leur juridiction sur les personnes attachées à leur service et sur les délits commis dans leur maison de la cité. Le justicier du comte aura toujours le droit d'entrer dans ces maisons, en compagnie de trois ou quatre bons et loyaux témoins : 1° pour arrêter ceux qui s'y seraient réfugiés après avoir commis un délit ou un crime en dehors de la cité; 2° pour mettre en liberté et pour rendre à leurs parents et à leurs maris les filles et les femmes qui y seraient retenues.

Orig. lat. ayant jadis 2 sceaux sur double queue.

N° 28.   1259, septembre.

Charte de Vincent archevêque de Tours, contenant un *Vidimus* de la charte précédente, donné à la requête du comte d'Anjou, d'après un autre *Vidimus* de Michel évêque d'Angers, en date du mois d'avril 1258.

Orig. lat. avec sceau en cire brune sur cordon de soie variée.

N° 29   1260, 27 novembre.
      à Paris.

Charte de Robert de Bonmez, chevalier, contenant une transaction passée, après de longs débats, entre lui et seigneur Charles, fils du roi de France, comte d'Anjou, de Provence et de Forcalquier et marquis de Provence, au sujet du château de Mirebeau et de ses appartenances, provenant de la succession de défunt Thibaut Blazon oncle de Robert. Charles abandonne Mirebeau à ce dernier, et renonce à tous les droits qu'il y avait réclamés. Il s'y réserve seulement l'hommage et le reçoit immédiatement de Robert, tant pour Mirebeau que pour Blazon, Chemellier, le Port de Vallée et leurs dépendances. Robert de son côté abandonne au comte: 1° 150 livres tournois de rentes sur la prévôté et sur la foire de Saumur, qui avaient été données à ses ancêtres par le roi Philippe Auguste; 2° la vicomté d'Angers et la terre de Sorges avec toutes leurs dépendances; 3° les revenus touchés par le comte, pendant qu'il a tenu la terre de Mirebeau entre ses mains (1).

Orig. français, avec sceau en cire verte sur cordon de soie rouge.

(1) Impr. Archives d'Anjou, Vol. 1, p. 41, 43.

N° 30.   1262, octobre.

Charte de Roderic doyen et du chapitre de Saint-Laud d'Angers, contenant quittance à Geoffroy de la Villette, bailli du roi de France à Tours, de 200 livres tournois. Par suite du paiement de cette somme et de 300 livres reçues antérieurement, les chanoines se reconnaissent bien et suffisamment indemnisés des dommages que leur a fait éprouver la fortification d'Angers.

Orig. lat. avec 2 sceaux en cire brune sur double queue.

N° 30 *bis.*   1262, février.

Lettre des mêmes doyen et chapitre de Saint-Laud adressées à Louis IX, roi de France, contenant qu'ils ont donné procuration à maître Robert, chanoine de l'église d'Angers, porteur de la présente, pour demander à sa majesté et pour recevoir de sa munificence ce qu'il voudra bien accorder à leur chapitre, comme indemnité de pertes causées par la fortification d'Angers. Robert a aussi pouvoir de donner quittance de ce qu'il touchera.

Orig. lat. scellé comme la charte qui précède, sur queue simple.

N° 31.   1263, 28 janvier.
                     à Orviette.

Bulle du pape Urbain IV, adressée à Gilles archevêque de Tyr (1) auquel il mande de créer deux prébendes dans l'église paroissiale de Sainte-Marie de Saumur, *Nantilly,* alors occupée par deux moines de Saint-Florent et par quelques chapelains. Cette création est faite à la requête de l'évêque d'Angers, Nicolas Gellent, et de plusieurs clercs du

(1) Voyez ci-dessus, Vol 1, p. 173.

diocèse, pour donner plus d'extension et de continuité à la célébration du service divin. L'abbé de Saint-Florent pourra placer les moines susdits dans un autre prieuré. Quant aux deux prébendes, elles seront conférées à des personnes reconnues capables de les remplir et qui seront désignées par l'évêque. Dans la suite, la nomination et la collation de ces bénéfices seront faites par ceux auxquels appartient la provision des autres prébendes de ladite église de Sainte-Marie.

Orig. lat. avec bulle de plomb sur cordelette de chanvre.

N° 52.   1264, 2 juin.

Charte de Roger abbé et du couvent de Saint-Florent, relative à la reconstruction du pont de bois de Saumur. Henri II, roi d'Angleterre et comte d'Anjou en avait abandonné, dès 1162, le péage aux moines (1) à la charge de le rebâtir en pierre, savoir : une arche la seconde année après cette concession et une autre chacune des années suivantes, jusqu'à l'entier remplacement des arches en bois. Quoi qu'ils eussent perçu le péage dès son origine et sans interruption, les religieux n'avaient pas du tout rempli leurs engagements. Il en résultait un grave préjudice pour les intérêts de Charles, comte de Provence et d'Anjou, fils du roi de France, et plus encore pour les intérêts de ses sujets. Le prince fait donc citer les moines en sa cour, et il leur réclame la somme qu'ils ont retirée du péage pendant un siècle entier. Il en évalue le montant à 10000 livres, monnaie angevine, qu'il se propose d'employer immédiatement à la reconstruction du pont; à moins que les religieux ne préfèrent commencer de suite et sans relâche à le bâtir en pierre, en ayant soin de conserver le passage sur le pont de bois jusqu'à l'achèvement de celui qui doit le remplacer. Les moines protestent que les dettes et les nombreuses charges de leur

(2) V. plus haut, p. 133.

abbaye se sont toujours opposées à l'exécution de ce travail. Ils assurent qu'ils ne peuvent promptement le terminer et encore moins payer les 10000 livres. Toutefois ils proclament que cette reconstruction est une œuvre pieuse, indispensable, et qu'ils sont formellement tenus de l'accomplir. Quand même ils ne seraient pas obligés de le faire, ils devraient, disent-ils, contribuer à une dépense dont toute maison, religieuse comme laïque, doit retirer un immense profit. Aussi, après avoir mûrement réfléchi et consulté leurs ressources, s'obligent-ils à payer chaque année en quatre termes, le premier de 200 livres, les trois autres de 100, la somme de 500 livres jusqu'à l'achèvement du pont. Cette somme sera remise à une commission de trois personnes nommées l'une par le comte d'Anjou, l'autre par les bourgeois de Saumur, la troisième par les moines. Les commissaires ordonneront les travaux, les surveilleront, et en seront responsables ainsi que des sommes touchées par eux. Ils devront aussi maintenir le pont de bois en état de servir facilement et avec sécurité au passage, sans toutefois nuire aux nouvelles arches en pierre. Si ces dernières, même après leur entière construction, viennent à être détruites, les moines sont toujours et à perpétuité tenus de les rebâtir comme à faire les frais d'entretien et de réparation.

Orig. lat. avec 3 sceaux en brune cire sur double queue.

N° 33.　　　　　　　　　　　　　　1205, août.

Charte de Jeanne, abbesse de Fontevraud, contenant déclaration qu'elle doit au comte d'Anjou 6 sous, monnaie courante, de cens annuel, payable le jour de Noel, pour une place que son couvent possède à Angers, près de l'abbaye de Toussaint, entre le pavé et la maison desdites religieuses, nommée Haute-Mulle (1). Cette place avait été

(1) Située rue Saint Evroult, et sur l'emplacement de laquelle a été bâti le vaste hôtel dont une partie est habitée par M. le premier président Desmazières.

donnée à Fontevraud par maître Guillaume, clerc du comte d'Anjou, en fief laïque. A défaut de paiement du cens susdit, elle pouvait être saisie par le comte.

Orig. lat. scellé en cire brune sur double queue.

N° 34.   1270, 4 juin.
                    à Saumur.

Charte de Jean Vimaire, chanoine de l'Église de Saint-Georges de Faye, contenant cession à Charles roi de Sicile et comte d'Anjou, ainsi qu'à ses héritiers, d'une obole d'or, ou de 5 sous tournois de rente sur son herbergement de Pierre Fitte, situé paroisse de Saint-Martin d'Aurigné, dans la chatellenie de Faye. Cette somme est payable au comte d'Anjou dans son chateau de Saumur le jour de l'an neuf, pour le droit de garde dudit herbergement, par Aimery de Signé, valet, auquel Jean Vimaire l'a conféré.

Orig. lat. avec 3 sceaux en cire verte sur double queue.

N° 35.   1272, avril.
                    à Rome.

Lettre de Charles, roi de Sicile, duc de Pouille, prince de Capoue, sénateur de Rome, comte d'Anjou, de Provence et de Forcalquier, et vicaire général de l'empire romain en Toscane de par la sainte Eglise Romaine, contenant mandement à son bailli d'Anjou de rendre aux habitants du bourg de Saint-Nicolas d'Angers la somme de 15 livres tournois, qu'ils ont été contraints de payer, par les mains du vicomte de Melan leur haut justicier, à Gilbert de Marcoville, alors bailli d'Anjou, pour le mariage de Blanche (1) défunte fille du dit Charles. Toutefois il devra être prouvé au bailli,

---

(1) Femme de Robert de Béthune comte de Flandres, morte en 1271.

d'après les privilèges conférés à l'abbaye de Saint-Nicolas par les prédécesseurs de Charles, que les dits habitants ne doivent rien au comte d'Anjou pour le mariage de sa fille

Orig. lat. avec 2 sceaux sur queue simple. Le 2ᵉ est en cire rouge ; le 1ᵉʳ manque.

N° 56.   1273, juillet.

à Angers.

Charte de Foulques de Mathefelon chevalier, d'Alicie sa femme, et de Thibaut leur fils aîné, contenant vente à Charles de France, roi de Sicile et comte d'Anjou, de tous les droits qu'ils possédaient sur la rivière de la Loire ou sur ses rives, et sur le transport des marchandises, tant par terre que par eau, dans le territoire de Saint-Florent-le-Vieil et aux environs ; réserve faite seulement des hommages qui leur sont dûs par Aubert Riboule, chevalier, et par ses héritiers. Cette vente est faite à raison de 1000 livres en monnaie courante, reçues comptant.

Orig. lat. scellé en cire brune sur double queue, de 3 sceaux, dont le 1ᵉʳ manque.

N° 56 bis.   1273, juillet.

Charte de l'official d'Angers, contenant la vente qui précède, faite devant Guillaume Burnot, notaire juré de la cour d'Angers et lieutenant dudit official.

Orig. lat. avec sceau en cire jaune sur double queue.

N° 57.   1277, 29 janvier.

Charte passée en la cour du comte d'Anjou à Angers, contenant échange entre Guillaume de la Barre et Jeanne sa femme, citoyens d'Angers, d'une part, et Guillaume Dorne chevalier, d'autre part, de divers héritages situés dans la chatellenie de Chateau-du-Loir.

Orig. franç. avec sceau en cire brune sur double queue.

N° 38.   1015 environ.

Charte de Foulques Nerra (1), comte d'Anjou, fils de Geoffroy Grise-Gonelle et d'Adèle, contenant donation à Hubert abbé et aux moines de Saint-Aubin d'Angers, pour le salut de son âme, de celles de ses père et mère et de celle de Geoffroy son fils, de tous les droits ou coutumes, bians, charrois, corvées, fouage, justice, etc. etc., qu'il avait sur leurs terres de Saint-Remy la Varenne, Saugé, Chauvigné, les Alleuds, Saint-Aubin du Pont-de-Cé, Pruniers, la Forêt, Vaux et Champigné entre Sarthe et Maine; réserve faite seulement, dans cette dernière localité, des droits d'homicide, de rapt et d'incendie, et dans toutes les autres du droits d'host et de chevauchée. Témoins : Suhard chevalier, Fulcoius vicomte, Aimery La Denz, etc., etc.

Ch. lat. en Vidimus de 1276, donné par Nicolas évêque d'Angers, avec sceau en cire brune sur double queue.

N° 39.   1277, 10 octobre,

à Amalfi.

Lettre de Charles, roi de Jérusalem et de Sicile, duc de Pouille, prince de Capoue, sénateur de Rome, comte d'Anjou, de Provence, de Forcalquier et de Tonnerre, et vicaire général du Saint Siège en Toscane, contenant mandement au bailli d'Angers, 1° de faire une enquête pour savoir si le fonds d'une maison, située à Angers près du château, et dont il voulait louer le cens, a été donné par ses prédécesseurs au chapitre de l'église du Mans; 2° de ré-

(1) Archives de Maine et Loire, Orig. et 3 Vidimus.

gler compte avec Jean du Mans, garde du sceau de la cour dudit prince; 3° de faire rentrer entre les mains du comte d'Anjou, par suite de la mort de maître Robert Le Tort, la maison qu'il occupait près des fossés du château d'Angers ; 4° de faire aussi rentrer entre ses mains une maison qu'il avait concédée, avec des fromentages dans la Vallée, à Pierre Coppacoli.

Ce dernier, voulant assurer le salut de son âme, avait grevé cette maison d'une rente en argent, au mépris des droits du comte, qui ordonne à son bailli non seulement de saisir sans délai ladite maison, mais encore de mettre Coppacoli à l'amende, s'il y a lieu.

Orig. lat. scellé en cire rouge sur queue simple.

N° 40.   1280, 29 mai.

à Naples.

Lettre de Charles, roi de Sicile, etc., etc. comte d'Anjou, adressée à ses amés et féaux Jean de Villameron, bailli d'Angers, et Henri de Chalons, pour leur enjoindre de ne pas permettre que les barons du comté d'Anjou établissent et emploient dans leurs villes, châteaux ou terres, leur propre sceau, à moins qu'ils ne soient depuis longtemps en possession de ce droit : attendu le préjudice que cette usurpation des seigneurs cause tant au sceau du comte qu'à sa cour (1).

Orig. lat. jadis scellé sur queue simple.

N° 41.   1283, 17 février.

Charte de l'official d'Angers contenant vente par Marguerite d'Azé, fille de défunts Simon d'Azé et Theophanie, du consentement de son mari Huguet du Chêne, paroissien de

---

(1) Ménage a imprimé cette pièce dans son Hist. de Sablé, p. 202, en la datant de 1270.

Villevêque, diocèse d'Angers, à Charles roi de Jérusalem et de Sicile, comte d'Anjou, etc., représenté par maître Henri de Saint-Mesme, chanoine de Chalons, de trois arpens de bois, sol et superficie, situés dans le fief du dit comte au Val du Coudray, paroisse de Bauné, à raison de 30 livres, monnaie courante.

Orig. lat. avec sceau en cire verte sur queue simple.

N° 42. 1283, 18 février

à Angers.

Charte de l'official d'Angers contenant retrait féodal, à raison de 250 livres, par maître Henri de Saint-Mesme, chanoine de Chalons, conseiller et procureur du roi de Sicile, comte d'Anjou, sur Huet de Metré valet, des bois et landes de Challot, et de terres dans la plaine de Metré, paroisse de Montigné, avec les gaigneries, bordages, terres, prés, cens, fiefs et hommages qui lui avaient été vendus dans le diocèse d'Angers par Guillaume Giffart, chevalier, et par sa femme Pétronille, à raison de 300 livres.

Orig. lat. avec sceau en cire verte sur double queue.

N° 43. 1283, 26 juillet.

Charte de l'official d'Angers, contenant vente par Jean dit Poitevin, paroissien de Saint-Sigismond, diocèse d'Angers, à Charles roi de Jérusalem et de Sicile, comte d'Anjou, etc., etc. de 8 sous, monnaie courante, de cens annuel qu'il tenait du roi de France dans le Fief-Esgare, paroisse d'Ingrandes, à raison de 40 sous, monnaie courante.

Orig. lat. avec sceau en cire verte sur double queue.

N° 44. 1283, 3 février.

Charte d'Adam, vicomte de Melun et seigneur de Montreuil Bellay, et de Jeanne de Sully sa femme contenant donation entre vifs à Guillebaut Beguart, écuyer, et à ses héritiers et ayant cause, à perpétuité et en pleine propriété, comme récompense de ses bons et loyaux services, de toutes les rentes, de la seigneurie et du droit de justice haute et basse qu'ils avaient et devaient ou pouvaient avoir à Baugé en Vallée, ainsi que dans les environs.

Orig. Français, avec 2 sceaux en cire verte sur double queue.

N° 45. 1291, octobre.
à Paris.

Charte de Philippe IV, le Bel, roi de France, contenant vente par Guillebaud Becard ou Beguart de Charny à Charles comte de Valois, d'Alençon, de Chartres et d'Anjou, frère dudit roi, pour lui et pour ses hoirs, à raison de 900 livres en monnaie courante, reçues comptant, de tout ce que lui avait été donné à Baugé en Anjou, par le vicomte et la vicomtesse de Melun ; avec promesse de leur faire confirmer ladite vente.

Orig. lat avec sceau en cire verte sur fils de soie rouge et verte.

N° 46. 1291, 21 aout.
à Angers.

Charte de l'official d'Angers, contenant délivrance par Nicolas le Vieil, curé de Saint-Maurille d'Angers, et par Laurent de Lamballe, exécuteurs du testament de Raoul Le Blanc, bourgeois d'Angers, de sa fille Jeanne et de Geoffroy de Mathefelon, mari de cette dernière, aux Frères Mineurs d'Angers de 101 sous de rente à eux légués par les susdits testateurs, sur les moulins de Baugé, nommés les moulins du Roi.

Orig. lat. avec sceau en cire verte sur queue simple.

N° 47.   1292, 1er décembre.

Charte de frère Jean, gardien des Frères Mineurs d'Angers, et du couvent dudit lieu, contenant vente à Charles comte d'Anjou, pour la somme de 40 livres, des 104 sous de rente qui leur avaient été légués par Raoul Le Blanc, Jeanne sa fille et Geoffroy de Mathefelon son gendre.

Orig. lat. avec sceau en cire verte sur queue simple.

N° 48.   1292, 6 avril.

à Loches.

Charte de Philippe IV, le Bel, contenant délivrance à son frère Charles, comte de Valois, d'Alençon, d'Anjou et du Maine, de la garde de toutes les églises, chapelles et abbayes des comtés d'Anjou et du Maine, réserve faite cependant 1° de la garde des cathédrales d'Angers et du Mans et des églises qui, en vertu de privilèges spéciaux, ne doivent avoir d'autre gardien que le roi; 2° du droit de régale pendant la vacance desdites cathédrales, tels que ses prédécesseurs en ont joui depuis l'avénement de défunt Charles, roi de Sicile, aux comtés d'Anjou et du Maine (1).

Orig. lat. avec sceau en cire verte sur fils de soie rouge et verte.

N° 49.   1170 environ.

Charte de Henri II roi d'Angleterre, duc de Normandie et d'Aquitaine et comte d'Anjou, contenant donation à l'abbaye de Fontevraud du Pont-de-Cé, en pleine propriété, avec toutes ses dépendances et tous ses privilèges, comme en ont du reste joui ses prédécesseurs; réserve faite seule-

(1) Imprimé par Brussel : Usage général des fiefs, p. 299.

ment du droit de juger les crimes qui entrainent la perte de la vie ou des membres. Le prince énumère les coûtumes, dudit pont. Il désigne le montant du péage qui sera perçu désormais par les religieuses sur les personnes comme sur les choses, et indique le petit nombre de cas dans lesquels le passage du pont devra rester gratuit. Enfin il leur confirme le péage de toutes les marchandises, énumérées et tarifiées dans la charte, qui passent sous les murs du chateau de Brissac. Ce dernier péage avait été donné à Fontevraud par Archalos, seigneur de Brissac, avec l'autorisation de Foulques comte d'Anjou (1).

Charte lat. en Vidimus de Michel évêque d'Angers, avec sceau en cire verte sur cordon de soie variée.

N° 50.   1291, janvier.

Charte de Marguerite abbesse et du couvent de Fontevraud, contenant l'échange en vertu duquel, avec le consentement de Gillette prieure et d'Etienne prieur de leur monastère, elles cèdent à Charles, fils du roi de France, comte de Valois, d'Alençon, de Chartres et d'Anjou, et à sa femme Marguerite, fille de défunt Charles II, roi de Jérusalem et de Sicile, comte d'Anjou, du Pont-de-Cé et de tous les moulins et droits qu'elles y possédaient en vertu de la donation qui leur avait été faite par Henri II, jadis roi d'Angleterre et comte d'Anjou. Pour prix de cet abandon les religieuses reçoivent 500 setiers de froment, à la mesure de Gennes, de rente annuelle et perpétuelle, et 70 livres de rente, aussi annuelle et perpétuelle. En outre les comte et comtesse confirment à l'abbaye 60 livres de rente qu'elle avait acquises dans le comté d'Anjou en divers lieux.

Orig. franç. avec sceau en cire jaune sur cordon de soie rouge.

(1) Nous imprimons à la fin de ce volume les chartes relatives à la donation et à l'échange du Pont-de-Cé.

N° 51.   1291, 20 avril.
à Néauphle-le-Château.

Lettre de Philippe IV, le Bel, roi de France, contenant commission à Jean Le Doux, chanoine de Saint Quentin en Vermandois, et à Guillaume de la Rivière, chevalier, de se transporter en Anjou pour y dresser une enquête, tant sur les surprises ou usurpations faites par ses gens au préjudice du comte d'Anjou et des barons de ce pays, depuis l'avénement dudit comte, que sur les aides demandés par ce dernier aux barons ses vassaux.

Orig. lat. avec sceau en cire jaune sur queue simple.

N° 52.   1295, 11 janvier.

Charte passée en la cour du comte d'Anjou à Angers, contenant vente par Aimery de Doué, chevalier, à Charles comte de Valois et d'Anjou, et à sa femme Marguerite de tous les droits qu'il possédait dans la ville et dans la chatelnie de Baugé : *deniers, blaages, paages, fenestrages, vinages, beirages*, à raison de 160 livres reçues comptant.

Orig. franç. avec 3 sceaux en cire verte sur double queue.

N° 53.   1295, 1ᵉʳ août.

Charte passée en la cour du roi à Saint Christophe en Touraine, contenant vente par Nicolas Aymer, fils de défunt Jean Aymer, à Charles, comte d'Anjou, de 40 sous de rente, formant le reste de 6 livres qui lui étaient dues à Angers, *sus le portal dou Pui de Bolet, là o demorent les chapeliers* (1), à raison de 13 livres, 16 sous 8 deniers.

Orig. franç. jadis scellé sur double queue.

(1) La Porte Chapelière.

N° 54.   1297, février.
à Paris.

Charte de Philippe IV, le Bel, roi de France, contenant cession et transport à son frère Charles, comte de Valois, d'Alençon et d'Anjou, pour lui et pour ses héritiers, en pleine propriété, de la chatellenie de la Roche-sur-Yon avec toutes ses dépendances, réserve faite de l'hommage et des ressorts; en échange de laquelle Charles devra donner et assigner au roi son frère, pour lui et ses successeurs, des terres ou revenus d'une valeur égale à celle de ladite chatellenie, mais qui ne pourront être pris en Anjou et dans le Maine (1).

Orig. lat. avec sceau en cire verte sur fils de soie verte et rouge.

N° 55.   1297, octobre.
à Lille.

Charte du même roi, contenant remise perpétuelle à son frère le comte d'Anjou : 1° des 700 livres de rente en terres, qu'il lui devait en échange de la chatellenie de la Roche-sur-Yon; 2° des 600 livres, dues depuis plusieurs années déjà, pour l'assise qui lui a été faite du comté de Chartres, remises accordées par le roi en reconnaissance des services éclatants et dévoués que son frère ne cesse pas de lui rendre, en tout ce qui concerne les affaires du royaume.

Orig. lat. scellé comme le précédent.

N° 56.   1299, août.
à l'abbaye de l'Aumône de Citeaux.

Charte du même roi, contenant remise et quittance à son frère le comte d'Anjou, et à ses successeurs de tout ce qui lui était dû, par suite de la cession du chateau, forêt et domaine

(1) Impr. *Thesaurus Anecdot.* Vol 1, p. 1277.

de la Roche-sur-Yon; en échange duquel Charles devait donner, dans ceux de ses domaines les plus voisins de la Roche-sur-Yon, des terres ou revenus d'une valeur égale à celle de la dite chatellenie. En conséquence, le roi annulle les lettres par lesquelles le comte d'Anjou s'était obligé à fournir le susdit équivalent.

Orig. lat. scellé comme les précédents.

N° 57. 1297, septembre.
à Courtray.

Charte du même roi qui, pour l'honneur de son royaume et en reconnaissance des grands et nombreux services que lui a rendus son frère Charles comte d'Anjou, érige en sa faveur et en celle de ses héritiers, le comté d'Anjou en pairie, et déclare que le comte jouira de ladite dignité de pair de France aux mêmes droits et prérogatives, hommages et devoirs que le duc de Bourgogne.

Orig. lat. scellé comme les précédens.

N° 58. 1298, 26 aout.
à Saint-Ouen près Paris.

Charte de Briant, seigneur de Mont-Jean; contenant reconnaissance et déclaration qu'il a reçu en don de Charles II, comte d'Anjou, le droit de chasse dans ses bois de Briançon, dont son père avait été déssaisi par défunt Charles, roi de Sicile et comte d'Anjou.

Orig. franç. avec sceau en cire verte sur queue simple.

N° 59. 1298, 15 novembre.

Charte passée en la cour du roi à Angers, contenant vente, par Fouquet Barre, fils ainé de défunt Jean Barre, à David de Ses-Maisons, bailli d'Anjou et du Maine, pour Charles comte de Valois et d'Anjou, à raison de 225 livres, des fiefs des Vaux, de Daain, Brez, Gobiz et Gros-Bois, et de ce que la dame d'Illes et Macé Quatrebarbes tenaient dudit

Fouquet. Cette vente eut lieu par suite de la saisie desdits fiefs résultant de l'insuffisance des foi et hommage de Fouquet ; et surtout à cause du *deffaut de l'ost dou véage de Gascoigne et de celui de Flandres, qui n'avoient mie esté fez à monseignor le conte.*

Orig. franç. avec 3 sceaux en cire verte sur double queue.

N° 60.

Vidimus de plusieurs copies des privilèges de l'abbé de Saumur et des lettres de deniers qu'il avoit presté à monseigneur de Valoys (Sic).

Pancarte en parchemin, contenant des copies ou vidimus, donnés en 1320, sous le sceau de la cour de Saumur, en cire verte sur double queue, de sept pièces cotées ci-après, 60. A — G.

N° 60. A   1295, 22 décembre.
          à Paris.

Lettre de Charles, fils du roi de France, comte d'Anjou, etc., etc., contenant transaction entre son bailli d'Anjou et les moines de Saint-Florent de Saumur, au sujet de l'usage de la forêt de Beaufort. Ces derniers prétendaient avoir le droit de prendre *toute manière de mort-bois en l'allée d'Anjou*, conformément à la charte du comte Henri, depuis roi d'Angleterre, tandis que le bailli voulait les réduire au *boys qui est mort seic*. Charles reconnaît aux religieux le droit de prendre *toute manière de boys qui est appelé boys-mort par la coustume du pays*. (1)

N° 60. B   1070, 24 mai.
          à Angers.

Charte de Foulques IV, Réchin, comte d'Anjou, conte-

(1) Archives de Maine et Loire : S. Florent, *Beaufort*; Orig. jad. scellé.

nant donation à Dieu et au monastère de Saint Florent, près Saumur, pour le salut de son âme et de celles de ses parens et ancêtres, d'une terre sise dans le lieu nommé les Ulmes, dépendant de son domaine, avec les bœufs qui s'y trouvent et avec les bois et cultures qui lui sont contigus et sont situés entre deux boires. Témoins : Rainaud architrésorier de Saint-Martin de Tours, Robert le Bourguignon, Rainaud son fils, Giroire de Beaupreau, Roger de Montreveau, Jean de Chinon, Foulques de la Bouère, Geoffroy Pape-Bœuf, Hugues de Montreuil et Hardouin de Trèves. Ce dernier avait d'abord disputé la susdite terre aux moines; mais il renonce à ses prétentions. (Traduction du texte latin.) (1).

N° 60. C à Angers. 1150 environ

Charte de Henri, duc de Normandie et comte d'Anjou, contenant restitution à Mathieu abbé et aux religieux de Saint Florent de Saumur de la terre du Mou, en Vallée, dans l'état où elle se trouvait lorsque son père Geoffroy s'en empara, et du droit de prendre le mort-bois dans la forêt de la Vallée. En conséquence de la restitution de ce droit, les moines devront donner au prévôt du comte établi à Beaufort : 1° un muids de froment à la mesure de Saumur; 2° un repas de trois mets pour lui et pour huit hommes la veille et le jour de la Saint-Florent, ainsi que la nourriture de quatre chevaux; 3° quatorze miches, deux sommes de vin et 3 sous et demi, pour acheter de la viande, le jour de Pâques. Ces derniers objets seront remis au messager du prévôt. Témoins : Barthelemy abbé de Saint-Nicolas d'Angers, Josselin de Tours, Geoffroy et Hugues de Clers, Aimery de Trèves, Pépin de Tours et Brient de Martigné. (En latin.) (2)

---

(1) Ibid. *Prieuré des Ulmes*, Orig. jadis scellé sur lanière de cuir.
(2) Ibid. *Beaufort*, Orig. jadis scellé en cire rouge sur lanière de cuir.

N° 60. D — 1300, 24 mai.
à Fontainebleau.

Lettre de Charles fils du roi de France comte de Valois, d'Alençon, de Chartres et d'Anjou, à son receveur d'Anjou et du Maine :

« Nous vous mandons que vous, à religious home l'abbé de Saumur, dou diocèse d'Angers, paiez ceu en quoy vous nous verrez tenu à lui, par noz lettres pendantz, le plus tost que vous porrez en bonne maniere. Donné à Fontaine-Bliau... »

N° 60. E — 1301, 26 février.
à Saumur.

Lettre de Charles, fils du roi de France, comte de Valois, d'Alençon, de Chartres et d'Anjou, contenant obligation envers l'abbé de Saint-Florent de Saumur de la somme de 800 livres tournois, prêtées tant au comte qu'à ses gens; savoir : 200 livres à David de Ses-Maisons, jadis bailli d'Anjou; 300 au comte, du temps dudit David; 300 aussi au comte, le jour où la présente obligation fut délivrée. (En français).

N° 60. F — 1290, 15 septembre.

Charte de Charles II, roi de Jérusalem et de Sicile, duc de Pouille, prince de Capoue, comte de Provence et de Forcalquier, contenant obligation envers les religieux de Saint-Florent de la somme de 1410 livres, prêtées à son père ou à plusieurs de ses gens; savoir : 1060 livres petits tournois à son père lui-même, d'après sa lettre datée de la Font-Saint-Martin le 19 octobre 1283; 150 livres à maitre Pierre de Contigné son trésorier, le 15 avril 1287; 200 livres à Maurice seigneur de Craon et de Sablé, sénéchal d'Anjou.

à défunt Herbert Lanier et à Pierre Boudin, le 26 mai 1288, à Saumur : avec promesse de rembourser les dites sommes à l'abbé Regnaud, auquel la présente obligation tiendra lieu de celles qui y sont mentionnées. (En latin).

N° 60. G   1316, 2 novembre.

Lettre délivrée, sous le sceau de la cour de Bergerac, par Pierre Le Mareschal, bourgeois de Compiègne, conformément à une lettre de Charles comte d'Anjou, contenant quittance audit comte de 80 tonneaux de vin, qui ont été délivrés audit Pierre à *Bragerac sur les tins*, par Guillaume Drouet, clerc de l'abbé de Saint-Florent près Saumur. (En français).

N° 61.   1301.

Le procès contre les appelans d'Anjou et du Mans.

1° Lettre du roi de France, Philippe IV, le Bel, donnée à Soissons le 27 octobre 1301, et contenant commission à l'évêque de Soissons, au chantre de Paris et à Gautier d'Autrechy, *Alterchiacum*, chevalier, ses conseillers, pour faire une enquête dans le but d'établir si le comte d'Anjou et du Maine est fondé à réclamer aux barons, gens d'église et citoyens de ces deux comtés des aides à l'occasion du mariage de sa fille ainée Isabeau. *En latin.*

2° Lettre des deux derniers commissaires désignés par le roi, en date du 3 novembre 1301, contenant sommation aux gens du comte ainsi qu'aux barons, gens d'église et citoyens d'Anjou et du Maine de comparaître devant eux au Mans, le 4 décembre suivant, pour coopérer à ladite enquête. *En latin.*

3° Représentations et offres faites au Mans, le 29 mai 1301, relativement aux susdites aides, par les seigneurs de Craon, Laçay, Laval, Matefelon, Mayenne, Sillé et Vendôme. *En franç.*

4° Raisons et défenses présentées par les gens du comte contre les gentilshommes d'Anjou et du Maine. *En franç.*

5° Raisons et défenses des mêmes contre les procureurs de la ville d'Angers. *En franç.*

6° Requête des mêmes présentée aux commissaires royaux, pour établir le droit du comte, avec énumération des différens cas dans lesquels des aides sont dues au comte d'Anjou et du Maine. *En franç.*

7° Liste des barons, églises et villes qui ont fait défaut. *En franç.*

8° Liste des personnes qui ont comparu. *En lat.*

Grande Pancarte pliée, écrite au commencement du XIVe siècle.

N° 62. 1302 1er septembre.

au Louvre (Paris).

Lettre de Philippe IV, le Bel, roi de France, contenant vidimus et confirmation de la transaction passée entre Charles comte d'Anjou et du Maine, d'une part, et Guillaume de Veer Daron, chevalier, Raoul de Roupperoux, Jean Le Veer de Voutré, frère Thomas de Savigny et frère Guillaume Brune, tant en leur nom que comme fondés de pouvoir de plusieurs seigneurs et monastères, relativement aux aides réclamées par le comte pour le mariage de sa fille aînée Isabeau.

Orig. lat. avec sceau en cire jaune sur double queue. Le texte de la transaction est en français.

N° 63.

Cinq lettres attachées ensemble, de Philippe IV, le Bel, roi de France, relatives aux appels interjetés pardevant lui de sentences portées par les juges d'Anjou et du Maine.

N° 65 primo. 1302, 31 décembre.
à Fontainebleau.

Lettre contenant commission à son bailli en Touraine de signifier aux barons et aux églises qui ont formé devant lui appel contre son frère Charles, comte d'Anjou et du Maine, et contre David de Ses-Maisons, bailli de ce dernier, qu'ils aient à se présenter devant lui dans la quinzaine de la Purification prochaine.

Lettre lat. en Vid. donné par la cour de Saumur, avec sceau en cire verte sur queue simple.

N° 65 bis. 1302, 11 octobre.
à Pontoise.

Lettre contenant mandement au sous-doyen de Saint-Martin de Tours et au maître-école d'Angers de mettre son frère Charles, comte d'Anjou et du Maine, en possession de la terre de Guy de Laval, chevalier, pour en user ainsi qu'il le faisait avant l'appel formé par ledit Guy de la cour du comte à celle du roi.

Orig. lat. avec sceau en cire jaune sur queue simple.

N° 65 ter. 1302, 22 juin.
à Vincennes.

Lettre contenant injonction au bailli de Tours ou à son lieutenant de ne rien exiger, pour les frais de l'appel interjeté de la cour du comte d'Anjou et du Maine à celle du roi, de Richard de Loudun, chevalier, et des autres personnes qui n'ont pas pris part audit appel.

Lettre latine en Vidimus français donné, le 27 juin 1302, par Guillaume Thibout, garde du scel de la Prévôté de Paris, avec sceau en cire brune sur double queue.

N° 63 quater.　　　　　　　　　　1303, 21 mars.
à Paris.

Lettre contenant défense à tous ses baillis et justiciers de s'immiscer en rien dans les contestations entre le comte d'Anjou et ses barons, autres que celles qui ont été portées de la cour du comte à celle du roi par l'appel desdits barons. Cette disposition est rendue à la requête du comte, dont les barons, sous prétexte d'appel, cherchaient à se soustraire à la juridiction de leur suzerain pour des faits complètements étrangers à ceux dont ils étaient appelans.

Lettre lat. en Vid. franç. donné au mois de février 1309, par Pierre li Feron, garde du scel de la Prévôté de Paris, avec sceau en cire brune sur double queue.

N° 63 quinquies.　　　　　　　　　1303, 7 mars.
à Paris.

Lettre au bailli de Tours, pour le prévenir que Guy de Laval, chevalier, s'est désisté de l'appel de défaute de droit qu'il avait formé en la cour du roi contre Charles comte d'Anjou, etc., etc., et qu'il s'est mis à la merci dudit comte en donnant des gages pour l'amende encourue par lui. En conséquence, le roi délie le comte du dit appel, et il mande à son bailli de ne plus s'occuper en rien de l'affaire.

Lettre lat. en Vid. donné au mois de mars 1303, par Pierre li Jumiaus, garde du scel de la prévôté de Paris, jadis scellé sur double queue.

N° 64.　　　　　　　　　　　　1303, 7 juillet.
à Saumur.

Lettre de la cour de Saumur, contenant vente par Guillaume de Vernon, chevalier, du diocèse de Poitiers, et par

Philippe d'Argenton sa femme à Berthault du Lys, chevalier, de 120 livres de rente sur la prévôté de Saumur, provenant du patrimoine de la dite Philippe, à raison de 1200 livres, monnaie courante.

Orig. franç. avec sceau en cire verte sur cordon de soie rouge.

N° 65. 1303, 15 juillet.

Lettre de Charles, comte de Valois et d'Anjou, contenant vente à frère Hue prieur et aux religieux du prieuré du Mou en Vallée, dépendant de l'abbaye de Saint-Maur sur Loire (1), de 2 arpens de terre à la petite mesure, savoir : 3 arpents et un quartier près de la *gaignerie ancienne*, sur l'emplacement de laquelle est construit le prieuré et près du Champ-Chubert, de Bouillé et d'Authion; 2 arpens et demi de l'autre côté de la gaignerie, le long du chemin du chateau; 3 arpens près du Champ-Chubert et des prés des Millerons. La vente en est faite à raison de 500 livres, monnaie courante.

Lettre franç. en Vid. donné le 19 juillet 1303, par Pierre li Jumiaus garde du scel de la Prévôté de Paris, avec sceau en cire brune sur double queue.

N° 66. 1301, 5 octobre.
à Angers.

Lettre de la cour d'Angers, contenant vente par Thibaut de *Veisins*, paroissien de Corzé, par ses frères Gilot et Macé et par son beau frère Jean le Beigue, paroissien d'Avrillé, à Charles comte d'Anjou, de 110 arpens de bois dans la paroisse de Bauné, dans le lieu nommé *les Moulineiz*, près des bois des chanoines de Loches, à raison de 50 livres en monnaie courante.

Orig. franç. avec sceau en cire verte sur double queue.

(1) Voir notre 1er Volume, p. 101.

N° 67.   1301, 4 mai.

Lettre de Julienne prieure et du couvent de la Perrine près de *Tholeia*, contenant aveu et déclaration que le comte du Maine a toute juridiction temporelle sur une maison située au Mans dans la rue de la Frouerie, entre le manoir de feu Fouquet du Puy et la maison des Frères Prêcheurs, donnée aux dites religieuses dès la fondation de leur monastère et cédée par elle aux dits Frères en échange d'un terrain sis dans dans la dite ville, entre la maison de Jean de Laval et celle de Jérôme d'Aroelle. Toutefois le comte ne peut pas exercer le retrait de cette maison.

Orig. franç. avec 2 sceaux en cire brune sur double queue.

N° 68.   1306, 20 décembre.
                    à Paris.

Lettre de Philippe IV, le Bel, roi de France, contenant un arrêt du parlement de Paris qui, contrairement aux prétentions du seigneur de Maillé, adjuge à Charles, comte de Valois et d'Anjou, la connaissance de l'accusation portée contre Jean Nicolay pour cause de meurtre d'un enfant dont le corps a été trouvé dans son étang. Cet arrêt fut rendu après deux enquêtes faites l'une par le bailli de Touraine, l'autre par le trésorier d'Anjou. Il est motivé sur ce que Jean Nicolay, justiciable du comte sous la domination du quel il se lève et se couche, n'a pas été trouvé en flagrant délit et réclame lui même la juridiction de son suzerain.

Orig. lat. en cire jaune sur queue simple.

N° 69.   1306, 25 mai.

Lettre de Raymond, cardinal diacre de Sainte-Marie-la-Neuve et archidiacre d'Angers, contenant vente par Guillaume de Princé, seigneur dudit lieu, écuyer, et par Amiote sa femme paroissiens de Beaufort, à Charles comte d'Anjou, du quart du péage dudit Beaufort, provenant de la succession du père de Guillaume, a raison de 50 livres, monnaie courante.

Orig. lat. jadis scellé en cire brune sur double queue.

N° 70.   1307, 2 novembre.

à Baugé.

Lettre de la cour de Baugé, contenant vente par Vivien Sauvage et par Jeanne de Meaune sa femme, paroissiens de Marcillé-sur-Braie, à Reguaud Bodiau de Mouliherne et à ses hoirs de 20 sous 2 deniers de rente sur l'herbergement dudit Sauvage nommé l'Ommaie et sur ses dépendances, à raison de 10 livres.

Orig. franç. avec sceau en cire brune sur double queue.

N° 71.   1309, 3-5 mars.

Lettre de Charles fils du roi de France, comte de Valois, d'Alençon, de Chartres et d'Anjou, contenant commission et mandement à ses chers et amés Erart sire de Valery chevalier, Pierre Le Riche sous-doyen de Chartres et Pierre Gouieul doyen du Mans, de publier et de faire exécuter en Anjou et dans le Maine, la transaction passée entre lui et plusieurs seigneurs et monastères, au sujet des aides qu'il réclamait pour le mariage de sa fille. Cette lettre contient en vidimus la transaction, telle qu'elle est donnée sous le N° 62, dans la lettre du roi de France, en date du 1er septembre 1302.

Orig. franç. avec sceau en cire rouge sur double queue.

N° 72.   1314, 25 avril.

Lettre du même prince à ses amés et féaux Etienne de

Mornay, son clerc et chancelier, et Pierre de Blenou, chevalier, pour leur mander de faire publier et exécuter la transaction sus énoncée, dont il leur donne aussi un vidimus.
Orig. franç. scellé comme le précédent.

N° 73.   1309, 28 juillet.
         à Crecy.

Lettre de Charles fils du roi de France, comte de Valois, d'Alençon, de Chartres et d'Anjou, contenant pouvoir et mandement à ses commissaires des Aides en Anjou et dans le Maine, de choisir et d'établir en son nom une personne capable de remplacer Jean Kesnel, clerc et procureur dudit comte, alors occupé à débattre ses intérêts contre Thibaut l'Ecuyer, de Sens, et contre les abbé et moines de Tiron.
Orig. franc. avec sceau en cire rouge sur queue simple.

N° 74.   1310, 10 juin.

Lettre de l'official d'Angers, contenant vente par Vivien Sauvage, clerc, paroissien de Marcillé et par Jeanne sa femme à Charles, comte d'Anjou, de leur herbergement situé à Mouliherne et nommé l'Omaye avec ses maison, terres, prés, pâtures, étang, hommages, cens, services et avec la moitié d'un four, à raison de 50 livres.
Orig. lat. avec sceau en cire verte sur double queue

N° 74 bis.   1310, 11 juin.

Lettre de la cour de Langeais, contenant la vente ci-dessus.
Orig. franç. avec sceau en cire verte sur double queue.

N° 74 ter.   1310, 20 juillet.

Lettre de la cour de Baugé, contenant reconnaissance par

Vivien Sauvage qu'il a reçu de Jean de Pons, sous-bailli de Baugé, la somme de 50 livres, monnaie courante, pour paiement du susdit herbergement de l'Omaye en Mouliherne.

Orig. franç. avec sceau en cire verte sur simple queue.

N° 75. 1311, 16 octobre.

Lettre de Charles, fils du roi de France, comte de Valois, d'Alençon, de Chartres et d'Anjou, contenant accord entre Regnaud de Lezigné, receveur d'Anjou et du Maine, d'une part, et Jeanne, veuve de Pierre Testart, et Laurent Testart frère de ce dernier, la première comme donatrice le second comme associé dudit Pierre, d'autre part, au sujet des biens provenant de la succession de ce dernier. Le receveur voulait exclure Jeanne du bénéfice de la donation à elle faite par son mari sous prétexte qu'elle était bâtarde. Cependant, après de longues discussions, il finit par accorder à Jeanne et à Laurent la jouissance et la propriété des meubles du défunt, et l'usufruit seulement du reste de ses biens, dont la nue-propriété est réservée au comte. En outre les susnommés s'obligent à payer au comte 1,000 livres en deux termes, et à lui donner quittance de la somme de 225 livres qu'il leur devait, tant par suite de prêt que pour fourniture de vin faite à ses gens au Mans. Toutes ces conditions sont approuvées et adoptées par Jeanne et Laurent.

Lettre franç. en Vid. de la cour de Saumur, 26 juin 1315, avec sceau en cire verte sur double queue.

N° 76. 1313, 5 février.

Lettre passée en la cour du roi de France à Chinon contenant vente par Pierre Dorée, fils de Pierre Dorée, bourgeois de Saumur, à Charles comte de Valois, d'Alençon, de Chartres et d'Anjou, de tout le produit du port de Trèves et du passage ou travers de la Loire, que ledit Dorée tenait du comte moyennant 10 sous de rente et qu'il avait affermé à un nommé Jolivet. Cette vente fut faite pour la somme de 100 livres reçues de Regnaud de Lesme, receveur d'Anjou et du Maine.

Orig. franç. avec sceau en cire brune sur double queue.

N° 77.   1058, 20 février.

à Saint Aubin d'Angers.

Charte de Henri 1ᵉʳ, roi de France, qui, étant venu à Angers pour des affaires d'état, sanctionne, à la prière de son fidèle et parent Geoffroy Martel, comte d'Anjou, la fondation du monastère de Saint-Nicolas, commencé par son père Foulques Nerra, mais terminé par lui; et confirme à cette abbaye tout ce qui lui a été et lui sera, par la suite, donné ou vendu (1).

Ch. lat. en Vid. franç., donné le 5 mars 1309, sous le sceau de la cour du roi à Angers, en cire verte sur double queue.

N° 78.   1130.

Charte de Geoffroy le bel, comte d'Anjou, qui reconnaissant avoir jusqu'ici peu favorisé les églises et voulant à la fois suivre l'exemple de ses ancêtres et sauver son âme ainsi que celle de sa femme, l'impératrice Mathilde, confirme au monastère de Saint Nicolas, à l'abbé Jean et à ses moines tout ce qu'ils possédaient déjà ou pourraient acquérir par la suite dans ses fiefs et domaines.

Geoffroy énumère ainsi les domaines de l'abbaye : Le ruisseau de Brionneau, avec ses pêcheries et moulins; la

---

(1) Coll. Houss. Vol. 2. N° 576. *Imprimé* : Breviculum S. Nicolai, p. 8; Epitome ejusd., p. 9; Besly, Comtes de Poitou, p. 331.

terre nommée la Couture du Comte; la forêt des Echats dans son entier, la roche donnée par Béhuard chevalier (Roche aux Moines); le bois et la terre de Linières, donnés aux religieux par Foulques, père de Mathieu du Plessis-Macé, et par son frère Philippe; la moitié du Bois Commun et de celui du Fouillous, achetés par l'abbaye; la huitième partie du bois nommé les Quartiers, donnée par Hardouin de Trèves et par sa mère Thetilde; 12 arpens de pré dans l'Ile Longue; tout ce que les moines possèdent dans la prairie d'Aloyau et la dîme du pasnage de la forêt de Monnais.

Geoffroy leur confirme en outre les droits seigneuriaux sur leurs vignes et terres qui avaient été abandonnés par ses prédécesseurs. Il affranchit leurs sujets de toute juridiction, ne se réservant que l'application des peines que le caractère des moines les empêche d'infliger par eux mêmes. Les duels que leurs vassaux pourront avoir entre eux ou avec des étrangers se feront dans la cour des religieux. Si le duel a lieu entre un homme du couvent et un homme du comte, il se fera devant la cour d'où ressortit le défendeur; et la remise du champion vaincu à celui dont il dépend sera réciproque. Les sujets de l'abbaye ne paieront au comte aucune coutume. Ils ne lui devront même le service militaire qu'en cas de guerre générale et hautement proclamée. Dans ce cas ils devront être requis de prendre les armes par un des amis ou familiers du comte et non par ses officiers. Enfin Geoffroy donne lui même à l'abbaye, le petit bras de la Loire qui passe à la Roche (aux Moines) au-dessous de l'ancienne écluse Saint-Nicolas, et les îles qu'il renferme, avec le droit d'y établir une écluse et des moulins et pêcheries dont les religieux jouiront en pleine propriété et sans aucun trouble de la part des prévôts ou viguiers du comte d'Anjou. Fait en présence de nombeux témoins, entr'autres Gaugain de Chemillé, Raoul de Gré et Pepin de Tours, prévôt d'Angers (1).

Charte lat. en Vid. franc. donné le 21 Mars 1313, par

---

(1) Breviculum, p. 15; Epitome, p. 17.

Jean Ployebauck, garde du scel de la Prévôté de Paris, avec sceau en cire verte sur double queue.

N° 70.   1096, 22 février.
à Sablé.

Bulle Privilège d'Urbain II, donnée à la prière de l'abbé Noel et du comte Foulques Rechin, en faveur du monastère de Saint-Nicolas d'Angers qu'il venait de consacrer. Le pape confirme aux moines tous les biens donnés à l'abbaye par son fondateur Foulques Nerra, par Geoffroy Martel et par leurs barons ou sujets : notamment la terre d'Avalo et le défrichement de trois charrues dans la forêt des Echats, qui ont été donnés par Foulques Rechin le jour même de la dédicace. Il énumère les églises et chapelles qu'ils possèdent en France, dans les diocèses d'Angers (1), du Mans (2), de Nantes (3), de Poitiers (4), et de Saint-Malo (5); en Angleterre dans ceux de Chester (6) et de Lincoln (7) ainsi que dans celui de Glamorgan (8), au pays de Galles. Il accorde à ceux qui visiteront l'abbaye, le jour anniversaire de sa dédicace, des indulgences pour la septième partie de leurs péchés : à condition que l'abbé et ses religieux nourriront cent pauvres le dit jour, et célèbreront le lendemain une messe publique et solennelle. Enfin le pape prend sous la protection spéciale du Saint-Siège les moines de S. Nicolas quelque part qu'ils aillent, réserve faite toutefois du respect qu'ils doivent

(1) Angrie, Azé près Chateaugontier, Bécon, Bouillé, Candé, Cellières, Cheffes, Feneu, Ingrande, Juvardeil, la Meignanne, Parcé, Sainte Gemme près Segré; Saint Martin d'Arcé, le Toureil.
(2) Gennes, Parigné.
(3) Cordimen, Denreau, Prugné, Saint Lambert.
(4) Montreuil Bellay, Pouzauge, Rillé, Vaudelenay, Verché.
(5) Saint Patern.
(6) Kirkeby.
(6) Guilgetone, Guiung, Spalding.
(8) Carlion.

à leur évêque; et il excommunie tous ceux qui attenteraient à leurs personnes ou à leurs droits et domaines (1).

Vidimus donné par l'official d'Angers, le 30 juin 1312, avec sceau en cire verte sur double queue.

N° 80.   1313, 5 février.

Lettre passée en la cour du roi de France à Chinon, contenant vente par André Michau, fils de défunt Gilles Michaud, bourgeois de Saumur, à Charles comte de Valois, d'Alençon de Chartres et d'Anjou, de 10 livres de rentes sur les maisons des moines de Pontron, à Verrières, paroisse de Trelazé, dans le fief du comte, à raison de 120 livres reçues de Regnaut de Lesme, receveur d'Anjou et du Maine.

Orig. franç. avec sceau en cire verte sur double queue.

N° 81.   1312, septembre.

Lettre de l'official de la cour d'Angers, contenant vente par Raoul Droet ou Drouet, surnommé Le Sage, demeurant à Angers, dans la rue Beaudrière, à Charles, comte d'Anjou et du Maine, de 60 sous 8 deniers de rente sur plusieurs maisons situées entre la tourelle de la rue susdite, et la Porte Angevine, et qui étaient tenues du vendeur par Laurent de Lamballe. Cette vente fut faite à raison de 15 livres, reçues comptant.

Orig. lat. avec sceau en cire verte sur double queue.

N° 82.   1200, 6 octobre.
                    à Saumur.

Charte de Jean, roi d'Angleterre, seigneur d'Irlande, duc de Normandie et d'Aquitaine et comte d'Anjou, passée en

---

(1) Breviculum, p. 22; Epitome, p. 25.

présence de la reine Aliénor sa mère et adressée au prévôt de Saumur, contenant donation à Béatrix et à Alice, demoiselles de la reine Jeanne sœur du roi, de 25 livres angevines de rente assignées sur les revenus de la ville de Saumur; savoir : 15 livres pour Béatrix et 10 pour Alice. Après la mort de ces demoiselles, la rente que Jean leur a donnée, pour le salut de l'âme de sa sœur susnommée, reviendra au roi ou à ses héritiers; à l'exception de 100 sous qui appartiendront à l'abbaye de Fontevraud où elles ont pris le voile.

Cette charte a été vidimée et confirmée par une autre charte, aussi en latin, de Saint-Louis, roi de France, en février 1230.

Ch. lat. en Vid. donné le 24 avril 1314, sous le sceau de la cour de Saumur, en cire verte sur queue simple.

N° 83.   1294, février.

Charte de Philippe IV, le Bel, roi de France, contenant *vidimus* et confirmation de la charte du comte et de la comtesse d'Anjou (1) relative à l'acquisition du Pont-de-Cé, faite par voie d'échange avec les religieuses de Fontevraud (2).

Copie délivrée le vendredi avant la Pentecôte 1311, sous le sceau de la cour de Saumur, en cire verte sur double queue.

N° 84.   1314, 25 avril.
            à Pontoise.

Lettre de Charles fils du roi de France, comte de Valois, d'Alençon, de Chartres, d'Anjou et du Maine adressée à ses amés et féaux Etienne de Mornay, son clerc et chancelier, et Pierre de Bleno, chevalier, relativement aux aides extraordinaires qui étaient dues dans ses comtés d'Anjou et du Maine, soit à son défunt père Charles, roi de Sicile, soit à lui-même.

(1) Arch. de la Préfecture, *Fontevraud, Beaufort;* Orig. scellé en cire verte sur fils de soie verte et rouge.
(2) Voir le N° 50. La charte du comte est fort différente de celle de l'abbesse. On peut les comparer.

Le comte mande et donne commission à Mornay et à Bleno de se transporter dans les diverses villes et seigneuries desdits pays, avec son procureur, d'y convoquer ses barons et sujets nobles et roturiers, gens d'église et séculiers; de s'enquérir si lesdites aides sont dues, à combien elles se montent et comment elles doivent être levées; de recevoir les réclamations des parties intéressées, et après un mûr examen, de *pronuncier*, dit le comte, *et sentencier tant pour nous comme contre nous ce que raisons doura*. Dans le cas où Mornay et Bleno ne pourraient, à cause d'un séjour trop long dans chaque localité ou de quelque autre obstacle, remplir eux-mêmes cette commission, soit en entier soit en partie, le comte leur donne pouvoir de déléguer une ou plusieurs personnes pour prendre les choses au point où ils les auront laissées, et pour *aler avant et procéder en outre... finer, sentencier et déterminer jusques à fin de querelle.*

Orig. franc. avec sceau en cire rouge sur queue simple.

N° 85.   1314, 22 juin.

Procuration donnée, sous le sceau de la cour du roi au Mans, par les *citeiens dou Mans*, formant *la plus grant et la plus saine partie des autres citeiens*, à 14 des leurs pour terminer les différends qu'ils ont ou pourraient avoir avec Charles comte d'Anjou et du Maine.

Les personnes choisies sont : Michiel Ascelin, Pierre Boin, Jehan Buytier, Ernoul de la Clergerie, Guillaume de la Couste, Macé l'Especier, Macé Guoupil, Guillaume Hamel, Jouffrey Hice-Veiau, Pierre et Gervese Perroins, Durant Prou, Michel Turpin, et Jehan de Vaege.

Ils ont été élus par : Guillot Ami, Perrot l'Arcevesque, Jouffrey de l'Arche, Jouffrey Ascelin, Guillaume de la Basoge, Pierre le Barbier, Clément le Baudroier, Guérin Baynel, Colin et Jouffrey Behuchet, Estienne, Jacquet et Pierre Boin, Allart Breul, Jehan Chartrain, Lorenz de Cheteaufort,

Guillaume le Cirier, Gervese de Coulenz, Dyonise la Defliarde, Herbert Des Champs, Jehan Domin, Gervese Dou Gué, Jehan Dou Pin, Pierre Falan, Renaud le Fenier, Jehan le Ferron dit Hache-le-plus, Veil, Pierre Ferron, Chotard le Fevre, Jean le Fevre de Saint Vincent, Guillaume Fier de la Hache, André Foirant, Raoul de la Fousse, Jehan Gales, Hemeri Genis, Macé Giraut, Colin Guarre, Guillaume Guoupil, Olivier Joute, Estienne Leurée, Perrot Ligier, Chotart le Maçon, Alains de Maigné, Estienne Melet, Raoul de Montblant, Jehan Moucheron, Gilet Pasquier, Michiel le Peletier, Jehan Quarré, Guerin le Requoquilié, Jehan de Riday, Guillaume Rogerée, Guillaume Roulant, dit le Retif, de Coefort, Jehan Roussel, Guillaume Rubeschau, Guillaume et Jehan de Segraye, Robin de Seis, André le Tallandier, Estienne Thoreau, Jouffrey Tierry, Jehan Vaier et Simon Voier.

Orig. franç. avec sceau en cire verte sur double queue.

N° 86. 1316, 14 février.
au manoir des Ulmes.

Lettre de Jean *dou Bois*, évêque de Dol, portant reconnaissance que, sur les choses acquises par lui en Anjou, avant sa promotion à l'épiscopat, données à la Maison-Dieu ou Hôpital fondé par lui, à Angers, et dont le produit devait être distribué à perpétuité aux pauvres par le gouverneur dudit Hôpital, monseigneur Charles comte de Valois, de Chartres et d'Anjou, a reçu pour l'amortissement des dites choses, 500 livres dudit évêque ou de ses mandataires, et s'est en outre réservé tous droits de justice et de juridiction.

Les objets ainsi donnés au dit Hôpital sont :

1° *Dans le fief du comte* : 50 sous de rente sur la maison de défunt Maillé, sise rue Saint Nor (Saint Laud) *ob chief de la venelle descendant à la Poissonnerie*; 60 sous sur celle de feu Guérin de Nogent *environ le quemencement des Pons d'Angers, devers la Porte dou Pié dou Boulet*; 10 sous sur celle d'Alain des Molins, sur les ponts d'Angers; 50 sous sur celle de Jean Pinçon sur lesdits ponts, *vers la partie dou Bolet;* 5 sous 8 deniers, dûs par *le segrestain de Touz Sains* sur les vignes *dou Chesne Medorge;* 12 deniers dûs par Raoul de Gastignié, sur un quartier de vigne à *Grasillé;* 2 sous 10 deniers dûs par les hoirs de Robert le Buffetours, sur un quartier de vigne à *Pesmenié;* 6 sous sur les vignes d'Hervieu Minçon; 4 sous 6 deniers dûs par les hoirs de Herbelot Lanier, sur leurs vignes du Haut-Pressoir; 30 sous sur la maison que tient la Brechue en la rue Saint-Nor; 25 sous sur celle de Simon Darcee, jadis de Thomas l'Espicier, *rue Baudreyere;* 5 sous sur celle de feu Manchet, devant *l'iglese de Touz Sains;* 4 sous sur celle de Jean Roussel, *jouteé la Chartre d'Angers;* 100 sous sur les choses de la Tenegrière, autrement dites Chailli; une maison près de la Chartre d'Angers; 40 sous sur deux maisons sur les ponts, près de la venelle de la Folie et du chemin conduisant à Notre-Dame d'Angers (le Ronceray), occupées l'une par Jean Aubin, l'autre par Thomas son neveu.

2° *Dans l'arrière fief du comte :* ledit Hôtel-Dieu avec ses dépendances, possédé jadis par Nicolas de Neafle à 14 livres 10 sous de rente; 20 sous de rente sur la maison de feu Borgaignon, tenue par *Richart dou Trait* dans le fief de Guillaume de Maulevrier au *Pont de Saye;* 3 quartiers de vignes noires, *negreies,* à Bornay, dans les fiefs du seigneur de Neuville; 10 sous de rente sur les prés de Montreuil, dans le fief de Gefray de Clés; 20 sous de rente sur les vignes de défunte Marie la Converse, dans le fief de la dame de Vallon à Vernuçon; 5 quartiers de pré en Vallée, dans le fief du seigneur de Chauvigny.

Orig. franc. avec sceau en cire verte sur double queue.

N° 87. 1312, 23 octobre.
à Paris.

Lettre de Charles, fils du roi de France, comte de Valois

d'Alençon, de Chartres et d'Anjou, contenant cassation du jugement rendu par son bailli d'Anjou, en la cour de Saumur, contre le prieur de Cunault, pour défaut de service militaire pendant la guerre de Flandre. Le bailli ayant fait publier, dans le territoire et dans la chatellenie de Saumur, ordre à tous ceux qui devaient au suzerain le service militaire de faire la montre (1) de leurs gens d'armes par devant lui ou son lieutenant, afin de les envoyer avec le prince à la guerre de Flandre, le prieur de Cunault n'en avait tenu aucun compte. Cependant il devait fournir treize sergens de pied au comte d'Anjou lorsqu'il était en guerre contre ses ennemis. Cité par le bailli devant la cour de Saumur, le prieur expose les motifs pour lesquels il n'a pas dû se conformer à cet ordre. Il n'a pas été suffisamment requis de faire la montre et l'envoi de ses sergens et prétend même avoir ignoré la convocation faite par le bailli. D'ailleurs il n'est pas tenu d'envoyer ses sergens à l'armée de Flandre, puisque cette guerre n'est pas faite à cause du comté d'Anjou. Enfin il doit être sommé de fournir ses sergens, par le comte lui-même ou par son commandement spécial. Déclaré en *deffaute* et condamné à l'amende, le prieur en appelle devant son suzerain. Pour prouver la légitimité de sa défense, il produit les privilèges de son prieuré : notamment une charte originale de Geoffroy Martel (2) l'un des prédécesseurs de Charles. *Les resons oyes e entendues e regardées les dictes lettres, nous vousimes et voulons*, dit le comte, *que le dit prioul soit sus ce lessiez ester sans aucunes molestes; sauve que il e ses successeurs sunt e soient tenus de nous monstrer, presenter e envoyer en nostre guerre contre nos ennemis, quant le cas avendra, treize ser-*

---

(1) Dans le langage militaire, *montre* signifie *revue*.
(2) Quando in hostem contra inimicos meos perrexero, et hoc solum causa prælii, tunc, meo jussu vel missi à me missi, homines eorum in hostem pergant; nullo autem modo, jussu ullius vicarii mei, eant aliter. *Charte donnée à Tours le 1er septembre 1050. Arch. de Maine et Loire, Prieuré de Cunault; Louerre, Domaine, Vol. 1, fol. 269.*

jonz de pyé, selonc la coustume du pays e du terreour d'Anjou, requis sus ce souffisamment par avant, selonc la tenour des dictes lettres e de ses priviléges; les quex nous voulons que il demuergent en vertu.

Copie faite le 21 août 1315, sous le sceau de la cour d'Angers, en cire verte sur queue simple.

N° 88.   1316, 26 mars.
                  à Vannes.

Lettre de Jean évêque de Vannes, portant déclaration que lors de l'amortissement des biens acquis en Anjou au profit de l'évêché, *évesquié*, de Vannes par lui ou par son prédécesseur, le comte Charles, fils du roi de France, comte de Valois, de Chartres, d'Alençon et d'Anjou, a reçu, par les mains de Jean Goupil prêtre 20 livres en monnaie courante, et s'est en outre réservé toute justice et juridiction. Les biens acquis sont : 1° un herbergement, un pressoir et 6 quartiers de vignes et terres à la Saulaie, près du chemin d'Angers au Port-Thibaut, dans le fief de Guillotin fils de Drouet de Mâcon; 2° 6 quartiers de prés en Vallée ayant appartenu au Quarriaus.

Orig. franç. avec sceau en cire verte sur double queue.

N° 89.   1317, 3 mars.

Lettre de Marteau de Moustiers, chatelain de la Roche-sur-Yon pour monseigneur Charles, comte de Valois et d'Anjou, seigneur de la Roche-sur-Yon, contenant vente aux enchères de l'usage de la forêt du dit lieu, appartenant à Guillaume Beroart sur lequel ledit usage avait été confisqué, faute de meubles, pour faire payer le comte de ce qui lui était dû par Brient, valet, du Bois de Lande Blanche, dont Guillaume s'était porté caution. La mise en vente avait été annoncée dès le jeudi 3 février pour le jeudi suivant. Adjugé provisoirement à Pierre Bonemut, à raison de 100 livres et et à condition de ne l'exploiter que dans l'étendue de la châtellenie de la Roche-sur-Yon, ledit usage fut de nouveau mis aux enchères, en plein marché, les jeudis 17 février et 3 mars. Personne n'ayant surenchéri, Bonemut fut déclaré adjudicataire.

Orig. franç. avec sceau en cire verte sur double queue.

N° 89 bis.   1317, 5 novembre.

Lettre de Pierre Bonemut, fils de défunt Aimery Bonemut, contenant quittance au dit comte de la somme de 100 livres, reçues comptant de Marteau de Moustiers, châtelain de la Roche-sur-Yon, pour le retrait de l'usage de la forêt de la dite Roche.

Orig. franç. avec sceau en cire jaune sur queue simple.

N° 90.   1310, 4 novembre.

Lettre de l'official de la cour d'Angers; contenant procuration donnée par les citoyens de la cité et de la ville dudit Angers, nommés dans la présente lettre (1), à sept des leurs pour transiger avec le procureur du comte d'Anjou, Nicaise Blondeau professeur en droit, au sujet des quatre aides réclamées par le comte et pour lesquelles il y avait eu transaction séparée de la part des barons et nobles d'Anjou et du Maine.

Le comte prétendait avoir le droit de lever ces aides, 1° quand il fait son fils aîné chevalier; 2° quand il marie sa fille aînée; 3° quand il achète terre une fois en sa vie; 4° quand il doit se racheter de captivité.

Les sept fondés de pouvoir nommés par les citoyens d'Angers, sont : Jean Beguin, Gilles de Mâcon, Jean de Mauny,

(1) Cette liste est imprimée plus haut, page 91.

Jean l'Orphelin le Vieil, Jean Pignardeau clerc, Robert Rousseau et Nicolas de Sainte Radegonde.

Orig. lat. scellé en cire verte sur double queue.

N° 91.   1317, 8 octobre.
à Paris.

Lettre de Amaury, sire de Craon, Henri d'Avaugour sire de Mayenne et Jean de Vendôme chevaliers, contenant promesse et serment à Charles, fils du roi de France, comte de Valois et d'Anjou, et à son fils aîné Philippe comte du Maine de ne former aucune alliance, ligue et confrairie au préjudice des droits desdits comtes, et de les aider en toute circonstance selon leur pouvoir; avec renonciation et mise à néant de tous engagements contraires à ceux qu'ils prennent par la présente lettre.

Orig. franç. avec 3 sceaux en cire brune sur double queue.

N° 92.   1318, 25 avril.

Lettre des doyens et chapitre de Saint-Laud d'Angers, contenant quittance à Charles, comte d'Anjou, par suite de transaction passée entre ce dernier et ses conseillers d'une part, et le procureur des chanoines d'autre, de la somme de 500 livres d'arrérages dûs au chapitre pour sa dîme des monnaies fabriquées à Angers pendant les années précédentes. Cette somme avait été assignée par le comte sur le produit des coupes à faire dans la forêt de l'Epau près Sainte-Gemme en Anjou, qui avaient été adjugées pour cinq ans par Robert de la Porte, maître des Eaux et Forêts du comte, à raison de 600 livres.

Orig. lat. scellé sur double queue de deux sceaux : le 1er en cire rouge; le 2e en cire verte.

N° 93.   1320, 21 juillet.

Vente faite en la cour comte d'Anjou à Baugé par Denis

Mangis et par Théphanie sa femme, paroissiens de Pontigné, du consentement de leur fils Gillet Mangis et de sa femme Jeanne, à Drouet de Bauschillon, valet, et à ses héritiers de l'herbergement *dou Fournil* et de ses dépendances, situé dans la susdite paroisse et relevant du seigneur de Chinzé au service annuel de 9 sous et 4 chapons. Cette vente fut faite à raison de 30 livres, montant de la somme due par les vendeurs audit Drouet pour la ferme du moulin de Chinzé.

Orig. franç. avec sceau en cire verte sur double queue.

N° 93 bis.   1320, 21 juillet.

Annulation faite, devant la même cour, de la vente de l'herbergement du Fournil, consentie par Drouet de Bauschillon, acheteur, à condition que ses vendeurs, les sieurs Mangis, lui paieront, en bonne monnaie et dans l'espace de six ans, les 30 livres dont ils sont ses débiteurs. Jusqu'au paiement, le produit dudit herbergement, qui devra être bien cultivé, sera partagé par moitié entre Drouet et les Mangis.

Orig. franç. avec sceau en cire verte sur queue simple.

N° 94.   1322, 30 septembre.

A Robaich, paroisse de Nouzilly.

Vente faite, sous le sceau de la cour du roi à Tours, à raison de 240 livres en monnaie courante, par Drouet de Bauschillon, valet, Catherine sa femme, Jean leur fils, et Catherine femme de ce dernier, à Macé Gastevin d'Echarbot et à ses héritiers de 1° toute leur part des moulins de Chinzé; 2° un herbergement situé paroisse de Pontigné, acquis naguère par ledit Drouet à Denis Mangis et à son fils Gillet; 3° un journal de marais, saulaies et pâtureaux, situés aussi paroisse de Pontigné et achetés à défunt Pierre de *Presex*, dans le fief du comte d'Anjou et de la dame de *Terbillé*;

4° 20 sous de rente dûs par Guillaume le Boucher et Jean Guillot; 5° 2 sous de rente dûs par les héritiers de Thibaut Guillot.

Orig. franç. scellé en cire verte sur double queue.

N° 95.   1324, 14 juin.

Quittance donnée, sous le sceau des contrats dont l'on use à Angers, par Macé Gastevin, valet, seigneur d'Echarbot, à Simon Pequenne receveur d'Anjou, de la somme de 237 livres 3 sous 4 deniers, pour les moulins de Chinzé dont le comte d'Anjou avait opéré le retrait. Sur cette somme, 220 livres formaient le remboursement du prix d'achat, 15 livres 8 sous 4 deniers celui des droits de vente, et 1 livre 15 sous celui de la lettre de vente.

Orig. franç. avec sceau en cire verte sur queue simple.

N° 96.   1324, 15 janvier.

Lettre d'Aimery Bocherie dit Blondelet, valet, contenant quittance à Charles, comte de Valois et d'Anjou, de la somme de 50 livres reçue comptant d'Adam de Puylliers, châtelain, et de Pierre Bonemut prévôt dudit comte à la Roche-sur-Yon, pour le retrait de l'herbergement de la Bocherie, autrement le Bois, et de droit d'usage dans la forêt de ladite Roche. Ces biens avaient été donnés par Aimery en pleine propriété à maître Maurice Baclet, clerc, et à ses héritiers et ayant cause *pour faire,* dit-il, *le norriment et la pourveyance à mey e à ma feme convenablement, segont l'estat de nous e segont la faculté de nos biens, le viage de nous;* et la dépense avait été fixée à 50 livres. Lorsqu'Aimery présenta Maurice aux gens du comte, pour qu'ils le reçussent à foi et à hommage pour les susdits biens, ces derniers trouvèrent que la donation était une vente simulée. Ils suivirent donc les dites choses et en opérèrent le retrait féodal pour le comte, comme suzerain, en payant à Aimery la somme de 50 livres.

Orig. franç. avec sceau en cire jaune sur queue simple.

N° 97.   1323, 13 juin.

Vente faite, sous le sceau de la cour du comte à Angers, par Jean de Noesy, valet, fils d'Amaury de Noesy châtelain d'Angers, à Amaury sire de Craon, à raison de 400 livres, de 40 livres de rente sur une maison et sur 121 arpens et demi plus 2 perches de terre, le tout divisé inégalement entre plusieurs personnes et situé dans la paroisse des Rosiers en Vallée. Cette rente avait été donnée à Amaury de Noesy par le comte d'Anjou Charles, duquel elle était, dans son entier, tenue à un seul acte de foi et hommage.

Elle était due par Perrin Bonet, N. du Boys-Guyonne, la femme de Colin Commeau, Guillot Commeau, la veuve de Colin de Fourmuçon, Aimery Huteau, Guillaume Mansseau, les héritiers de Motin de la Porte, Robert et Simon de la Porte, les enfans Radays.

Orig. franç. scellé en cire verte sur double queue.

N° 98.   1324, 27 mars.

Quittance donnée par Amaury, seigneur de Craon, à Simon de Pequenne, trésorier d'Anjou, de la somme de 400 livres pour le retrait féodal de la rente de 40 livres, sur diverses terres et personnes de la paroisse des Rosiers, que lui avait vendue Jean de Noesy.

Orig. franç. avec sceau en cire rouge sur queue simple.

N° 99.   1323, 26 aout.

Vente faite par Gilles Michel, de Saumur, et par sa femme Denise à Charles comte de Valois et d'Anjou, et à ses héritiers, pour la somme de 45 livres, de 4 livres de rente qui leur étaient dues par les héritiers de Michel de la Forêt, citoyen d'Angers, sur un herbergement situé dans cette ville. Il était placé entre la rue de la *Griffenere* et celle des Bordeaux, contigu à un herbergement appartenant à l'abbaye du Ronceray, occupé jadis par Richard Hodierne, et à un autre grand et ancien herbergement qui avait appartenu à Michel de la Forêt.

Orig. lat. avec sceau en cire verte sur double queue.

N° 100.   1329, 31 octobre.

Vente faite, sous le sceau de la cour du roi à Baugé, par Robert Corbin, fils de feu Jean Corbin, à Philippe VI, de Valois, roi de France, ci-devant comte d'Anjou, à raison de 60 livres, de l'herbergement de la Roche-Perion avec ses dépendances : consistant en vignes, bois, pâtures, prés, garennes et *deffanses de connins*, fiefs hommages, etc., etc., et de sa part dans les fromentages et la sergenterie de la ville de Noyant; le tout situé dans le fief de Fontaine-Guérin.

Orig. franç. scellé en cire brune sur double queue.

N° 101.   1333, 15 décembre.

Vente faite, sous le sceau de la cour du roi à Baugé, moyennant la somme de 500 livres tournois, par Jacques Lombe, surnommé Sans Denier, à Pierre Fagel, fondé de pouvoir du roi de France, de 50 livres de rente qui lui étaient dues par Guillaume de la Roche-Hue, sur le manoir dudit lieu, situé paroisse de Cheviré-le-Rouge et sur ses dépendances.

Orig. franç. jadis scellé sur double queue

N° 102.   1311, 14 juin

Lettre de Girard de la Villeneuve, sous-bailli de Baugé,

à Pierre Honnouré, bailli d'Anjou et du Maine, pour lui annoncer que, conformément à ses ordres, les sergents du comte d'Anjou à Baugé ont ajourné, dans toute l'étendue de leur ressort, les barons, nobles et non nobles, abbés, prieurs, gens d'église et bourgeois estagers à comparaître au Mans, trois semaines après la Pentecôte (1), par devant le conseil et les commissaires du comte.

Orig. franç. avec sceau en cire rouge et brune sur double queue.

N° 102 bis. 1314, juin.

Lettre de Geoffroy le Boutellier, sergent de la Quinte d'Angers, au comte Charles et à son bailli d'Anjou, pour leur donner avis qu'il a ajourné par devant eux, au Mans, trois semaines après la Pentecôte : Hardouin de la Possonnière, chevalier; Baudouin de Coulaines, chevalier; Jeanne de Mathefelon, dame du Plessis-Macé et de Savennières; Pierre de Coulaignes, valet; madame de Coulaignes la Grant; Thibaut de Lande Ronde et sa mère de la Possonnière; l'abbé et les paroissiens de Saint-Georges sur Loire; les prieurs, curés et paroissiens de Bécon, Pruniers et Savennières; les prieurs et paroissiens de Beaucouzé, du Plessis-Macé, de la Possonnière et de Saint-Augustin; le prieur de Gevrent; les curés et paroissiens d'Avrillé, d'Épiré, de la Membrolle, du Petit-Paris, de la Poëze, de Rusebouc, Saint-Clément, Saint-Lambert, Saint-Leger et Saint-Martin du Fouilloux.

Orig. franç. scellé en cire verte sur queue simple.

N° 103. 1409, 24 avril.
à Poitiers.

Transaction passée sous le sceau de la cour du roi de

(1) Cette fête était tombée le 26 mai 1314.

France à Poitiers, entre les procureurs généraux et spéciaux de René roi de Jérusalem et de Sicile, duc d'Anjou, comte de Provence, etc., etc., d'une part, et ceux de Aguet de la Tour, vicomte de Turenne et d'Anne de Beaufort sa femme, d'autre part, relativement à la possession du comté de Beaufort et de ses dépendances, pour lequel les parties étaient en procès devant la cour du Parlement.

Aguet et Anne renoncent à toutes leurs prétentions et abandonnent à perpétuité et en pleine propriété au duc d'Anjou et à ses successeurs ledit comté à raison de 50000 écus d'or du poids de Florence, chaque pièce valant 27 sous 6 deniers tournois. Sur cette somme, 10000 écus sont payés comptant. Le reste doit être délivré à Poitiers, en l'hôtel de maître Nicolas Boylesve, en cinq termes de 4000 écus chacun, le jour de la Purification des années 1471-1475. Les fondés de pouvoir sont, pour le comte et la vicomtesse, Guyon de Cornilh, chevalier, seigneur dudit lieu et d'Asnac en Limousin, et Raymond de Commers, prêtre, curé de Says, au diocèse de Poitiers. Par acte passé au château même de Beaufort, le 23 février précédent, René avait choisi pour ses procureurs Jean Breslay juge, James Louet trésorier et Jean Le Lou avocat de son duché d'Anjou.

Les droits respectifs des parties sont exposés en ces termes,

1° Pour le vicomte et la vicomtesse :

« Guillaume Rogier, frère du pape Clément VI°, fut en
» son vivant comte de Beaufort. Le dict messire Guillaume
» fut conjoinct par mariage avecques la dame de Chambon,
» desquelz yssurent Guillaume, Nicolas, Rogier Rogier, et
» Pierre qui depuis fut pape nommé Grégoire. Guillaume,
» fils ainé du dict Guillaume Rogier, fut marié avecques
» dame Alienor de Comminges, vicomtesse de Turaine, au
» quel led. Guillaume donna le comté d'Alès; et à Rogier
» Rogier, son tierz filz donna la dicte comté de Beaufort.
» Et fist led. Rogier hommaige dud. comté au duc d'Anjou
» ayeul dud. défendeur (le roi René), et par ce moyen joyt

» dud. comté. Led. Rogier Rogier trespassa sans hoirs de
» sa chair, et par son trépas led. comté de Beaufort vint et
» escheut aud. Guillaume son frère aisné : le quel offrit à la
» royne de Sicille, lors ayant le gouvernement de ses enf-
» fens, faire hommaige dud. comté, à quoy elle ne le voulu
» recevoir; du quel reffuz led. Guillaume appela en la court
» du parlement : et en icelle, parties oyes, elles furent ap-
» poinctées contraires et la recréance dud. comté, fraiz et
» revenues d'icellui, adjugée aud. Guillaume, qui par ces
» moyens joyt dud. comté. Dud. Guillaume et de lad. dame
» Alienor de Comminges estoit yssu messire Raymond de
» Beaufort qui fut conjoinct par mariage avecques dame
» Marie de Bouloigne : du quel mariage yssu Anthoinete
» de Beaufort qui fut mariée au mareschal Bouciquault,
» en faveur du quel mariage led. Guillaume donna aud.
» Bouciquault et à lad. Anthoinete led. comté de Beaufort
» pour estre propre heritaige de lad. Anthoinete et de ses
» hoirs du cousté et ligne dud. Guillaume donateur. Et
» fist led. Bouciquault, à cause de lad. Anthoinete, lad.
» foy et hommaige dud. comté; auquel hommaige il fut
» receu.

» Led. Guillaume, messire Raymond son filz et lad. An-
» thoinete estant allez de vie à trespassement, par leur tres-
» pas, mesmement de lad. Anthoinete, le comté de Beau-
» fort vint et escheut à Jehan de Beaufort, filz aisné de
» Nycolas de Beaufort, et de Marguerite de Galart sa femme;
» subséquemment à Pierre de Beaufort, frère dud. Jehan
» et après le décès dud. Pierre à lad. Anne sa fille, femme
» dud. Aguet de la Tour, etc., etc. »

2º Pour le roi René, duc d'Anjou :

« Le comté de Beaufort estoit de l'ancien dommaine de
» la couronne de France et des appartenances du duché
» d'Anjou, baillé par appanaige aux prédécesseurs dud. dé-
» fendeur. Selon raison escripte, les loix et ordonnances du
» royaume et les sermens que les roys font à leur sacre et
» couronnement, ilz ne peuvent aliéner et transporter aucunes

» terres et seigneuries du dommaine de la couronne ne icel-
» les bailler à autres que aux enffens de la maison de France
» et par appanaige; et s'aucunes aliénacions estoient faic-
» tes, elles sont nulles et de nulle valeur, et ont esté telles
» aliénacions revoquées par les roys de France et les revoca-
» cions enregistrées tant en la court de parlement que en la
» chambre des comptes comme loy et ordonnance royale.
» Partant, s'aucuns dons avoient esté faiz dud. comté
» de Beaufort par le roy Phelippe de Valois ou le roy
» Jehan son filz, ilz estoient nulz et ne pouvoient sortir
» effect.

» Et supposé que lesd. Rogier et Guillaume auroient esté
» comtes de Beaufort, ce que non, si auroit led. feu Raymond
» de Beaufort, filz dud. Guillaume, confisqué et forfaict en-
» vers le roy de Sicille ledit comté, parce que ledit messire
» Raymond estant seigneur de plusieurs terres et seigneu-
» ries estans en Prouvance vassal, subgect et homme de foy
» lige du roy de Sicille, fist guerre ouverte et se mist, à
» grant compaignie, en armes oudit pays de Prouvance;
» par forme de hostilité fist desmolir plusieurs des places
» dud. seigneur, pilla ses hommes et subgectz, bouta le feu
» en plusieurs lieux et y commist plusieurs grans et inhu-
» mains maulx, en soy démonstrant adversaire, ennemy et
» rebelle contre led. seigneur. Et avecques ce fist guerre à
» l'église, au pape et au Sainct-Siège appostolicque en soy
» monstrant hérelicque, ennemy de Dieu et de son église :
» pour occasion de quelz cas et maléfices led. messire Ray-
» mond fut, par sentence du juge compettant, déclaré avoir
» commis forfait, et confisqué toutes les terres et seigneu-
» ries qu'il tenoit és pays et seigneuries dud. seigneur roy
» de Sicille quelque part qu'elles feussent assises; et en oultre
» par le pape fut icelluy messire Raymond déclaré herèse et
» avoir commis crime de lèse-magesté divine et humaine, et
» toutes ses terres et seigneuries confisquées aux seigneurs
» desquelz elles estoient tenues. »

Orig. lat. avec sceau en cire brune sur queue simple.

N° 103 bis.   1469, 18 avril.

à Brives-la-Gaillarde.

Procuration donnée devant notaires, par Aguet de la Tour et Anne de Beaufort aux susdits Cornilh et Commers, pour transiger avec le roi de Sicile, duc d'Anjou, au sujet du comté de Beaufort.
Orig. lat. scellé sous la même queue que le titre précédent.

N° 104.   1475, 13 novembre.

à Villeneuve-Saint-George.

Lettre de Charles d'Anjou, fils et neveu du roi de Jérusalem, de Sicile et d'Aragon, et duc de Calabre, comte du Maine, de Guise, de Mortain et de Gien, vicomte de Chatelleraud et de Martigné, contenant que, pour obtenir du roi de France, Louis XI, le pardon et l'abolition de certains cas et offenses, il a remis : 1° à son frère Louis, bâtard du Maine, ses villes et châteaux du Mans, de Sablé, Mayenne-la-Juhez, Saint-Guillaume, Mortain et la Ferté-Bernard; 2° à François de Naillac, écuyer, la place de Guise : pour les tenir et garder au nom et sous l'obéissance absolue dudit roi son souverain.
Orig. franç. signé, avec sceau en cire rouge sur double queue.

N° 105.   1475, 13 novembre.

à Villeneuve-Saint-George.

Lettre de Louis, bâtard du Maine, seigneur de Mazières

en Breune, contenant promesse et obligation, sur son honneur, sa vie et ses biens, envers le roi de France de garder fidèlement et en sa bonne et loyale obéissance les villes susmentionnées, qui lui ont été livrées par Charles d'Anjou duc de Calabre.

Orig. franç. signé, avec sceau en cire rouge sur double queue.

N° 108.

Seconde moitié du XIII° siècle.

Mémoire tendant à établir qu'en Anjou, Maine et Touraine les baronnies ne se partagent pas entre les enfants des défunts barons. Chacune d'elles appartient au fils aîné; et dans le cas où il n'y a pas d'enfant mâle à la fille aînée. *Car li usages de Toraine et d'Anjou et del Maine sont tel que nule barounie ne se desmembre, ainz revient tous tems à l'ainznée, à tenir et à esploitier par raison d'ainznée ce... et que nule de toutes les sereurs puisnées n'orent riens ès barounies, ne més les mariages que père et mère leur avoient fet.*

A l'appui de ce principe, en ce qui concerne le droit de la sœur aînée, l'auteur du mémoire cite des exemples, fournis par diverses baronnies des trois provinces.

Château en Anjou et Saint Christophe en Touraine. Hugues d'Alluye laisse trois filles : Rotrou de Montfort épouse l'aînée et obtient les baronnies; la seconde n'a que 100 livres de rente en mariage.

Doué en Anjou. Jodouin n'a que deux filles, dont l'aînée apporte sa baronnie à son mari Barthelemy de l'Isle. La seconde, mariée au fils de Geoffroy d'Ancenis, reçoit seulement en dot 220 livres de rente.

Laval, (Lavau Guion), au Maine. Des deux filles du seigneur, Mathieu de Montmorency obtient l'aînée avec toutes les baronnies et fiefs. Quant à la seconde, mariée au fils dudit Mathieu, elle n'a que sa dot.

Mayenne, au Maine. Juhel laisse trois filles. Dreux le Mello possède les baronnies du chef de l'aînée, devenue sa femme. La seconde mariée à Henri d'Avaugour, et la troisième à Pierre, depuis comte de Vendôme, n'eurent que ce qui leur avait été donné en mariage.

Montsoreau en Anjou. Gautier donne sa fille aînée à Pierre Savary, la deuxième à Guillaume de Marmande et la dernière à Geoffroy de la Grézille. Après sa mort les deux puînées n'eurent rien de plus que ce qu'il leur avait constitué en mariage. Pierre Savary et sa femme eurent toute la terre du défunt.

Passavant en Anjou. L'aînée des filles, mariée au seigneur de la Haye, obtient toute la baronnie. La seconde n'a que sa dot.

Rochefort en Anjou. Barthelemy de l'Isle épouse l'aînée des filles d'Olivier, seigneur de Rochefort, auquel il succède. Les deux autres, mariées à Aimery de Vareze et à James Peloquin, ne reçoivent chacune que 60 livres de rente.

Sablé au Maine. Robert n'a que deux filles. L'aînée apporte toutes ses baronnies et seigneuries à Guillaume des Roches. Geoffroy Marteau ou Martel, mari de la seconde, est réduit aux 60 livres de rente que son père lui avait données en dot.

Guillaume des Roches ne laisse lui-même que deux filles. Amaury de Craon, mari de l'aînée, eut tout ce qui avait appartenu à son beau-père. La seconde, qui devint depuis comtesse de Blois, puis vicomtesse de Chateaudun, n'eut que son mariage: quoique son père eût pu disposer en sa faveur de tout ce qu'il avait acquis.

Semblançay en Touraine. L'aînée des filles de Robert de Parnay apporte cette baronnie à Herbert Turpin, et après sa mort à Rotrou de Montfort. Guy Turpin, mari de la seconde, ne reçoit rien de plus que ce qui avait été donné en dot à sa femme.

En terminant, l'auteur anonyme de ce curieux mémoire, établit en principe que le droit écrit ne peut renverser un usage général et constant, qui dure depuis un temps immémorial et a toujours été suivi sans contestation. *Et par icel usage, dit-il, doit l'en plus jugier, tout soit-il contraire au droit escrit, que par droit escrit* (1).

Minute sans date, signature ni sceau.

N° 107.

Commencement du XIV° siècle.

Ce sont les nons des appellanz d'Anjou et dou Maine baillez par le baillif de Tours; et baillez audit baillif des registres de la court de France, si comme il dit, dont aucuns sont de XX anz ou de plus et qui onques n'apelèrent, si comme il dient, et ont esté pourchacez par le voier de Voutré pour soutrere au comte d'Anjou sa joustice. (Sic).

Longue pancarte pliée, sans date, sceau ni signature.

CRAON.

N° 1.   1204, août.

à Poitiers.

Charte de Guillaume des Roches, sénéchal d'Anjou, du Maine et de Touraine, contenant déclaration et dénombre-

---

(1) Impr. par Ménage, Hist. de Sablé, p. 176, d'une manière fort ncorrecte.

ment des droits appartenant auxdites sénéchaussées, qu'il reconnait tenir du roi de France (1).

Orig. lat. avec sceau en cire verte sur fils rouges.

N° II. 1206, mai.

à Chantocé.

Charte de Maurice de Craon, contenant promesse et obligation sous la foi du serment envers Philippe Auguste, roi de France : 1° de lui garder fidèlement et sans y tolérer aucun acte préjudiciable au monarque, la terre et les forteresses de Pierre de la Garnache; 2° de le servir envers et contre tous en qualité d'homme lige. L'exécution de ces engagemens est garantie, au nom de Maurice, par Juhel de Mayenne, Alain fils de comte, et Guillaume de la Guerche.

Orig. lat. avec sceau en cire verte sur double queue.

N° III. 1223, août.

à Compiègne.

Charte d'Amaury de Craon, contenant reconnaissance et déclaration qu'il est tenu à délivrer au roi de France, Louis VIII, sur sa première demande, les villes d'Angers et de Baugé, ainsi que leurs dépendances. Ces villes lui avaient été données par le roi lorsqu'à la mort de son père, Philippe Auguste, en confirmant à Maurice tout ce que possédait Guillaume des Roches, père de sa femme, il s'était réservé la sénéchaussée de Touraine avec les prévôtés de Bourgueil, Chinon, Loudun et Saumur. Dans le cas où le roi voudrait rentrer en possession d'Angers et de Baugé, Maurice recouvrerait la sénéchaussée de Touraine, pour en jouir au même titre que son beau-père.

Orig. lat. avec sceau en cire jaune, sur double queue.

(1) V. Ménage, Hist. de Sablé. p. 193.

N° IV. 1227, janvier.

à Paris.

Charte de Jeanne de Craon, sénéchalle d'Anjou, qui reçue par le roi de France comme femme lige pour la sénéchaussée d'Anjou, du Maine et de Touraine, telle que la possédait son père Guillaume des Roches, avant que Philippe Auguste lui eût cédé Angers et Baugé, promet de soumettre au jugement de divers seigneurs les contestations qui pourraient s'élever entre elle et le roi, au sujet de ladite sénéchaussée. Ces seigneurs sont : Hugues de Roye, camérier de France, le connétable Mathieu de Montmorency, Jean de Beaumont, Hugues de Bauçay et les vicomtes de Beaumont et de Chateaudun.

Orig. lat. avec sceau en cire jaune sur double queue.

N° V. 1277, 18 juin.

à Wyssant.

Charte de Maurice, seigneur de Craon et de Sablé, sénéchal d'Anjou, du Maine et de Touraine, contenant assignation en douaire à sa femme Mahaut du château de Sablé et de ses dépendances, formant environ le tiers des domaines dudit Maurice.

Orig. franç. avec sceau en cire brune sur cordon de soie rouge.

N° VI. 1277, avril.

à Paris.

Charte de Philippe III, le Hardi, roi de France, contenant donation à Maurice de Craon du pavage, *pavagium*, de

Châteauneuf, sans préjudice des droits qui appartiennent à son oncle Charles, roi de Sicile et comte d'Anjou.

Orig. lat. avec sceau en cire jaune sur queue simple.

N° VII.   1318, 15 avril.

à Paris.

Lettre d'Amaury, seigneur de Craon, contenant déclaration que, par une faveur toute spéciale, Charles, comte d'Anjou, en recevant de lui l'hommage des terres de Chantocé et d'Ingrandes au nom de ses fils mineurs Amaury et Pierre, l'a exempté du droit de rachat dû à cette occasion, et en a ajourné le paiement jusqu'à la mort dudit Amaury.

Orig. franç. avec sceau en cire verte sur queue simple.

N° VIII.   1331, mars.

à Paris.

Lettre de Philippe VI, de Valois, roi de France, contenant cession à Amaury, seigneur de Craon, de 1,500 livres de rente annuelle et perpétuelle sur divers bailliages, places et terres en Saintonge, à titre d'échange de la sénéchaussée d'Anjou et du Maine, ainsi que des droits y attachés.

Lettre franç. en Vidimus donné d'après un autre Vidimus du 28 avril 1331, sous le sceau de la Prévôté de Paris, le 11 février 1371, et scellé en cire brune sur double queue.

N° IX.   1331, 25 octobre.

Lettre du même roi, contenant assignation de la susdite rente de 1,500 livres sur la terre de Marennes et autres voisines, situées en Saintonge.

Lettre franç. en Vid. donné le 23 février 1337 sous le sceau de la Prévôté de Paris.

N° X.   1400, environ.

Requête d'Amaury, sire de Craon, au roi de France relativement aux 1,500 livres de rente, en échange desquelles son ayeul avait cédé la sénéchaussée d'Anjou et du Maine. La terre de Marennes ayant été donnée en viage à Itier de Maignac et après lui à Foulques de Mathas, Amaury n'avait rien touché depuis le traité de Brétigny. Il réclame donc ou le paiement de la rente et de ses arrérages, ou la restitution des sénéchaussées dont jouit à présent le duc d'Anjou.

Minute franç. sans date, sceau ni signature.

N° XI.   1367, 30 octobre.
à Paris.

Lettre d'Amaury, seigneur de Craon, chevalier, contenant Vidimus et confirmation de celle de Charles V, roi de France, donnée à Paris le même jour, et par laquelle ce prince lui délivre quittance et décharge pleine et entière de tout ce qu'il a touché et perçu pour son service et pour celui de son père et de son ayeul, comme chef de guerre et capitaine souverain.

Orig. franç. jadis scellé sur double queue.

N° XI bis.   1370, 29 octobre.

Lettre du garde de la prévôté de Paris, contenant affirmation par cinq personnes notables que la lettre précédente était et est scellée du propre scel de noble et puissant seigneur Amaury sire de Craon.

Orig. franç. avec sceau en cire brune sur double queue.

N° XII.   1372, 31 janvier.
à Paris.

Lettre d'Amaury, seigneur de Craon, contenant Vidimus

et confirmation de celle du roi de France, donnée à Paris le même jour, et par laquelle le roi lui délivre décharge et quittance de tout ce qui a été touché et perçu, pour payer ses gages et pour ceux des gens d'armes et autres soudoyers qui, depuis 1367, ont été au service du monarque sous le gouvernement du sire de Craon.

Charles V appelle ce dernier *son amé et féal cousin et conseiller*, et dit qu'il l'a commis et établi son *lieutenant, chief de guerre et capitaine souverain ès parties de Touraine, d'Anjou et du Maine et de la Basse-Normandie, pour la tuicion et deffence d'iceux et de nos subgiez*.

Il lui accorde en outre une somme de 1,500 livres sur les aides du Maine *en pur don, en recompensacion*, dit le roi, *du service qu'il nous a fait, a certain grant nombre de gens d'armes, à la prinse des forteresses de Vas, Rillé, le Loroux et à Saumur, où il fut par nostre commandement en la compaignie de nostre amé et féal connestable de France Bertran Du Guesclin*.

Orig. franç. avec sceau en cire rouge sur double queue.

N° XIII.　　　　　　　　　　　1392, 26 aout.

Lettre de Jean de Folleville, chevalier, seigneur dudit lieu, conseiller du roi et garde de la prévôté de Paris, contenant le jugement en vertu duquel Pierre de Craon et ses complices, tous défaillants, sont bannis à perpétuité du royaume et dépouillés de tous leurs biens, comme coupables de lèse-majesté, pour avoir, le jour de la fête du Saint-Sacrement, *à heure oscu*. *et sur la nuit, garnis d'armes offensives, battu, villené et navré cruellement, à sang et à playes*, monseigneur le connétable de France, Olivier de Clisson, seigneur dudit lieu et de Belleville.

Les complices de Pierre de Craon étaient : Bonabbes de Tussé et Jean Champ-Chevrier chevaliers; Guillaume de Tussé, Pierre de Treffo, Jean de Hubins, Poncelet Le

Maire et Adam Daveluz écuyers; Jean Gosset, Jacques Gossuin, Hennequin, queux dudit messire Pierre de Craon; Jeannin son autrussier et Macé Coquin, tous ses serviteurs et familiers.

Orig. franç. avec sceau en cire brune sur double queue.

TABLE CHRONOLOGIQUE.

	N°°
1015 *environ*. Charte de Foulques Nerra, en faveur de St-Aubin d'Angers.	58
1058, 20 *février*. Item du roi de France, en faveur de S-Nicolas d'Angers.	77
1070, 24 *mai*. It. de Foulques Réchin, en faveur de S. Florent de Saumur.	60 B.
1096, 22 *février*. Bulle privilége d'Urbain II, en faveur de S. Nicolas.	79
1130. Charte de Geoffroy le Bel, en faveur de la même abbaye.	78
1150 *environ*. It. de Henri Plantagenet, en faveur de S. Florent.	60 C.
1162. It. du même, concernant le pont de Saumur	5
1170 *environ*. Don par le même à Fontevraud, du Pont-de-Cé, et confirmation du péage de Brissac.	19
1190, *juillet*. Traité entre les rois de France et d'Angleterre, au sujet de la Touraine.	21
1199, 18 *avril*. Charte d'Arthur de Bretagne, en faveur de Pontron	1

	Nos
1200, 6 *octobre*. It. de Jean Sans Terre, en faveur de Fontevraud.	82
1201, *août*. Droits de la sénéchaussée d'Anjou, du Maine et de Touraine (1).	I
1206, *mai*. Le château de la Garnache, donné par le roi de France, en garde au seigneur de Craon.	II
1223, *août*. Ceux d'Angers et de Baugé, donnés au même, en échange de la sénéchaussée de Touraine.	III
— *septembre*. Droits du roi, sur l'abbaye de Cormery.	4
1224, *décembre*. Achat par le roi au seigneur de Montreuil-Bellay de droits à Beaufort.	5
1225, *novembre*. Droits du roi, sur l'abbaye de Cormery.	6
1227, *janvier*. Hommage de Jeanne de Craon au roi, pour les sénéchaussées d'Anjou, du Maine et de Touraine.	IV
1230, *janvier*. Transaction entre Fontevraud et S. Aubin, au sujet des Ponts-de-Cé.	7
1232. Indemnité accordée au chapitre de S. Laud, à cause de la fortification d'Angers.	8
— Item à l'abbaye de S. Aubin.	11
— It. à celle du Ronceray.	14
— It. à celle de Toussaint.	16
— It. à celle de S. Georges-sur-Loire.	17
— It. à celle de S. Nicolas.	18 bis.
— 13 *septembre*. It. à l'évêque d'Angers, et au chapitre de S. Maurice.	9

(1) Les chiffres romains désignent les chartes de Craon.

— It. à l'Aumônerie de Hannelou.	15
1232, *septembre*. It. au chapitre de S. Martin.	16
— It. au prieuré de S. Gilles du Verger.	12
— It. à l'Aumônerie de S. Jean l'Évangéliste.	13
— It. à l'abbaye de S. Serge	18
1234, *septembre*. Maintien des droits du roi sur le chapitre de S. Laud, malgré sa translation dans l'église de S. Germain.	19
1246, *mai*. Traité entre le roi et les barons d'Anjou et du Maine, au sujet des baux, gardes et rachats	20
1251, 1 *mars*. Statuts pour le salaire des avocats en Anjou et Maine. . . .	21
1254, 5 *janvier*. Rente donnée par le comte à Arnoul de Chison.	22
1256, *novembre*. Traité entre le comte et sa belle-mère la comtesse de Provence. .	26
17 *décembre*. Promesse par les sieurs et dame de Laval de livrer leur château au roi.	25, 25 bis
1258, *avril*. Transaction entre le comte et le chapitre de S. Maurice.	27, 28
1260, 27 *novembre*. Transaction entre le comte et Robert de Bonmez	29
2262, *février*. Procuration donnée par le chapitre de S. Laud pour toucher une indemnité	30 bis.
— *octobre*. Quittance du chapitre au roi.	30
1263, 28 *janvier*. Bulle d'Urbain IV, relative	

	Nos
à l'église de Nantilly près Saumur. .	31
1264, 2 juin. Transaction entre le comte et l'abbé de S. Florent, au sujet du pont de Saumur	32
1265, août. Cens dûs par Fontevraud, à cause de la maison de Haute-Mulle à Angers	33
1270, environ. Succession des femmes aux baronnies en Anjou, Maine et Touraine. .	106
— juin. Achat par le comte d'une rente à S. Martin d'Aurigné.	43
1272, avril. Restitution aux bourgeois de S. Nicolas d'Angers d'une somme injustement levée par les gens du comte . .	35
1273, juillet. Achat par le comte de droits sur la Loire à S. Florent-le-Vieil. . .	36
1277, 29 janvier. It. de domaines à Château-du-Loir	37
— avril. Don par le roi au sire de Craon du pavage de Châteauneuf	17
— 18 juin. Douaire de la dame de Craon.	V
— 10 octobre. Mandement du comte à son bailli d'Angers, pour diverses affaires .	39
1288, 29 mai. It. au sujet du droit de sceau.	40
1283, 17 février. Achat par le comte de bois à Bauné	41
— 18 février. Retrait par le même de domaines à Montigné.	42
— 20 juillet. Achat par la comte de cens à Ingrandes	33
1285, 3 février. Don par le seigneur de Montreuil-Bellay à G. Beguart de droits	

	Nos
à Baugé.	44
1290, 15 *septembre*. Dettes du comte envers l'abbaye de S. Florent.	60 F.
1291, 12 *mars*. Achat par le comte de la rente d'Arnoul de Chison.	23
— 21 *aout*. Rente léguée aux Frères Mineurs d'Angers sur les moulins de Baugé	46
1202, 6 *avril*. Le roi donne au comte la garde des églises d'Anjou et du Maine.	48
— 1ᵉʳ *décembre*. Achat par le comte d'une rente aux Frères Mineurs d'Angers.	47
1204, *janvier*. Fontevraud cède, par voie d'échange, les Ponts-de-Cé au comte.	50
— *février*. Confirmation de cet échange par le roi.	83
— 20 *avril*. Enquête ordonnée par le roi sur les procès entre le comte et ses sujets.	51
— *octobre*. Achat par le comte des droits de G. Beguart à Baugé.	49
1205, 11 *janvier*. It. d'autres droits à Baugé.	52
— 1ᵉʳ *aout*. It. d'une rente à Angers.	53
— 22 *décembre*. Droits des moines de S. Florent dans la forêt de Beaufort.	60 A.
1207, *février*. Cession par le roi au comte de de la Roche-sur-Yon.	54
— *septembre*. Erection du comté d'Anjou en pairie.	57
— *octobre*. Remise faite au comte au sujet de la Roche-sur-Yon.	55
1208, 20 *aout*. Droit de chasse accordé par le	

	Nos
comte au seigneur de Montjean.	58
— 14 *novembre.* Achat par le comte de divers fiefs.	59
1299, *août.* Nouvelle remise faite au comte relativement à la Roche-sur-Yon.	56
1300, 24 *mai.* Paiement des dettes du comte envers l'abbé de S. Florent.	60 D.
1301, Procédures entre le comte et ses sujets à l'égard des aides.	61
1302, 1er *septembre.* Transaction sur lesdites aides.	62
1302-1303. Appels formés devant le roi contre les juges d'Anjou et du Maine.	63
1303, 7 *juillet.* Vente d'une rente sur la prévôté de Saumur.	64
— 15 *juillet.* Vente faite par le comte au prieur du Mou.	65
1304, 26 *février.* Dettes du comte envers l'abbé de S. Florent.	60 E.
— 4 *mai.* Aveu de la prieure de la Perrine au comte du Maine.	67
— 5 *octobre.* Achat par le comte de bois à Bauné.	66
1305, *environ.* Appels de la cour du comte à celle du roi.	107
1306, 25 *mai.* Achat par le comte du quart du péage de Beaufort.	69
— 20 *décembre.* Jugement sur le meurtre d'un enfant.	68
1307, 2 *novembre.* Vente d'une rente à Mouliherne.	70
1309, 3-5 *mars.* Transaction entre le comte	

et ses sujets pour les aides.	71
— 28 *juillet*. Commission donnée par le comte pour lesdites aides.	73
1310, 10 *juin*. Achat par le comte d'un hebergement à Mouliherne.	74, 74 bis.
— 20 *juillet*. Paiement dudit hebergement.	74 ter.
— 4 *novembre*. Procuration des citoyens d'Angers pour les aides	90
1311, 16 *octobre*. Transaction entre le comte et divers, pour une succession..	75
1312, *septembre*. Achat par le comte de rentes à Angers.	81
— *octobre*. Reconnaissance des priviléges du prieuré de Cunault.	87
1313, 5 *février*. Achat par le comte du port de Trèves.	76
— It. de rentes à Trelazé.	80
1314, 25 *avril*. Transaction entre le comte et ses sujets pour les aides.	72
— Commission du roi pour le même objet.	84
— 14 *juin*. Ajournement des sujets du comte dans le ressort de Baugé.	102
— — It. de ceux de la Quinte d'Angers.	102 bis
— 22 *juin*. Procuration des citoyens du Mans, pour les aides.	85
1316, 14 *février*. Fondation d'un hôpital à Angers, par l'évêque de Dol.	86
— 26 *mars*. Amortissement de biens par l'évêque de Vannes.	88

	N°s.
— 2 *novembre.* Délivrance par les moines de S. Florent au comte, de vin à Bergerac.	60 G.
1317, 3 *mars.* Droit adjugé aux enchères à la Roche-sur-Yon.	89
— 8 *octobre.* Serment de fidélité de plusieurs seigneurs au comte.	91
— 5 *novembre.* Retrait exercé par le comte à la Roche-sur-Yon.	89 bis.
1318, 15 *avril.* Remise par le comte du rachat de Chantocé et d'Ingrandes.	VII
— 25 *avril.* Transaction entre le comte et le chapitre de S. Laud, pour la monnaie d'Angers.	92
1320, 20 *juillet.* Vente d'un herbergement à Pontigné.	95
— 21 *juillet.* Annullation de cette vente.	95 bis.
1322, 30 *septembre.* Vente de domaines et rentes à Pontigné.	94
1323, 13 *juin.* Vente de rentes, paroisse des Rosiers.	97
— 22 *novembre.* Echange entre le comte et l'abbaye de Pontron.	2
1324, 15 *janvier.* Retrait par le comte de domaines et droits à la Roche-sur-Yon.	96
— 27 *mars.* It. de rentes aux Rosiers.	98
— 24 *juin.* It. de domaines et rentes à Pontigné.	95
1325, 26 *août.* Vente d'une rente à Angers.	99
1329, 31 *octobre.* Achat par le roi de l'herbergement nommé la Roche-Périon.	100
1331, *mars.* Cession par le sire de Craon au roi, des sénéchaussées d'Anjou et du	

	N°⁵
Maine, à raison de 1,500 liv. de rente .	VIII
1351, 25 *octobre*. Assignation de cette rente sur la terre de Marennes.	IX
1355, 15 *décembre*. Achat par le roi d'une rente à la Roche-Hue	101
1367, 30 *octobre*. Quittance donnée par le roi au sire de Craon, de ce qu'il a touché comme chef de guerre.	XI
1370, 29 *octobre*. Reconnaissance du sceau d'Amaury de Craon.	XI bis.
1372, 31 *janvier*. Quittance et émolumens accordés par le roi au sire de Craon, pour le fait des guerres.	XII
1392, 26 *août*. Jugement rendu contre les assassins du connétable Olivier de Clisson.	XIII
1400 *environ*. Requête du sire de Craon au roi, à cause des sénéchaussées d'Anjou et du Maine.	X
1469, 18 *avril*. Procuration des vicomte et vicomtesse de Turenne, pour transiger avec le roi René, au sujet de Beaufort. .	105 bis.
— 24 *avril*. Transaction entre les procureurs des parties	105
1475, 13 *novembre*. Places livrées par le duc de Calabre au roi de France. . . .	104
— — Serment prêté au roi pour la garde de ces places.	105

TABLE

DES NOMS DE PAYS, FIEFS, LIEUX, FAMILLES, DIGNITÉS ET CONDITIONS.

ABBAYE, ABBÉ, ABBESSE, v. Angers, Cormery, Fontevraud, le Louroux, Pontron, S. Florent de Saumur, S.-Maur-sur-Loire, Tiron.

ALENÇON 23, 23 bis, 43, 48, 50, 54, 60 D-E, 71-73, 75, 76, 80, 84, 87, 88.

ALÈS 103.

ALLEUDS (les) 58.

ALLUYE 106.

ALOYAU 78.

AMALFI 39.

ANCENIS 4, 106.

ANGERS 1-3, 8-19, 25, 25 bis, 27, 29-30 bis, 33, 56, 37, 59-42, 46-48, 52, 53, 59, 61, 65 bis, 66, 69, 74, 78, 81, 86, 87, 90, 92, 95, 99, III, IV. *Evêché* 9, 15, 28, 51, 58, 79. — *Chapitres* : S. Maurice, 9,27; S. Laud, 8, 19, 50, 50 bis, 92; S.-Martin, 10. — *Abbayes* : Ronceray, 14, 86, 99; S. Aubin, 7, 11, 19, 38, 77; S. Nicolas, 18 bis, 33, 60 C, 77-79; S. Serge, 18; Toussaint, 16, 55, 86. *Hôpitaux*, 13, 15, 86. *Quinte* 102 bis.

ANGLETERRE 3, 24, 32, 49, 50, 60 A, 79, 82.

ANGRIE 79.

ANJOU 1-3, 20-29, 32-63, 65-88, 91, 92, 96, 97, 100, 102-107, I, IV, VI, VII.

ANTOUNAISE 20.

AQUITAINE 3, 24, 49, 82.

ARAGON 104.

ARCHEVÊQUE V, *Tours, Tyr*.

ARGENTON 64.

AROELLE 67.

ASSAC 103.

AUBIGNÉ 8.

AUMÔNE DE CITEAUX (l') 56.

AUTHION 63.

AUTRECHY 64.

AVALO 79.

AVAUGOUR 91, 106.

AVRILLÉ 66.
Azé près Château-Gontier 41, 79.

BAGNEUX 5.
BAILLI : d'Anjou 35, 40, 59, 60 D, 61, 63 1°, 102; de Touraine 50, 63 1°-ter, 68, 107.
BARRE (la) 57.
BAUGAY 20, 21, IV.
BAUGÉ 5, 27, 44-46, 52, 70, 74 ter, 93, 100, 102, III, IV.
BAUNÉ 41, 66.
BAUSCHILLON 93-94.
BEAUCOUZÉ 102 bis.
BEAUFORT 5, 60 A et C, 69, 103, 103 bis.
BEAUMONT-LE-VICOMTE 4.
BEAUPREAU 20, 60 B.
BÉCON 79, 102 bis.
BÉHUARD 78.
BELLEVILLE XIII.
BERGERAC 60 G.
BERRIE 21.
BLAZON 20, 21, 29.
BLENO 84, 82.
BLOIS 106.
BLONDEAU 90.
BLOU 20.
BOCHERIE (la) 96.
BOIS-COMMUN 78.
BOIS DE POUILLOUX 78.
BOIS-GUYONNE 97.
BONNEZ 29.
BORNAY 86.
BOUCICAULT 103.
BOUÈRE (la) 60 B.
BOUILLÉ 65, 79.
BOULOGNE 105.
BOURGEOIS : d'Angers 35, 46; de Compiégne 60 G; de Saumur 2, 3, 52, 76, 80.
BOURGUEIL III.
BOURGUIGNON 60 B. 86.
BOULESTE 103.
BRAIN-SUR-L'AUTHION 27.
BRESLAY 103.
BRETAGNE 1, 2.
BRÉTIGNY X.
BREZ 59.
BRIANÇON 58.
BRIONNEAU 78.
BRISSAC 49.
BRIVES-LA-GAILLARDE 103 bis.
BROSSAY 29.

CALABRE 104-105.
CANDÉ 79.
CAPOUE 35, 59.
CARDINAL 69.
CARLION 79.
CELLIÈRES 79.
CHAILLI 86.
CHALLOT 42.
CHALONS 40-42.
CHAMAILLARD 21.
CHAMBON 103.
CHAMP-CHEVRIER 21, XIII.
CHAMP-CUCSERT 63.
CHAMPIGNÉ 38.
CHAMPS (les) 20.
CHANCELIER d'Anjou 59, 72, 84.
CHANTOCÉ II, VI.
CHAPITRE, V. Angers, Faye, Loches, Tours.
CHAORCIN 21.
CHARNY 43.
CHARTRES 45, 50, 55, 60 D, E, 71-76, 80, 84, 86 88.

CHATEAU 106.
CHATEAUBRIANT 4, 20.
CHATEAUDUN 20, 106, IV.
CHATEAU-DU-LOIR 57.
CHATEAUGONTIER 20.
CHATEAUNEUF VI.
CHATELLERAUD 104.
CHAUVIGNÉ 58.
CHAUVIGNY 86.
CHEFFES 79.
CHEMELLIER 29.
CHEMILLÉ 20, 78.
CHESTER 79.
CHEVIRÉ-LE-ROUGE 101.
CHINON 60 B, 76, 80, I, III.
CHINZÉ 93-95.
CHISON 22, 23.
CHOURSES 20.
CITEAUX. V. Aumône.
CITOYEN d'Angers 57, 90, 99; du Mans 85.
CLÉERS 3, 60 C, 86.
CLISSON XIII.
COMMERS 103, 103 bis.
COMMINGES 103.
COMPIÈGNE 60 G, III.
COMTE, V. Alençon, Alès, Anjou, Beaufort, Chartres, Forcalquier, Gien, Guise, Laval, Maine, Mortain, Provence, Richemont, Tonnerre, Valois, Vendôme.
COMTESSE d'Anjou 55, 58, 50, 52, 62, 78.
CONNÉTABLE de France IV, XII, XIII.
CONTIGNÉ 60 F.
COPPACOLI 59.
CORBIGNY 21.

CORDIMEN 79.
CORMERY 4, 6.
CORNILH 103, 103 bis.
CORZÉ 66.
COULAINES 102 bis.
COURTRAY 57.
COUTURE-DE-COMTE 78.
CRAON 60 F, 61, 91, 98, 106, II, XIII.
CRÉCY 73.
CUNAULT 87.

DAAIN 59.
DE MEAUNE 70.
DENREAU 79.
DES ROCHES 106, I, III.
DOL 86.
DOUCES 27.
DOUÉ 20, 52, 106.
DOYEN, V. Angers, le Mans, Tours.
DUC, V. Anjou, Aquitaine, Bretagne, Calabre, Normandie, Pouille.
DU GUESCLIN XII.

ECHARDOT-GASTEVIN 94, 95.
ECHATS (les) 78, 79.
EPAU (l') 92.
EPINATS 27.
EPIRÉ 102 bis.
EVÉCHÉ, ÉVÉQUE, V. Angers, Chester, Dol, Glamorgan, Lincoln, le Mans, Nantes, Poitiers, Saint Malo, Soissons, Vannes.

FAYE-LA-VINEUSE 34.
FENEU 79.
FERTÉ-BERNARD (la) 20, 104.
FIEF-ESGARE (le) 45.
FLANDRE 59, 87.

TABLE ALPHABÉTIQUE.

Flèche (la) 3.
Florence 103.
Folleville XIII.
Font-Saint-Martin (la) 60 F.
Fontainebleau 60 D, 63 1°.
Fontaine-Guérin 100.
Fontevraud 7, 35, 49, 50, 82, 85.
Forcalquier 22, 29, 55, 59, 60 F.
Forêt (la) 38, 99.
Fourmçon 97.
Fournil (le) 95, 95 bis.
France 4-6, 7-20, 24, 26, 45, 48, 51, 54, 57, 61, 65, 68, 77, 85, 100, I-IV, VI, VIII-XII.

Galart 103.
Galles 79.
Garnache (la) II.
Gascogne 59.
Gastevin 94.
Gastigné 86.
Gennes-sur-Loire 50.
Gennes 79.
Gevrent 102 bis.
Gien 104.
Giffart 42.
Glamorgan 79.
Gobiz 59.
Gonnord 20.
Grazillé 86.
Grez 78.
Grezille (la) 106.)
Groseois 59.
Guerche (la) I, II.
Guilgetone 79.
Guinezert 11.
Grise 104.
Guirng 79.

Haie (la) 21, 106.
Haie aux Bons Hommes (la) 4.
Hôpital, V. Angers.
Hubines 45.

Ile-Bouchard (l') 21, 106.
Ile-Longue (l') 78.
Ile-Saint-Aubin (l') 11.
Illes 59.
Ingrandes 45, 79, VII.
Irlande 82.
Issy 5.
Ivry 5.

Jérusalem 59, 41, 45, 50, 60 F, 105, 104.
Juif 5.
Juvardeil 79.

Kirkely 79.

Laçat 61.
Lamballe 81.
Lande-Blanche 89.
Lande-Ronde 102 bis.
Langeais 74 bis.
Lanier 60 F, 80.
Laval 25, 25 bis, 61, 65 bis, 67, 106.
Le Lou 103.
Lésigné 75, 76, 80.
Lille 55.
Limousin 103.
Lincoln 79.
Linières 78.
Loches 48, 66.
Loire (la) 5, 7, 56, 76, 78.
Lorris 21.
Loudun 5, 65 ter, III.
Louet 105.

Loroux (le) 2, 21, XII.
Lusignan 20.
Lys (le) 64.

Macon 88.
Maignac X.
Maillé 21, 68.
Maine 20, 21, 48, 54, 61-63, 67, 71, 73, 81, 86, 91, 104-107, I, IV, V, VIII-X.
Maine (la) 58.
Mans (le) 39, 64, 67, 71, 75, 79, 85, 102, 102 bis.
Marcillé-sur-Braie 70, 74.
Maréchal de France 105.
Marennes IX, X.
Marmande 106.
Marmoutier 42.
Martel 106.
Martigné 104.
Martigné Briant 60 C.
Mathas X.
Mathefelon 36, 46, 47, 102 bis.
Maulevrier 20, 21, 86.
Mayenne 1, 61, 91, 104, 106, II.
Mazières-en-Bresse 105.
Meignanne (la) 79.
Mello 4, 6, 106.
Melun 5, 20, 33, 44, 45.
Membrolle (la) 102 bis.
Metré 42.
Millerons (les) 65.
Mirebeau 29.
Monceaux 5.
Monnaie d'Angers 92.
Monnais 78.
Montfort-le-Rotrou. 21, 105.
Montfort-sous-Doué 27.
Montigné 42.

Montjean 58.
Montmorency 106, IV.
Montreuil 60 B, 86.
Montreuil-Bellay 3, 5, 44, 79.
Montreveau 60 B.
Montsoreau 106.
Morray 72, 84.
Mortain 104.
Mou (le) 60 C, 65.
Moulilerne 70, 74.
Moulineux (les) 66.

Naillac 104.
Nantes 1, 79.
Naples 40.
Neafle 86.
Neauphle-le-Château 51.
Neuville 20, 86.
Nicolay 68.
Noést 97, 98.
Nogent 86.
Normandie 3, 24, 49, 60 C, 82, XII.
Nouzilly 94.
Noyant 100.

Ommaie (l') 70, 74.
Orléans 20.
Orviette 51.

Pape 31, 79, 105.
Pape-Boeuf 60 B.
Parcé 79.
Parigné 79.
Paris 22, 29, 45, 54, 61, 62, 65, ter-quinq., 68, 91, IV, VI-IX, XI-XIII.
Parnay 106.
Passavant 106.
Peloquin 106.

Pecquesse 93, 98.
Perrine (la) 67.
Pesmesié 86.
Petit-Paris 102 bis.
Pierre-Fitte 34.
Pinquigny 21.
Plessis-Macé (le) 21, 78, 102 bis.
Poeze (la) 102 bis.
Poitiers 64, 79, 103, I.
Pons 74.
Pontigné 93, 94.
Pontoise 3.
Pontron 1, 2, 80.
Ponts-de Cé 7, 49, 50, 83, 86.
Port-de-Vallée 29.
Port-Thibaut 88.
Porte (la) 97.
Possonnière (la) 102 bis.
Potille 55, 59, 60 F.
Pouillé 11.
Pouzauge 79.
Prévôt d'Angers 78; de Saumur 3.
Princé 69.
Professeur en Droit 3, 90.
Provence 21, 22, 23, 26, 29, 32, 33, 39, 103.
Prugné 79.
Pruniers 38, 102 bis.
Puilliers 96.

Quartiers (les) 78.
Quatrebarbes 59.
Quinte d'Angers (la) 102 bis.

Receveur d'Anjou 75, 76, 80, 93, 98.
Redon 4.
Rennes 15.

Ribocle 56.
Richemont 4.
Rillé 79, XII.
Rivière (la) 51.
Robaich 94.
Roche-aux-Moines 78.
Rochefort 106.
Roche-hue 101.
Roche-Périou 100.
Roche-sur-Yon 54-56, 89, 89 bis, 96.

Roger 103.
Roi, V. Angleterre, Aragon, France, Jérusalem, Sicile.
Rome 55, 59.
Roognard 3.
Rosiers (les) 97, 98.
Rouperoux 62.
Rote IV.
Ruseboue 102 bis.

Sablé 60 F, 79, 104, 106, V.
Sacé 21.
Saint-Aubin des Ponts-de-Cé 38.
— Augustin des Bois 102 bis.
— Christophe en Touraine 53, 106.
— Clément de la Place 102 bis.
— Florent-de-Saumur 3, 21, 31, 32, 60 A-G.
— Florent-le-Vieil 56.
— Georges-sur-Loire 17, 102 bis.
— Guillaume 104.
— Lambert de la Potherie 102 bis.
— Lambert en Bretagne 79.
— Léger des Bois 102 bis.

Saint-Malo 79.
— Martin d'Arcé 79.
— Martin d'Atrigné 51.
— Martin de Fouilloux 102 bis.
— Maur-sur-Loire 65.
— Mesme 40-42.
— Ouen près Paris 58.
— Paterx 79.
— Pern 5.
— Quentin en Vermandois 51.
— Remy-la-Varenne 58.
— Sigismond 45.
Sainte-Gemme près Segré, 79, 92.
Saintonge VIII, IX.
Saix 105.
Sarthe (la) 58.
Saugé 58.
Saulaie (la) 88.
Sauver 2-4, 7, 21, 29, 31, 52, 54, 60, 60 E. F, 63 1°, 64, 75, 76, 82, 85, 87, 99, III.
Savary 5, 8, 106.
Savennières 102 bis.
Savigny 62.
Semblançay 106.
Sénéchal d'Anjou. V. Craon, des Roches.
Sens 75.
Sesmaisons 59, 69 D, 63 1°.
Sicile 55, 56, 59-45, 48, 50, 58, 60 F, 103, 103 bis, 104, VI.
Signé 51.
Sillé-le-Guillaume 20, 61.
Soes 21.
Soissons 61.
Sorges 29.
Spalding 79.

Teneguière 86.
Terbullé 94.
Thorigné 20.
Thouet (le) 5.
Tiron 75.
Tonnerre 59.
Toscane 55, 59.
Touh (la) 103, 103 bis.
Touraine 4, 21, 63 1°, 68, 106, 107, III-V, XII.
Toureil (le) 79.
Tours 21, 24, 28, 50, 60 B. C. 65 bis, ter, 78.
Treffo 13.
Trelazé 80.
Trésorier d'Anjou 60 F, 105.
Trèves 60 B. C, 76, 78.
Turenne 105.
Turpin 21, 106.
Tussé 45.
Tyr 51.

Ulmes (les) 86.
Ulmes-Saint-Florent (les) 60 B.

Vaas 42.
Val-de-Coudray 41.
Valery 71.
Vallée (la) 59, 44, 60 C, 86, 88.
Vallon 86.
Valois 2, 25, 45, 48, 50, 52, 54, 59, 60 D. E, 65, 68, 71-76, 80, 84, 87, 88, 91, 96, 100.
Vannes 88.
Varèze 106.
Vaudelenay 79.
Vaux 59.
Veer-Daron 62.
Vendôme 20, 21, 64, 91, 106.

Verché 79.
Vernon 64.
Vernuçon 86.
Verrières 2, 80.
Vezins 66.
Villameron 40.
Villenecte 102.

Villenecte-Saint-George 101, 103.
Villette (la) 30.
Villevêque 41.
Vitré 1.
Voutré 62, 107.
Wissant V.

CARTÆ

DE FORTELICIA

ANDEGAVIS.

DE EMENDA ET SATISFACTIONE DAMPNORUM ET DEPERDITORUM ILLATORUM A REGE FRANCORUM, IN ÆDIFICATIONE CASTELLI, MURORUM ET FOSSATORUM (1).

CARTA EPISCOPI ANDEGAVENSIS, DECANIQUE ET CAPITULI BEATI MAURICII.

Guillelmus Dei gratia Andegavensis episcopus, B. decanus totumque capitulum Beati Mauricii Andegavensis, omnibus ad quos littere iste pervenerint, salutem in domino.

(1) Le numéro placé à la fin de chaque pièce, est celui sous lequel la charte originale est classée dans le Trésor des Chartes. V. pages 160 et suiv.

Noveritis quod cum karissimus dominus noster Ludovicus illustris rex Francorum, propter deffensionem et clausuram Andegavis, fecisset dirui? duas ecclesias ad nos pertinentes et quasdam domos capellanorum et clericorum nostrorum necnon et quorumdam laicorum in quibus census annuos habebamus; et nos, propter hec et propter lapides et calcem et multam aliam materiam ad opus fabrice nostre ecclesie preparatam, quam ministri domini regis ad refectionem murorum civitatis Andegavis ceperant, supplicaremus dicto domino regi et karissime domine nostre B. illustri regine Francorum, matris ipsius, quatinus super tantis dampnis, que estimabamus ad valorem mille quingentarum librarum et amplius, nobis et ecclesie nostre satisfacere dignarentur: ipsi tandem, ad emendationem predictorum, nonigentas libras nobis tantummodo obtulerunt. Licet autem summa ista longe insufficiens esset ad predicta dampna congrue restauranda, nos tamen, ob reverentiam et amorem predicti domini regis et domine regine matris ipsius, voluntati ipsorum adquievimus humiliter et benigne; suscipientes in nobis honus satisfaciendi ecclesie nostre necnon omnibus personis ad ecclesiam nostram spectantibus, super dampnis que ob predictam causam passi fuerant in redditibus et possessionibus ad ecclesiam nostram pertinentibus: ita tamen quod non teneremur ad restaurandas predictas duas ecclesias; cum nec locum in quo reedificarentur habere possemus, nec tota summa predicta sufficeret ad reedificationem ipsarum. Sed concessimus domino regi quod parrochianis earum provideremus loca competentia, in quibus misteria christianitatis susciperent commode; ad salutem ipsorum et indempnitatem ipsorum servabimus, domino concedente: ita quod dominus rex remanebit de omnibus predictis liber penitus et immunis. Concedimus etiam domino regi ut, in locis illis et plateis in quibus erant edificia que fuerunt diruta propter muros, possit dominus rex facere fossata sua vel clausuram suam, si opus ei fuerit. Alia autem edificia ibi non faciet, nec nos ibi aliquid faciemus quod possit muro nocere, cum loca illa sacra debeant remanere. Actum anno gratie MCCXXXII°, in festo beati Maurilii. *N° 9.*

CARTE DECANI ET CAPITULI BEATI LAUDI.

Universis Christi fidelibus presentes litteras inspecturis, decanus et capitulum Beati Laudi Andegavensis, salutem in domino. Noverit universitas vestra quod nos et Johannes de Albineio, capellanus noster, nos tenemus pro pagatis de viginti libris, habitis pro subversione domorum et murorum capellanie sue facta propter clausuram fortelicie domini Ludovici, illustrissimi regis Francorum; similiter de centum solidis, habitis pro subversione murorum capellanie Philipi Savari, et de sexaginta solidis habitis pro quodam stallo proprio nostro. In cujus rei testimonium, sigillum capituli nostri presentibus litteris duximus apponendum. Actum anno gratie MCCXXXII°. *N° 5.*

Excellentissimo domino suo Ludovico, Dei gratia illustrissimo regi Francorum, humiles decanus et capitulum Beati Laudi Andegavensis, salutem in domino sempiternam. Excellencie regie majestatis humiliter significamus quod nos magistrum Robertum, canonicum Andegavensem et nostrum concanonicum, latorem presencium, nostrum constituimus procuratorem ad petendum et recipiendum quod regia largitas fabrice ecclesie Beati Laudi Andegavensis voluerit misericorditer elargiri : solucionem seu graciam dicto magistro, nomine dicte ecclesie, factam seu eciam faciendam gratam et ratam habentes ; vos et heredes vestros et successores ab omni peticione que posset moveri, racione dompnorum que predicta ecclesia sustinuit in edificatione castelli Andegavis constructi, quitantes et penitus liberantes. Valeat et imperet bene et diu vestra regia majestas. Datum mense februario, anno domini MCCLXI°. *N° 30 bis.*

Universis presentes litteras inspecturis, Rodericus decanus totumque capitulum Beati Laudi Andegavensis, salutem in omnium salvatore. Noverint universi nos recepisse et habuisse, per manum Gaufridi de Villeta, ballivi in Turonia excellentissimi domini nostri Ludovici, Dei gratia illustris Francorum regis, pro dicto domino rege et nomine ipsius, ducentas libras Turonenses, pro restitutione dampnorum et deperditorum nobis et ecclesie nostre illatorum in edificatione castri et fossatorum Andegavis et omnium aliorum ad dictum castrum pertinentium, tam in dimissione ecclesie nostre et domorum et edificiorum nostrorum destructione quam aliarum nostrarum rerum et ecclesie nostre in dicto castro et circa existentium amissione; quitantes ex nunc et imperpetuum penitus, coram Deo et hominibus, dictum dominum regem et ejus heredes ac eciam antecessores ejusdem de omnibus et singulis dampnis et deperditis supradictis pro dictis ducentis libris, ac trecentis libris Turonensibus et domibus, vineis et rebus aliis nobis et ecclesie nostre jam diu est solutis et eciam assignatis, de mandato dicti domini regis et nomine ipsius, pro restitutione dampnorum et deperditorum supradictorum. In cujus rei memoriam, testimonium et munimen presentibus litteris sigilla nostra duximus apponenda. Datum et actum anno domini MCCXLII°, mense octobri. N° 30.

CARTA DECANI ET CAPITULI BEATI MARTINI.

Universis Christi fidelibus presentes litteras inspecturis vel audituris, H. Decanus Beati Martini Andegavensis totumque capitulum ejusdem loci, salutem in domino. Noveritis quod, pro dampnis et deperditis que passi fuimus pro clausura fortelicie Andegavis, a domino Ludovico, rege Francie illustri, pro emenda et plena sattisfactione gratanter recepimus quadraginta libras, de quibus nos tenuimus pro pagatis; fundis terrarum, domorum, vinearum et aliarum rerum proter hoc dirutarum nobis remanentibus sicut ante Actum die lune proxima post Nativitatem beate Marie, anno domini MCCXXXII°. N° 10.

CARTÆ ABBATIS ET CAPITULI BEATI ALBINI.

Omnibus Christi fidelibus presentes litteras inspecturis, G. Dei permissione humilis abbas totusque conventus Beati Albini Andegavensis, salutem in domino. Noveritis quod cum carissimus dominus noster Ludovicus, illustris rex Francorum, propter clausuram Andegavis, magnam partem vinearum nostrarum et cimeterii nostri occupasset in fossatis que facta fuerant in dictis vineis et cimeterio; et propter dictam clausuram essent plures de domibus nostris dirute et muri qui claudebant abbatiam nostram et vineas nostras diruti et destructi et espensi in opere fortelicie domini regis; nemora eciam nostra de Polleio, de Guinesearto et de Insula incisa et aportata ad forteliciam Andegavis faciendam; charrerie nostre et chalandi nostri propter hoc eciam diruti essent et dissoluti, et multa alia dampna essent nobis illata per dominum regem, que estimabamus ad valorem mille sexcentarum librarum et amplius, quod parati eramus juramento nostro firmare; et nos supplicaremus domino regi Francorum et domine B. matri ejus, regine Francorum illustrissime, ut super tantis dampnis monasterio nostro misericorditer satisfacere dignarentur : ipsi nobis, post multos labores et expensas, obtulerunt tantummodo sexcentas libras turonenses, pro emendacione dampnorum predictorum. Licet autem summa ista longe insufficiens esset ad predicta dampna congrue restauranda, nos tamen, propter reverenciam et amorem domini regis et domine B. matris ejus, dictam summam recepimus humiliter et gratanter, et de predictis sexcentis libris nos tenuimus pro pagatis : concedantes quod de predictis dampnis, coram Deo et hominibus, remaneant inmunes et liberi. Actum anno domini MCCXXXII°. N° 11.

Universis Christi fidelibus presentes litteras inspecturis, G. divina permissione humilis abbas totusque conventus Beati Albini Andegavensis, salutem in domino. Noveritis quod cum decanus et capitulum ecclesie Sancti Laudi Andegavensis in ecclesia sua, que est infra clausuram castri Andegavis, sine ejusdem castri periculo et divini officii detrimento non possent commode commorari, excellentissimus dominus noster Ludovicus, Dei gracia Francorum rex illustris, utilitati tocius terre et divinis officiis volens super hoc providere, dictos canonicos ad ecclesiam nostram Sancti Germani transtulit, nobis consentientibus quibus super hoc porrexerat preces suas; et nos eidem suisque sussessoribus, de communi assensu capituli nostri, concessimus easdem libertates et eundem patronatum prebendarum et donum et idem posse per omnia in dicta ecclesia Sancti Germani et in canonicis et in aliis personis ejusdem ecclesie que ipse et antecessores sui in ecclesia Sancti Laudi hactenus habuerunt. In cujus rei testimonium dedimus eis presentes litteras sigillorum nostrorum munimine roboratas. Actum anno domini MCCXXXIV° mense septembri. N° 19.

CARTA ABBATIS ET MONACHORUM SANCTI NICHOLAI.

Omnibus presentes literas inspecturis vel audituris, Costancius divina permissione humilis abbas Sancti Nicholai Andegavensis totusque ejusdem loci conventus, salutem in domino. Noverit universitas vestra quod cum dominus Lodovicus, rex Francie illustris, plurima dampna nobis intulisset, videlicet super dilapidatione domorum, pro clausura civitatis Andegavensis, in burgo Sancti Nicholai sitarum, et super dampnis nobis illatis, terris, vineis, cosdumis, reddevantiis et sectione nemorum nostrorum, pasnagio, forestagio et segreagio et rebus aliis, honestorum virorum fretus consilio, in recompensatione dampnorum prefatorum, pro bona pace, trecentas libras Turonenses reddidit et persolvit; super prefatis siquidem dampnis eum quitamus, et tenemus nos plenarie pro pagatis. Actum anno gratie MCCXXXII°. N° 18 bis.

CARTA ABBATIS ET CONVENTUS SANCTI SERGII.

Universis Christi fidelibus presentes literas inspecturis vel audituris, Philipus divina miseratione humilis abbas Sancti Sergii Andegavensis totusque ejusdem loci conventus, salutem in domino. Noveritis quod nos, pro dampnis et deperditis que passi fuimus pro clausura fortelicie Andegavis, a domino Ludovico rege Francorum illustri, ro emenda et plena satisfactione, gratanter recepimus centum quinquaginta libras, de quibus nos tenuimus pro pagatis. Actum mense septembri, anno domini MCCXXXII°. N° *13*.

CARTA ABBATISSÆ ET CONVENTUS BEATÆ MARIE DE KARITATE.

Universis Christi fidelibus presentes litteras inspecturis vel audituris, Maria humilis abbatissa Beate Marie de Karitate Andegavis totusque ejusdem loci conventus, salutem in domino. Noveritis quod, pro dampnis et deperditis que passi fuimus pro clausura fortelicie Andegavis, a domino Ludovico rege Francie illustri, pro emenda et plena satisfactione, gratanter recepimus quingentas libras, de quibus nos tenuimus propaguatis, fondis terrarum et domorum propter hoc diruptorum nobis remanentibus. Actum anno domini MCCXXXII°. *N. 14.*

CARTA ABBATIS ET CONVENTUS BEATI GEORGII SUPER LIGERIM.

Universis Christi fidelibus presentes litteras inspecturis, abbas et conventus Beati Georgii super Ligerim, salutem in domino. Noverit universitas vestra quod nos, pro dampnis et deperditis que passi fuimus pro clausura forthelicie Andegavis a domino Ludovico, illustrissimo rege Francorum, pro emenda et plena satisfactione gratanter recepimus sexaginta solidos, de quibus nos tenuimus pro pagatis. In cujus rei testimonium, presentes litteras sigillorum nostrorum munimine duximus roborandas. Actum anno gratie MCCXXXII°. N° *17.*

CARTA PRIORIS SANCTI EGIDII DE VIRIDARIO.

Universis Christi fidelibus presentes litteras inspecturis, prior Sancti Egidii de Viridario Andegavis, salutem in domino. Noveritis quod, pro dampnis et deperditis que passus fui pro clausura fortelitie Andegavis, a domino Ludovico rege Francorum illustrissimo, pro emenda et plena satisfactione, gratanter recepi viginti libras, de quibus me tenui pro pagato. Et quia sigillum auttenticum non habebam, sigillo venerabilis patris episcopi Andegavensis feci presentes litteras sigillari, in hujus rei testimonium et munimen. Actum anno gratie MCCXXXII°. N° 12.

CARTA PRIORIS ET FRATRUM ELEMOSINARIE BEATI JOHANNIS EVANGELISTE.

Universis Christi fidelibus presentes litteras inspecturis vel audituris, frater Gaufridus, humilis prior Domus Elemosinarie Beati Johannis Evangeliste Andegavis, et fratres ejusdem loci, eternam in domino salutem. Noveritis quod, pro dampnis et deperditis que passi fuimus pro clausura fortelicie Andegavensis, a domino Ludovico Dei gracia illustrissimo rege Francorum, pro emenda et plena satisfactione, gratanter recepimus sexaginta libras Turonenses, de quibus nos tenuimus pro pagatis. Actum mense septembris, anno domini MCCXXXII°. N° 13.

CARTA PRIORISSE ET MONIALIUM ELEMOSINARIE HANELOU.

Guillelmus Dei gratia Andegavensis episcopus, omnibus presentes litteras inspecturis vel audituris, salutem in domino. Noveritis quod priorissa et moniales Elemosinarie Hanelou, pro dampnis et deperditis que passe fuerunt pro clausura fortelicie Andegavensis, a domino Ludovico illustri regi Francie, pro emenda et plena satisfactione, gratanter receperunt centum libras Turonenses de quibus se tenuerunt coram nobis penitus pro pagatis; fundis terrarum, domorum, vinearum propter hoc dirutarum eisdem remanentibus sicut ante. In cujus rei testimonium presentes litteras sigilli nostri munimine duximus confirmare. Actum in festo Sancti Maurilii, anno domini MCCXXXII°. N° 13.

DE CUSTODIA ET EXERCITIBUS CIVITATIS ANDEGAVENSIS (1).

CARTA COMITIS ANDEGAVENSIS.

Quoniam ea quæ per hominem gesta sunt de facili cedunt oblivioni, inde jura nostri consulatus scriptorum memoriæ duximus commendanda; et in ecclesia nostra Beati Laudi Andegavensis, cujus sumus domini et abbates, eorum scripta duximus commendanda.

Unde primo dicendum est de custodiis et exercitibus civitatis nostræ Andegavis, et qui ejus custodias exercere te-

(1) Cette pièce, jadis conservée en original dans les archives du chapitre de Saint-Laud, a été transcrite au folio 103, verso, du Terrier-Cartulaire d'Anjou de l'an 1293, l'un des manuscrits les plus précieux et les plus regrettables de l'ancienne Chambre des Comptes d'Anjou, dont les archives, réunies par Louis XI à celle de la Chambre des Comptes de Paris, ont éprouvé des pertes nombreuses lors de l'incendie de cette dernière. Brussel nous a conservé quelques-uns des documents du Terrier-Cartulaire dans son *Usage Général des Fiefs*. En imprimant, à la page 1028, la charte qui suit, le savant feudiste a commis plusieurs erreurs inséparables de tout grand travail, et qu'il est facile de rectifier sans paraître porter atteinte à l'autorité d'une science justement appréciée de nos jours comme du vivant de l'auteur. Les erreurs que nous venons de signaler, consistent 1° en ce que Brussel a daté de l'année 1292 une charte qui remonte à l'année 1260 ou environ; 2° en ce qu'il la donne comme émanée de l'abbé de Saint Laude et relative à son monastère (Saint Laud était un chapitre et non pas une abbaye), tandis que c'est le comte d'Anjou qui parle, et dans l'intérêt de la ville et des faubourgs d'Angers.

nentur, et quibus in eadem civitate et suburbio certa loca sunt assignata, videlicet :

castellanus de Rupeforti, portam juxta ecclesiam Beati Laudi in area, juxta Sanctum Ebrulfum;

Erardus de Bello Pratello et Mauricius de Doadio, portam prope ecclesiam beatæ Mariæ de Recooperta custodiunt;

Jacobus de Castro Gunterii, portam juxta domum episcopi;

Fulco de Mathefelon, allodium de Bolleto;

Gaufridus de Candé, muros civitatis super Meduanam, in domo obedientiarii Beati Laudi;

Gaufridus de Poenci, suburbium quod ducit apud Leum;

castellanus de Rupe d'Iré et castellanus de Monte Rebelli et castellanus de Monte Falconis et Castri Celsi et barones et omnes alii castellani et commilitones nostri, vigilias per civitatem et suburbium, cum senescallo nostro, arbitrio nostro facere tenebuntur.

Et hoc per quadraginta dies suis propriis sumptibus, secundum quod in regno Franciæ extitit consuetum et utilitas id exposcat, d hæc facere tenebuntur.

LES CHARTES

DU PONT-DE-CÉ.

CARTA REGIS HENRICI, DE CONSUETUDINIBUS PONTIS SEGII ET CASTELLI DE BRACHESACH (1).

H. Dei gratia rex Anglie et dux Normannie et Aquitanie et comes Andegavie, archiepiscopis, episcopis, abbatibus, comitibus, baronibus, justiciis, vicecomitibus, ministris et omnibus fidelibus suis, salutem. Sciatis me concessisse et dedisse et presenti carta mea confirmasse deo et ecclesiæ beatæ dei genetricis Mariæ de Fonte Ebraldi et monialibus ibidem deo servientibus, pro salute animæ meæ et antecessorum et successorum meorum, Pontem Saeii ita liberum et quietum sicut aliquis antecessorum meorum eundem pontem ipsi ec-

(1) Arch. de la prefecture: *Fontevraud, Beaufort;* orig. jadis scellé sur fils de soie jaune et rouge, et vidimus du 31 décembre 1293; V. Trésor des Chartes, N° 49.

clesiæ melius et liberius concessit habere. Vicariam etiam ejusdem pontis, cum omnibus libertatibus et liberis consuetudinibus ad comitem Andegavensem pertinentibus, concedo eis et confirmo. De furto autem et sanguine et raptu et de aliis omnibus forisfactis, concedo eis justiciam et omnem questum; retenta michi per bailliros meos exsecutione justiciæ de vita et membris, cujus questum omnimodum dono eis et concedo. Et id michi non retinui, nisi quia non est religiosarum personarum de vita vel membris quemquam judicare.

Sunt autem he consuetudines ejusdem pontis:

Pro equo et bove et vacca qui trans pontem ad pascua ducuntur, excepta Valeia Comitis, solvet pertransiens unum denarium; et quieta erunt per annum integrum et unum diem.

Concedo etiam eis consuetudinarias caritates quas servientes Fontis Ebraldi ad Pontem Saeii residentes, de urbe Andegavis et de aliis locis, ab ecclesiis quibusdam et aliis locis percipere solent et debent, scilicet:

De Sancto Mauricio in tribus festis, Pasche videlicet, Omnium Sanctorum et Natalis Domini, in unoquoque festo duos panes, lagenam vini et duos denarios; et tres minas frumenti pro mestiva apud Daocias;

De Sancto Albino, in predictis tribus festis, similiter duos panes, unam lagenam vini et duos denarios; et pro mestiva unum sextarium frumenti apud Mairon, apud Allodia unum sextarium frumenti, apud Chaugeium unam minam siliginis, apud Sanctum Remigium de Varenna unum sextarium siliginis;

De Sancto Nicholao, in eisdem festis, duos panes, lagenam vini et duos denarios; et pro mestiva unum sextarium frumenti apud Mosterol Berlai, et in Landa Verchei unam minam siliginis;

De Sancta Trinitate Aquariæ, in tribus festis predictis, duos panes, lagenam vini et duos denarios; et pro mestiva unam minam frumenti apud Sanctum Saturninum in Tertro;

De Sancto Laudo, in singulis jam dictis festis, duos panes, lagenam vini et duos denarios; et pro mestiva unam minam frumenti apud Listreium, de eo quod ibi tenebat Gaufridus Mainerii;

De Sancta Maria (Karitatis) tantundem panis et vini et nummorum in supradictis singulis festis; et pro mestiva apud Orginneium unum sextarium frumenti;

De Sancto Martino, in sepedictis festis, tres denarios et lagenam vini;

De Sancto Johanne, pro mestiva ad Boscum Briccii, unum sextarium frumenti;

De Sancto Sergio, in antedictis singulis festis, duos panes, lagenam vini et duos denarios; et pro mestiva apud Sanctum Melanium unam minam frumenti, et apud Martinau unam minam siliginis;

De Sancto Petro, pro mestiva apud Charceium, unum sextarium frumenti.

In omnibus aliis, tam in burgensibus quam in ceteris, capiunt sanctimoniales consuetudines suas libere in ponte; nec ullus liber est a consuetudine, nisi sit de domo et mensa comitis.

A Beira autem Crescente usque ad Beiram Israel, quicquid ex transverso aquæ transierit talem reddet consuetudinem qualem redderet si per pontem transiret.

De modio vini redduntur IV denarii;

Quadriga onusta, undecumque fuerit, II reddet denarios;

Judeus XII denarios.

Concedo etiam eis et confirmo consuetudines de Brachesach, quas dominus Archalos dedit ipsi ecclesiæ Fontis Ebraldi pro anima sua, concedente comite Fulchone. De omnibus rebus transeuntibus extra corpus castelli de Brachesach, talis reddetur consuetudo ecclesiæ Fontis Ebraldi qualis redderetur domino comiti, si per castrum transiret.

Pro equo de Hispania, XII denarios transiens persolvet;

Pro omni alio equo, IV denarios;

Pro equa II denarios;

De asino, obolum;

De porco, bove et vacca, pro singulis obolum;

In tribus nundinis, scilicet ad Angevinam, ad Sanctum Nicholaum, ad Anditum : Pro bove et vacca I denarium;

Pro tribus ovibus I den.

Pro tribus arietibus I den.

Pro tribus capris I den.

Pro pipere XII den.

Pro cymino XII den.

Pro omni specie aromatica XII den.

Pro serica XII den.;

Pro pellibus omnium silvestrium animalium XII den.

Pro panno in granna tincto XII den.

Pro corduano XII den.

Pro bazana, VIII den.

Carca cere VIII den.

Pro pannis de Francia, VIII den.

De trosellis : Pro tacra coriorum IV den. Pro corio tanato I obolum.

Pro pellitaria parata, de singulis trosellis IV den.

De cruda, I den; si asinus tulerit, I obol.

Summa olei IV den.

Onus melli, IV den; hostrearum, IV den.

Summa balene, IV den.

De omni pisce marino, summa IV den.; exceptis arenciis, sepiis et anguillis, quorum singula millenaria IV den. reddent;

Pro filtro tincto, trosellus VIII den.

Trosellus albi, I den. si portaverit equus; si portaverit asinus, I obol.

Pro trosello de pannis Partiniaci IV den; si post tergum equitantis trossatum fuerit, II den.

Pro trosello pannorum de Berceria, II den.; si post tergum equitantis, I den.

Pro trosello burellorum, I den.; si asinus portaverit I obol.

Trosellus pannorum lineorum, I den.; si asinus tulerit, I obol.

De quadrigata salis, II den.

De quadrigata vini vel bladi, II den.

De equo onerato, I den. De asino, I obol.

De trosello fustanii, VIII den.

De caseis, si quadriga tulerit, II den.; si equus, I den.; si asinus I obol.

De baconibus similiter;

De ferro et acerio et kanba et lana et lino et mairamento lignorum dolatorum similiter;

De culcitra, IV den.

Si mulier pergens ad maritum suam secum culcitram portaverit, ita quod possit eam videre, nichil reddet; si absque ea fuerit inventa ante vel retro, IV reddet denarios.

Si aliquis proprio collo sua mercimonia tulerit, nichil inde reddet; si conductus portaverit, quasi summarius reddet.

Et quicquid extra castrum prefatum transierit, talem, ut predictum est, reddet consuetudinem qualem si per medium transiret.

He sunt iterum consuetudines Pontiis Saeii que subscripte sunt, quas cum suprascriptis consuetudinibus ejusdem pontis ipsi æcclesie et sanctimonialibus concedo et confirmo.

Quadriga, quicquid deferat, reddet ad pontem II denarios, et vacua I den.

Omnis summarius vel equus oneratus, I den.; vacuus, si ad lucrandum proficiscitur, I obolum; cum vero redierit oneratus alium exsolvet.

Mestiva alicujus messoris non reddet nisi I obolum a festo sancti Johannis usque ad festum santi Michaelis, nisi quadriga deferatur: quia tunc reddet II denarios.

Equus vel equa, bos vel vacca, I den.

Asinus, porcus I obol.

Quatuor oves vel arietes vel capre, I den.

Omnes burgenses civitatis, infra muros vel extra manentes, eandem reddent consuetudinem de omnibus rebus quam alii, his exceptis:

De XI denariatis panis et de volucribus quas aliquis amico suo detulerit vel miserit, nichil reddetur;

De summa napium et de his que aliquis homo Transligerrinus, miles vel alius, dans mestivam ponti, amico suo citra pontem miserit, accepta fiducia ab eo qui detulerit quod domo mittatur, nichil;

De summa etiam fabe vel alterius leguminis et de his que aliquis filio suo ad victum pertinentia miserit, carne videlicet mortua, pane, volucribus, data inde fide, nichil;

De porcis etiam qui ad pasnagium comitis solummodo transibunt, nec de bestiis quæ sola guerra comitis vel violentia alia transierint, nisi plus mense uno ultra pontem moram fecerint, nichil.

In omnibus aliis capiunt sanctimoniales consuetudines suas libere in ponte.

Quare volo et firmiter precipio quod ipsa æcclesia Fontis Ebraldi et sanctimoniales in ea Deo servientes omnia predicta habeant et teneant bene et in pace, libere et quiete integre et plenarie et honorifice cum omnibus libertatibus et liberis consuetudinibus suis, sicut ea ipsis concessi et carta mea confirmavi; testibus : Guillelmo Cenomanensi episcopo, Gaufrido Andegavensi episcopo, Rotberto Namnetensi episcopo, Stephano Redonensi episcopo, Richardo, Gaufrido filiis meis, comite Willelmo de Mandevilla, Fulchone de Mastach senescallo Pictavensi, Stephano de Turonis senescallo Andegavensi, Mauricio de Creon, Pagano de Veggia, Gaufrido Perticensi, Petro filio Guidonis, W. de Ostilli, Durando Pincerna, Guileberto guardarobba, apud Andegavis.

L'ESCHANGE DU PONT DE SAÉ, QUE L'ABAESSSE DE FONT EUVRAULT ESCHANGA A MONSEIGNOUR DE VALOYS.

Charte de l'abbesse (1)

A touz ceous qui cetes presentes letres verront e orront,

(1) V. Trésor des Chartes, N° 50.

suer Marguarite, par la permission de Dieu humble abbaesse de Fontevraud, e le convent de celuy lieu, saluz en noustre seignour. Comme nous eussons, pour la reson de noustre yglise de Fontevraud, sus l'eve de Laire : le Pont de Saé ; cinc molins illec, doeus penduz e trois en baz, e en foraennes conte en iccous cinc molins; le molin de noustre meson de Haute Mule ; mesons seanz en un yle de celi pont ; certaenes pescheries, escluses; la coustume, le travers, le paage e le pontenage dou dit pont e de l'eve, tant de sus le dit pont comme de souz; ylles, sauçoyees; le voillage de vin en aucuns lieus de Laire, e autres chouses appartenanz aus chouses de sus dites, dou don que noble prince, home de clere memoere Henri, jadis roy d'Engleterre e conte d'Anjou, en fist a noustre yglise de Fontevraud e aus nonaens de celuy lieu, si comme il apert es letres de celuy roy, e franchement a eous longuement einssit tenues e poursises les chouses de sus dites : nous, pensé e porveu le proffit de noustre yglise de sus dite, pour ceou que nous estions tenues a refaere le dit Pont de Saé toutes foez que mestier en estoit e que deffaut y avoit, e le tenir en bon estat e toutes les chouses de sus dites soustenir a nouz couz; la quele chouse estoit mout coustuse, doumageuse e perilleuse a nous e a noustre yglise, comme de maintenir tel pont qui comprent tout le travers de Laire, e nous convenoit aler querre le bois qui a celuy pont failloit checun an, a plus de sex lieues loing ; e toutes cez chouses de sus dites ne fussent pas proffitables a nous ni a noustre yglise si elles ne fussent tenues en bon estat, e einssit estoient en peril d'estre perdues, méesmement pour ceou que nous n'avions point de destroit de contraindre nul de venir moudre aus diz molins s'il n'y venoient de gré : regardanz e consideranz le greignor proffit de nous e de noustre yglise, eschivanz les perilz de sus diz, o le conseil de proudes homes e de bonnes genz de noustre yglise, ou l'assentement e ou la volanté de suer Gyle prioueresse e de frere Estienne priour de Fontevraud, baillames e baillons, otroyames e otroyons e leyssons a touz jourz més a tres excellent prince noustre grant seignour Challes, filz dou roy de France, conte de Valois, d'Alençon, de Chartres e d'Anjou, e a tres excellente dame ma dame Magarite, fille de tres noble roy de Jerusalem e de Sezile jadis conte d'Anjou, sa fame, e a lour hoers e a ceous qui auront cause d'iceous, le dit pont e toutes les chouses de sus dites, ou totes lour appartenances, quelles que elles soyent e en queconque lieu qu'elles soyent, ou tout le droit e la cause que nous i avions e avoir poyons par queque reson que ceou soit, si comme toutes les chouses de sus dites se comportent en lonc e en lé, en haut e en bas, en non de eschange e de permutacion, pour trois cenz sextiers de froment, a la mesure de Gennes, e sexante e diez livres de deniers de monoye corant par la contée d'Anjou, d'annuel e perpetuel rente. Les quiez trois cenz sextiers de froment e sexante e diez livres de deniers de rente les diz mon seignour Challes e ma dame Margarite, lour hoers e lour successours sont tenuz a rendre a nous e a noustre yglise e a nouz successors a touz jours més, si comme il est contenu e devisé plus clerement en lour letres séellées de lour seaus que nous avons de ceou. E por la reson dou dit eschange, les diz mon seignour le conte e ma dame la contesse nous ont otroyé e doné de lour grace que nous puissons tenir e poursoir a touz jourz més, en non de nous e de noustre yglise, sexante livrées de rente que nous avions acquises en lour contée e en lour seignorie d'Anjou en divers lieus : c'est assavoer vint livrées de rente en paage de Mon Soreau, que le seignour de Mon Soreau a donné a frere Guillaume Buef, noustre frere de Fontevraud e priour de Saent Ladre, e a ceous qui cause auront de luy; e vint e trois livrées rente sur la baillie de la Plaene, en la paroisse de Chante Lou, e en la paroisse de la Plaene en fié de Passe Avant, que nous achatames de mon seignour Guillaume dou Fresne, chevalier, e sus le fié de Metré en la paroisse de Cande, en fié de Monstercou Berlay, que feu Huguet Buef, valet, nous ausmona, e sus les chouses que Macé Bernier a e tient en fié de Metré;

e une ylle en Laire devant l'ylle au seignour dou Pavement de Juygné, pres de Bele Pole, tenue a cens de noustre seignour le conte devant dit, que feu Macé Malefin nous ausmona : e puet valoir quarante solz de rente ; e sept quartiers de vigne e une meson e doeus apentiz que feu André Bichon nous ausmona après la mort de Pierre son filz; e quatre quartiers de vignes e diez solz de rente que feu Boudart e sa mere nous ausmonerent; e quatre quartiers de vignes que feu Renaut de Merhoudi nous vendi : e sont ces chouses tenues a cens de plusors seignours entour Viers, e puent valoir sex livres de rente; e un arpent e demi de vignes e doeus arpenz e demi de terre e trois quartiers de prez, e sont cez arpenz en quartiers e en demiz quartiers e en menues parceles, e en tor quarante solz de menuz cens ; e ces chouses nous ausmona Johan le Boucher de Brion e les doit tenir sa vie : e sont toutes cez chouses entor Brion, tenues a cens de plusors seignors, e puent valoir entor quatre livres de rente; e le tierz dou Moulin au Juef, que nos achatames de Pierre e de Symon dou Molin au Juef, freres : e puet valoir seze sols de rente, e est tenu de Macé Thomas a cens; e trois sextiers de froment e dous sextiers de avoenne que feu Pierre More e sa fame nous ausmonierent, qui valent vint e trois solz de rente, e sont dou fié monseignour Henri Guastevin ; e cinquante solz que Aymeri de Bou, valet, de la paroisse de Lonc Gué, nous a aumosné sus touz ses prez qu'il a en nostre fié des Montiz e sus toz ses autres biens : sanz estre contraintes, de par eous ne de par lour successors des hores més en avant, de metre les hors de noustre maen, si comme il est contenu en lour dites letres : sauves a nous e a noz successors les franchises de la dite coustume e le paage dou dit Pont de Saé, que nous avons retenues a nous e a noz homes trespassanz par le dit pont ou chouse qui deust paage ou coustume, e par l'eve aussit, si comme il est contenu en lor dites letres que nous avons; e sauves noz vignes, noustre pressoir, noustre celier, noz cens, noz guaeigneries, nos prez e noz autres chouses qui estoyent des appartenances dou dit pont, qui sont au dehors des chiés dou dit pont e des rives de l'eve, que nous retenons a tout tens més a nostre yglise. E promelons en bonne foi, pour nous e pour noz successors, que en dit pont ni en nule des chouses de sus dites eschangées, des hores en avant riens ne demanderons ne ne reclamerons fors les dites chouses contenues en lour dites letres, ne que encontre cez chouses ne vendrons ne ne feron venir par nous ne par autre en nul tens. E quant a ceou tenir sanz venir en contre, lour obligons nous e noz successors e les biens de nostre yglise, meubles e non meubles, presenz e avenir expeciaument e expressement; e renoncions en cest nostre fait a toute exception de barat e de tricherie, de decepcion e de toute lesion, e au benefice de toute restitucion, e a toute ayde de droit e de coustume par quoe nous porrions venir en contre ou en tout ou en partie; e lour promettons a guarantir les devant dites chouses, aus us e aus coustumes dou païs. E que ceou soit ferme e estable, nous avons séellées cez presentes letres de nostre séel, dou quel nous usons tout seul, pour nous e pour nostre convent, en toutes noz besoignes. Donné en l'an de grace mil doeus cenz quatre vinz e treze, ou mois de jenvrier.

Charte du comte d'Anjou (1).

Challes filz dou roy de France, conte de Valoys, d'Alençon, de Chartres et d'Anjou, et Marguerite fille dou roy de Sezile et compaigne dou dit Challes, a touz ceus qui ces presentes lettres verront et orront, salut pardurable en nostre seigneur. Sachez touz que comme relegieuses persones l'abbéesse et le couvent dou moutier de Fontevraut eussent eu et tenu et paisiblement poursis d'ancienneté, des le tens que memoire d'omme ne se puet recorder ne remembrer, et

---

(1) Arch. de la Préfecture : *Fontevraud, Beaufort*; Orig. jadis scellé de deux sceaus sur cordon de soie rouge, et Vidimus de février 1293, *ancien style*.

oncores eussent, tenissent et porseissent en non de elles et
de leur moutier de Fontevraut, si comme elles disoient, le
Pont de Saé ou le paage, ou le pontenage, les péescheries
et cinc molins, c'est assavoir deus penduz et trois en baz et
en forainnes : aus quiex molins les dites relegieuses avoient
droit et ont eu d'ancienneté que ceus qui vendroient et
voudroient mosdre aus devant diz molins ne fussent empées-
chiez ne destorbez; et ensurquetout le voillage dou vin en
aucunes parties de Loyre : nous quanque elles ont ès devant
dites choses avons receu des dites relegieuses, et les dites
relegieuses le nous ont otroyé, par non et par tytre de permutacion, a nostre requeste, pour nostre grant et evident
profit et de nostre contée d'Anjou, ensemblement o touz les
droiz que les dites relegieuses avoient ès devant dites choses,
dès l'un chief dou pont jusques à l'autre chief, o toute la
joustice que elles i avoient, ensemblement avecques les mesons, o les ylles et o les autres choses qu'elles ont entre les
deus chiés dou pont devant dit et les rives de l'eve entour
le dit pont tant seulement; les queles choses estoient a icelles
relegieuses et a leur moutier devant dit d'ancienneté, et
méesmement de la largece et dou don de noble prince et de
clerre memoire Henry, roy d'Engleterre et conte d'Anjou en
icelui tens, et par autres tytres et causes droyturieres; c'est
assavoir pour les choses qui s'ensievent, les queles nous
otroions ensement et assignons aus dites relegieuses et a
leur moutier devant dit, par non de tytre et par reson de la
permutacion devant dite, pour les devant dites choses qu'elles
nous ont ainsint otroiées. C'est assavoir : trois cenz setiers
de froment bon et nouveau, de annuel et perpétuel rente,
franche et quitte, a la mesure de Gennes, a avoir, a prendre
et a recevoir des dites relegieuses ou de leur commandement,
dès ore en avant perpetuelment touz les ans, sus noz fromentages de Valée et sus les fruiz et sus les issues et sus les
obvencions d'iceus fromentages au port de Gennes, sus la
rive de l'eve devers la Valée, a la feste de Touz Sainz, par
les mains de celui ou de ceus qui levera dès ore mais en

avant chascun an les devant diz fromentages, ou les fruiz d'iceus jusques a la value des troys cenz setiers de froment; les quiex fromentages et les receveurs d'iceux diz fromentages nous assignons et obligons especiaument a leur fere le paément dessus dit. Et voulons que les dites relegieuses puissent acquerre, avoir et tenir une meson ou une place, contenant environ deux arpens de terre, pour faire meson a mettre le dit blé ou leur autre necessité, au Torroil ou a Gennes ou environ : en tele maniere que s'il avenoit par aucun cas que les fromentages devant diz ne souflisissent ou ne peussent souflire a fere le paiement des devant diz troys cenz setiers de froment, nous voulons et otroyons que ce qui se deffaudra do paiement devant dit chascun an soit soployé et payé aux dites relegieuses chascun an a Saumur, au terme devant dit, de noz biens de nostre contée d'Anjou devant dite. Et ensur que tout nous otroyons, en cete permutacion devant dite et en non d'icele, aus dites relegieuses ensemblement o les trois cens setiers de froment devant diz, et perpetuelment assignons a iceles et a leur moutier devant dit, pour les choses devant dites que les dites relegieuses nous ont otroyées en cete permutacion, si comme il est dit par dessus, soyxante et diz livres de monnoye corant de annuel et perpetuel rente franche et quitte, a avoir, a prendre et a recevoir a Saumur de nous et de noz successeurs qui tendront nostre contée d'Anjou devant dite et de ceus qui en icele auront cause de nous, a la quinzaine de la feste de Touz Sainz, dès ore més en avant touz les anz. Et prometons nous et noz successeurs en nostre contée d'Anjou devant dite, et ensembleement noz hoirs et ceus qui cause i auront de nous, paier et rendre dès ore en avant touz les anz les devant dites quantitez de froment et de deniers devant diz aus dites relegieuses ou a leur commandement; et les leur fere paier et rendre, a noz couz et a noz despens et aus couz et aus despens de noz successeurs et de noz hoirs, quittes et franches, aus termes et aus lieus dessus diz dès ore més perpetuelment tous les anz. Et les devant dites quantitez de froment et de deniers devant diz de annuel rente delivrer et fere franches de toutes charges, de touz empéeschemenz, de toute perturbacion, inquietacion de moleste, de tout devoir, de toute servitude, de toute prestacion, de toute coustume et de tout contredit, et iceles quantitez franches de toutes charges, guerir et deffendre contre touz et prendre le plait contre touz pour les dites re_legieuses, se empéeschement n'i venoit par leur fet en jugement et dehors, toutes les fois qu'elles en requerroient nous ou noz hoirs, se ainsi avenoit qu'elles fussent troublées ou molestées par aucun sus les devant dites quantitez, ou se elles estoient empéeschées par nous ou par aucun qui eust cause de nous qu'elles ne les peussent prendre et avoir perpetuelment touz les anz franches et quittes. Et se il avenoit que les paiemenz dou blé et des deniers dessus diz ne fussent parfez en tout ou en partie aus termes dessus diz, par faute de nous et de noz genz, nous prometons et donnons aus dites relegieuses, pour les dommages et pour les deffauz des diz paiemenz, pour chascune semaine un marc d'argent. Et est accordé entre nous et les dites relegieuses en ceste permutacion devant dite, et leur avons otroié et otroions et leur avons convenancié et promis et enconvenançons et prometons que les dites relegieuses et leurs nonnains, leurs freres et leurs convers, leurs sergens et toute leur mesnie et touz leurs homes et de leur moutier devant dit de Fontevraut et des membres de celui et de leurs lieus et de leurs priourez et de leurs mesons toutes de celui moutier, qui sont et seront dès ores més ou tens avenir, sont et seront et remaignent dès orendroit frans et quittes de tout paage, pontenage, de coustume, de servitute, de prestacion et de toute exaction, tant par reson de leurs personnes que par la reson des choses qu'il feront conduire et porter et mener ou tens avenir par l'eve et par la terre, soit par reson de leur usage ou d'autre profit ou par queque cause que ce soit, sanz marcheandise et sauf les choses qui porteront a voiture : c'est assavoir par reson dou dit pont et en la paagerie dou dit pont par reson des dites relegieuses. Et fu accordé que se aucun d'autre lieu venoit demourer en leurs lieus, par fraude ou par barat, il ne seroit pas quitte ne franc des dites coustumes et peages. Et sont et seront et remaignent dès orendroit, par l'acort devant dit fet entre nous, frans et quittes de toute servitute d'arpentage, de toute ayde et de tailliée ou d'autre exaction a aidier a refere le dit pont ou a le rappareillier ou a le réediffier, se il avenoit par adventure que coustume ou tailliée ou aide ou autre exaction fust mise, levée ou establie pour les choses devant dites fere ou par autre reson, ou tens avenir. Et toutes les possessions muebles et immeubles et touz leurs autres biens acquis ou a acquerre, sont et seront et remaignent dès orendroit frans et quittes de tout en tout de toutes les servitutes et de toutes les exactions devant dites; c'est assavoir pour rappareillier et réedifier ledit pont. Et par l'acort fet entre nous en cete devant dite permutacion, nous leur otroions et prometons toutes ces franchises devant dites leur garder dès ores més perpetuelment, et prometons que nous ne noz successeurs ne noz hoirs ne vendrons contre les devant dites choses ne aucune d'iceles dès ores en avant ou tens avenir, més garderons toutes les devant dites choses et chascune d'iceles en tout et partout enterinement: c'est assavoir que toutes les autres choses, dont il n'est fet en ceste lettre mencion, demorront aus dites relegieuses en autel estat comme il estoient pardevant. Et renoncions, en toutes les choses devant dites et en chascune d'iceles, a toutes excepcions de barat et de tricherie et de toute decepcion; et especiaument nous Marguerite, contesse devant dite, renoncions expressement, acertenée sus ce, au benefice de droit qui deffent et devée que les choses de doayre ne puissent estre alienées. Et prometons nous les devant diz Challes conte et Marguerite nostre compaigne, contesse, que ès devant dites quantitez de froment et de deniers de rente annuel, de nous a iceles relegieuses otroiées et assignées, si comme le est dit par dessus, ne en la franche perception d'iceles, e ensurquetout ès franchises et en toutes les autres choses dessus dites ne molesterons dès ore més les dites relegieuses ou tens avenir, ne en iceles nous ne noz hoirs ne noz successors ; et especiaument nous la contesse devant dite, par reson de doayre ne par nule autre reson, n'i reclamerons riens dès ore en avant, ne ne porrons riens reclamer ne ne viendrons encontre les relegieuses devant dites ès davant dites choses ne en aucunes d'iceles. Et pour reson dou dit eschange, nous Challes et nous Marguerite donons et otroions, de grace especial, aus dites relegieuses et a leur eglise, qu'elles puissent tenir et porsuir a tous jours més, soixante livrées de rente qu'elles ont acquises, en non de la dite eglise de Fontevraut, en nostre contée et en nostre seigneurie d'Anjou en divers lieus, c'est assavoir : vint livrées de rente ou paage de Mont Soriau, que le seigneur de Mont Soriau a donné a frere Guillaume Buef, frere de Fontevraut et prieur de Saint Ladre, et a ceux qui cause auront de lui ; et vint et trois livrées sus la baillée de la Plaine, en la paroisse de Chantelou et en la paroisse de la Plaine, ou fié de Passe Avant, qu'elles acheterent de Guillaume dou Fresne, chevalier ; et sus le fié de Maytré en la paroisse de Cande, ou fié de Mousterou Berlay, que feu Huguet Buef, vallet, leur aumosna, et sus les choses que Macé Bernier a et tient on fié de Maytré ; et une ylle en Layre devant l'ylle au seigneur dou Pavement de Juygné, près de Bele Pole, tenue a cens de nous, que feu Macé Malefin leur aumosna, et puet valoir quarante souz de rente ; et sept quartiers de vigne et une meson et deus apentiz que feu André Bichon leur aumosna après la mort de Pierre son filz ; et quatre quartiers de vigne et dix solz de rente que feu Boudart et sa mere leur aumosnerent ; et quatre quartiers de vigne que feu Renaut de Merhoudi leur vendi : et sont ces choses tenues à cens de plusieurs seigneurs et viers, et puéent valoir sis livres de rente ; et un arpent et demi de vigne et deus arpens et demi de terre et trois quartiers de pré ; et sont ces arpenz en quartiers et en demiz quartiers et en menues parceles, entour quarante solz de menuz cens : et ces choses leur aumosna Jehan le Bouchier de Brion et les doit tenir sa vie, et sont toutes ces choses entour Brion, tenues a cens de plusieurs seigneurs, et puéent valoir entour quatre livres de rente; et le tiers du Molin au Juef, qu'elles acheterent de Pierre et de Symon du Molin au Juef, freres, et puet valoir seze solz de rente et est tenu de Macé Thomas a cens; et trois setiers de froment et deus setiers d'avoine que feu Pierre More et sa femme leur aumosnerent, qui valent vint et trois solz de rente et sont dou fié Henry Gastevin, chevalier; et cinquante solz que Aymeri de Bou, vallet, de la paroisse de Lonc Gué, leur a aumosné sus touz ses prez qu'il a ou fié des Montiz, qui sont dou fié aus dites relegieuses, et sus touz ses autres biens. Et ont ces choses dessus dites ainsi acquises, si comme elles dient, sans estre contraintes de par nous ne de par noz successeurs dès ore en avant a mettre les hors de leur mains; sauf nostre resort et nostre joustice, et sauf en autre chose nostre droit et l'autrui. Et prometons fere et pourchacier que nostre chier frere et seigneur, le très noble roy de France (1), weille et otroie et conferme espressement la permutation et les convenances dessus dites. Et confessons et reconnoissons que les dites relegieuses nous ont baillié et livré les lettres qu'elles avoient dou don dou dit pont, séellées dou séel au roy Henry, et unes autres lettres qu'elles avoient d'une composition fete par reyson dou dit pont entre elles et l'abbé et le couvent de Saint-Aubin d'Angiers (2), séellées dou séel au roy Loys. Et que ce soit ferme et estable, nous Challes et Marguerite devant diz avons donné aus dites relegieuses ces presentes lettres séellées de noz propres seaus. Ce fu fait et donné l'an de l'incarnation nostre seigneur mil deus cenz quatrevinz et treze, ou moys de jenvier.

(1) V. Trésor des Chartes, n° 83.
(2) Ibid. n° 7.

CHARTES

CONCERNANT

LA CHASSE

DE 1281 A 1321.

DON PAR LE SEIGNEUR DE MAULEVRIER AU PRIEUR DE TRÉMENTINES DE LA GARENNE DU DIT LIEU (1), *avril 1281.*

A toz ceos qui cestes presentes lettres verront e oyront, Regnaut seignor de Maulevrer, chevaler, saluz en nostre seignor durable.

Sachent tuit que nos, por la redemption de nostre arme e de nostre cher pere et nostre chere mere e de noz parenz, avons donné, bayllié, quipté, livré e otroyé, en pure e perpetuau aumone, a De e a sa gloriose mere e a l'abé e au covent de Seint Florenz de Saumur e a Macé de Saumur prior dau prioré de Trementines, apartenant a la dite abaye Seint

---

(1) Archives de la Préfecture ; *S. Florent, Trémentines*. Orig. mutilé, jadis scellé en cire verte sur cordon de soie rouge.

Florenz de Saumur, e aus successors qui seront por le temps qui est a venir en diz leus, nostre garene de conniz e de levres e de perdriz e d'autres quaucumques bestes e oysseas que nos avion e aveir poyon e devion en hebergement dau dit prioré de Trementines, e en verger e en la terre dou dit verger e ou pré e en tot le hebergement dou dit prioré entor e environ, si comme les hayes dau dit prioré les encloent e encloéent quant cestes presentes lettres furent donées.

E volon e consentum e otroyon que li diz abbés e le covent e le prior dou prioré desus dit e lor successor, qui seront por le temps qui est a venir en diz leus, ayent, tyengent e espleytent, par aus ou par lor aloez, en diz leus garene e defens de connis e de levres e de perdriz e d'autres quaucumques bestes e oysseas, o plenier dreit, sanz contredit e sanz empestrement, a lor pleine e delivre volenté. E avon osté e ostum, dau tot en tot, nostre garenne de connis e de levres e de perdriz e d'autres quaucumques bestes, oysseas que nos avion e aveir poyon en meteyries e en gaaygneries dau dit prioré de Trementines : ce est a savoir en leu vulgaument apelé la Chevalerie e ses apartenances, e en leu vulgaument apelé la Martinere o le boys e o ses autres apartenances, en leu vulgaument apelé la Bordinere o ses apartenances, e en leu vulgaument apelé la Beriotere o ses apartenances, e en leu vulgaument apelé la Petite Muce o ses apartenances, e en totes les terres cotivées e non cotivées, hayes, boys, prez, pasturages, landes, vignes, e quaucumques autres choses dau dit prioré de Trementines e daus homes dou prioré desus dit, por quaucumque non que elles séent ou poysssent estre apelées e nomées.

E volon e consentum e otroyon que li diz abbése le covent e le prior dau dit prioré, qui sont e seront por le temps qui est a venir, e lor aloez puichent chacer e prendre les levres e les connis, les perdriz e les autres quaucumques bestes e oysseas en diz e leus e ens apartenances paysiblement, quitement e franchement, a lor plenere volenté, sanz contredit e sanz empestrement, leur homes come li autre cumun, e en toz les autres leus de la dite parroysse de Trementines, des quaus nos avon ostée nostre garene dou tot en tot e delessié. E avon le dit abbé e le covent e le dit prior dau dit prioré mis en plenere e en corporau possession de totes les choses desus dites, par raeson de la garenne... e de chascune par sey, d'user e d'espleiter les choses desus dites par la baille de cestes presentes lettres : nulle chose dau tot en tot retenanz en choses desus dites ou en aucunes d'icelles a nos ou a nos hers ou a nos successors.

E que ceste nostre donation, fete e otroyée as religios desus diz, seit ferme e estable, e que nos ne nos hers ne nos successors en nulle manere ne poysson venir encontre a nul temps, nos Renaut, chevaler, seignor de Maulevrer desus dit, en avon donées aus diz religios cestes presentes lettres séellées de nostre propre seau.

Ce fut fayt e doné en l'an de l'incarnation mil e dous cens e quatre vinz e un an, el moys d'avril.

RÈGLEMENT DU DROIT DE CHASSE DE GERARD CHABOT DANS SA FORÊT ET SES BOIS DE BRION (1), *10 Mars 1281.*

Challes par la grace de Dieu roy de Jerusalem et de Sezile, du duchée de Puille, du princée de Capes, senateur de Rome, prince de la Mourée, d'Anjou, de Provence, de Forcalqueir et de Tonnerre conte, à tous ceux qui ces presentes leitres verront et orront saluz en nostre seigneur.

Sachent tuit que comme Gerart Chaboz, chevalier, sires de Reiz et de Machecou, propossat et deist que il povoit prendre toutes bestes en toutes les manieres que il puet en sa forest de Brion et ès buissions de la chastelerie de Brion, et disoit que il en estoit en bonne sesine : a la parfin il en est ordené que li dit Gerart et si hoir et cil qui auront cause de eus auront leur parcours des bestes que il leveront,

(1) Archives de Thouars, conservées au château de Serrant. Orig. mutilé, jadis scellé.

du bois de Brion et des buissons de la chastelerie de Brion par nostre terre et par noz forez, jusq*ues a ce que* elles soient prises o chiens et o levriers, sans *ce que* il ne puissent tendre cor*des ne rez ne* avoir haye a tendre cordes ne rez . . . ne autre engin *ou quel beste se* puist prendre, se ce n'est pour pren*dre conni*l ou lievre. Et ces choses, si comme elles sont desus devisées, nous otroions *au dit* Gerart et a ses hoirs ou a ceus qui cause auront d'eus, a avoir et a tenir et a esploitier a touz jours més sanz nul contredit. Et pour ce que ceste chose soit ferme et estable, nous avons au devant dit Gerart donné ces presentes lettres, séellées de nostre grant séel pendant.

Donné a Paris, l'an de nostre seigneur mil deu cens quatre vins et quatre, le dis jour de marz de la douzieme indition; de nos roiaumes de Jerusalem l'an wictieme, et de Sezile le diseneuvieme.

RESTITUTION PAR LE COMTE D'ANJOU AU SEIGNEUR DE MONTJEAN DE LA CHASSE DES BOIS DE BRIANÇON (1), *26 aoust 1298*.

A touz ceuls qui ces presentes leitres verront et orront, Bruiant sire de Monte Joan, saluz.

Sachent tuit que comme nous demandeson la restitucion de la chace de noz boys de Briençon, si comme nous dision que noz devanciers en avoient anciennement usé, de la quelle chace tres noble prince Challes, jadis roy de Sezile et conte d'Anjou, aveit deiseisi nostre pere et tenu longuement deiseisi; tres noble prince nostre tres chier seignour monseignour Challes, conte d'Anjou, disant que a lui apparteneit ladite chace et non a autrui, et nous en offreit a fere droit en sa court par la costume de la terre, nous respondions que o lui de ceite chose n'aurions nous ja pleit : et il

(1) V. Trésor des Chartes, N° 38.

de sa courtaisie, nous dona la dite chace, la quelle nous receumes de son don, sauf tout autrui droit. En tesmoing de cette chose, nous avons séellé ces presentes leitres de nostre séel.

Donné à Saint Oyn pres de Paris, le mardi apres le Relevement monseignour Saint Loys, l'an de grace mil deus cenz quatre vinz et diz et oict.

CESSION PAR HARDOUIN DE FOUGERÉ, SEIGNEUR DE LA HAYE-JOULAIN, AU CHAPITRE DE SAINT-LAUD D'ANGERS D'UNE PARTIE DU BOIS DU FOUILLOUX, AVEC DROIT D'Y CHASSER (1), 7 mars 1312.

Sachent touz presenz e avenir que, en nostre court à Angiers en droit establiz, noble homme monsour Hardoin de Feugeré, chevalier, sire de la Haie Joelein, d'une partie, e le déain e le chapitre de monseignour Saint Lo d'Angiers e lour procuratour, d'autre partie, requenurent e confesserent par devant nous que ils ont fet entre eux telle maniere de pez e d'acord come ci desouz est dit et devisé.

C'est assavoir que, pour toutes les resons e les demandes que le déain e le chapitre desus diz avoient ou poéient avoir, tant par reson dou chaufage de lour ostel de Ruseboue e dou four de celle dite ville comme par reson de l'oytiesme denier dou panage e de l'oytiesme denier de la vente dou boeis dou Fouylloux, pour telle partie come le dit sire de la Haie y a, par reson de ma dame Ysabeau sa femme, e pour toutes autres demandes que les diz déain et chapitre poéient fere au dit sire de la Haie, par reson des chouses desus dites, le dit sire de la Haie a baillé e assigné, e baille e assigne pardurablement aus diz déain e chapitre une piece des boais desus diz comenczant par devers Ruseboue, si comme elle se pourporte en lonc e en lé, jusques aus bonnes e aus mers

---

(1) Arch. de la Préfecture : *Chapitre Saint Laud, Ruseboue*, Orig. jadis scellé de deux sceaux sur double queue.

mises e feites entre la dite piece bailliée e les autres boeis dou Fouylloux au dit sire de la Haie.

E porront les diz déain e chapitre, en la dite piece de boeis qui assignée lour est, chacier e prendre toutes manieres de bestes : c'est assavoir lievres, connins, gupiz, texons, martres, putois, chaz sauvages, escuroes e toutes autres bestes à pié ront. E porront prendre les diz déain e chapitre, ès boeis desus diz qui assignez lour sont, toutes manieres d'oyseaus, exceptié les oyseaus de proye gentis e les herons.

E le dit sieur de la Haie retient ès boeis qui assignez sont aus diz déain e chapitre la garenne des grosses bestes e des herons e des oyseaus de proye gentis, e toute justice haute e basse; exceptié que si les genz aus diz déain e chapitre trouvéient maufetours en la dite piece qui assignée lour est ou qui y eussent meffet, ils les porroient prendre e en avoir la connoissance e la justice e l'amende, tant comme il poet toucher amende pecuniere, senz ce que le dit seignour ne ses heirs ne ceus qui auront cause de luy en puissent riens demander aus diz déain e chapitre, ne à celuy ou à ceus qui le meffet auront fet ou dit bois assigné aus diz déain e chapitre.

E est accordé que le sire de la Haie ne pourra chacier ne fere chacier en la dite piece de boeis à lievre ne à connin ne à beste à pié ront. E si ainsint estoit que les chens au sire de la Haie se transportassent en la dite piece de boeis, en chaczant la grosse beste ou en prenant les oyseaus desus diz ou en aucune maniere, par eschapée, par quey le dit sire de la Haie ne sa gent ne le feissent apenséement, e ils preinssent lievre ou connin ou beste a pié ront, le dit sire de la Haie ne ses genz ne paieront point d'amende. E en seroient creuz par lour serement que ils ne l'eussent fet apenséement ne par malice; e ceux qui n'oseroient fere le serement l'amenderoient.

E si ainssint estoit que le déain de Saint Lo ou le procurour du chapitre ou aucuns des chanoynes de Saint Lo ou lour genz chaceient ou faisoient chacier en la piece de boeis qui baillée leur est ès bestes desus dites qui lour demorent, e lour chens se transportassent ès boeis dou dit sire de la Haie, par aventure, en chaczant lour beste que ils auroient levée ou par autre manière, ils en retreroient lour chens au plus toust que ils porréient. E si ils en estoient mescreuz que ils ne les eussent fet retrez au plus tost que ils eussent peuz e que ils ne l'eussent fet apenséement, ils ne paieront point d'amende e en seroient creuz par lour serement; e ceux qui n'oseroient fere le serement l'amenderoient.

E par cest acort fesant e pour les chouses desus dites estre faites en la maniere devant dite, l'une partie e l'autre demorent quites e absous les uns vers les autres de touz arrerages, de toutes mises e de touz domages e de toutes choses que ils s'entrepoéient demander les uns vers les autres, par reson des chouses desus dites. E est tenu le dit sire de la Haie garantir, delivrer e defendre aus diz déain e chapitre la piece de boeis baillée vers touz e contre touz, à touz temps més, e espeeiaument vers Guion de Baucey, sire de Linieres, e vers touz autres usagiers qui en la dite piece de boeis porroient aucune chouse demander : ainssint toutevois que si la dite piece de boeis ou partie venoit à essample e il ne revenseist, il ne seroit pas tenu à lour garantir le trefonz e le demayne quant à piéce qui à essample vendroit.

E porront avoir les diz déain e chapitre un forestier à touz jourz més en la dite piece de boeis, qui porra porter arc e séetes e autres armes telles comme il voudra, pour la dite piece de boeis garder e deffendre e pour faire les autres chouses qui aus diz déain e chapitre porreient estre profetables ou dit boeis; e ne porra le dit forestier porter arc ne séetes par les boeis dou Fouilloux qui au dit sire de la Haie demorent.

E fera le dit sire de la Haie la dite Ysabeau sa femme obliger e lier aus chouses desus dites tenir e garder en la maniere desus dite. E à tout ce desus dit tenir e garder bien e leaument en la manière devant dite, s'entre sont obligez les dites parties l'une à l'autre e chescune partie en tant comme à sei en appartient : c'est assavoir le dit sire de la Haie sey e ses hoirs e ses successours e touz ses biens moubles e inmoubles, où que il soient, presenz e avenir; e les diz déain, chapitre e procuratour, eux e lour successour e les biens de lour moutier. E confessa par devant nous le dit sire de la Haie que, en parlant e en confermant cest acort e en le fesant, il y feroit lier Hardoin son filz ainzné, e que le dit Hardoin auroit fermes e estables les chouses desus dites.

E nous les diz sire de la Haie, déain, chapitre e procuratour, en nostre court en droit presenz e consentanz e renoncianz quant en cest cas, e chescune partie en tant comme à sey en apartient, à tout dreit escript e non escript, à tout privillige de croiz donné e à donner, à toute costume de terre e à tout usage, e à toute decevance, e à toutes constitucions e establissemenz fez ou à fere, e à toutes graices e indulgences octreiés e à octreier, e à la novele constitucion *de duobus reis*, e à l'autentique qui se comence *presente*, e au dreit disant general renonciacion non pas valeir, e à toutes autres exceptions, resons e oppousicions qui, de droit ou de fait ou de costume, porroient estre dites, obiciées ou oppousées encontre la tenour e la substance de cestes presentes lettres, jugeon e condempnon, par le jugement de nostre court, e chescune partie en tant comme à sey en apartient, à tout ce desus dit tenir e enteriner. E donnerent les diz sire de la Haie, déain e procuratour la fey de lour cors en nostre main de non venir encontre, par eux ne par autres, en auqune maniere ne par aucune reson.

Ce fut donné à Angiers, e séellé dou seau de nostre court ensemble o le seau audit sire de la Haie, le mardi emprès dimanche ou quel l'en chante *Letare Jerusalem*, l'an de graice mil treis cens e onze.

ABOLITION PAR LE SEIGNEUR DE THOUARCÉ DE SON DROIT DE GARENNE AUDIT LIEU, ET POUVOIR DONNÉ AUX PROPRIÉTAIRES ET HABITANS D'Y PRENDRE TOUTE ESPÈCE DE GIBIER ET DE POISSON (1), *vers 1315.*

A touz ceulx qui ces presentes lettres verront et orront, Bouchart de l'Isle, seigneur de Thouarcé, salut en nostre seigneur pardurable.

Sachent touz que nous, entendu et consideré le prouffit de nous et dou commun dou pays, especiaulment des habiteurs ou possesseurs dedens les bonnes de nostre garenne de Thouarcé, avons baillé encore baillons et octroions perpetuaument aus diz habiteurs ou possesseurs et à leurs hoirs et successeurs toute raison et droit que nous avions et avoir povions en la garenne dessus dicte : ce est assavoir que eulx et chascun d'eulx puissent user dou droit de la dicte garenne comme nous, en prenant toutes manieres de bestes, oaiseaux et poissons o toutes manieres de engeins e en toutes manieres que nous povyons et pourrions. Et leur donnons povoir de prendre personnes estranges usans de celui droit principaument et en nom d'eulx, et de les rendre en nostre chasteau de Thouarcé ou de les adjourner davant nous ou nostre lieutenant et de prendre les gages auxi comme nous pourrions.

Et volons que ils metent et puissent mettre gardes pour garder lours heritaiges auxi comme nostre garennier les souloit garder, et que les dictes gardes aient le droit et le povoir que nostre garennier souloit avoir, par reson de la dicte garenne, et puissent adjourner davant nous ou nostre lieutenant ceulx qui la voille ou le jour de l'angevine n'auront paié le droit par raison de la dicte garde. Et seront creuz

(1) Cabinet de M. T. Grille, bibliothécaire honoraire. Vidimus donné à la fin du XIVe siècle, sous le sceau de la cour d'Angers, d'après l'original; au dos duquel Vidimus on lit : *Une partie de la copie des lettres de la garenne de Thouarcé, tant par terre que par eau.*

les dictes gardes par leur serement dou paiement fait ou à faire. Et si il avenoit que les diz habiteurs, possesseurs ou gardes fussent accusez pour mésus ou fourfait en leur povoir dessus dit, volons que en leur deffenses ils soient creuz par leur serement en celui cas où serement pourra avoir lieu : et anxi volons, baillons et octrions sans riens y retenir, sauve la justice et l'amende des maufaicteurs dessus diz et le povoir de user du droit de la dicte garenne comme un des diz habiteurs. Et retenu avons la garenne de mon troille de Thouarcé, ainsi comme les chemins la departent, et sauve les buissons des garennes de noz hommes ou l'acroissement que nous avons fait, o l'assentement des diz habiteurs ou possesseurs, à monseigneur Guy Amenart en son herbergement de Chanzé, et au seigneur de Belligné en son herbergement de Belligné.

Et pour ce faire bailler et octrier, nous sont tenuz les diz habiteurs ou possesseurs païer, une fois tant seulement, dedens la Saint Michel prouchaine à venir, c'est assavoir à painne dou double : des heritages de la paroisse de Faye, pour chascun cartier de vigne et de pré dous soulx et un denier, et pour septerée des autres terres arables et non arables dous soulx et sept deniers ; et des heritages de la paroisse de Thouarcé, de chascun cartier de vigne et de pré trois soulx et dous deniers, et de septerée d'autres terres trois soulx et doulx deniers ; sauve les herbergemens et une muiée de terre ensemble, pour les quieulx herbergemens et muiée de terre nul ne poiera rien.

Et à ce tenir garder et deffendre vers touz et contre touz perpetuaument, si comme ces choses sont plus pleinement contenues en une lettres séellées de l'official d'Angers et signées dou seing Guillaume Mousnier chevalier, personne présente, obligeon nous et noz hers et noz successeurs et touz nos biens, à eulx et à chascun d'eulx la foy de nostre corps sur ce baillée de non venir encontre. Et de... *cœtera desiderantur.*

ABOLITION PAR LE COMTE D'ANJOU DE SON DROIT DE GARENNE DANS LA QUINTE D'ANGERS, ET POUVOIR DONNÉ AUX PROPRIÉTAIRES ET HABITANS D'Y CHASSER ET DÉTRUIRE TOUTE ESPÈCE DE GIBIER (1), *8 juin 1321.*

Philippus, Dei gracia, Francorum et Navarre rex, notum facimus universis, tam presentibus quam futuris, nos litteleras karissimorum et fidelium Karoli Valesii, patrui, et Philippi primogeniti sui Cenomannensis, consanguinei nostrorum, comitum, sigillorum sigillatas vidisse, formam que sequitur continentes.

Charles filz de roy de France, conte de Valois, d'Alençon, de Chartres et d'Anjou, à touz ceulx qui ces lettres verront, salut en nostre seigneur. Sachent tuit que, tant par plusieurs et continues complaintes des habitants de nostre ville d'Angers et d'environ comme par la vroye relacion de noz genz, qui pour nous ont esté et qui sont ès dictes parties, est finablement venu à nostre congnoissance que, par la guerre que nous et noz devantiers contes d'Anjou avons eu ezà arrières, de si lonc temps qu'il n'est memoire du contraire jusques à cest temps present, (il existe dans nostre garenne qui est dans la Quinte d'Angers) (1) des bestes sauvages, grosses et menues, les quelles sont tant multipliées et creues que le pays est si endommagié et cheu en si grant destraice et povreté que plus n'y a fors de guerpir les lieux et les terres que chascun a en la dicte garenne et environ, duquel terrouer pour ce sont jà departiz et yssuz genz sanz nombre pour la occasion de la dicte garenne : avons o plaine deliberacion et conseil de prodes homes, regardé en ce fait à pourveoir aux habitans aux diz lieux de loyal remede et convenable, pour le salut de nous et de noz successeurs;

(1) Archives du Royaume, P. 1115 et P. 1117, f. 32 et suiv. d'après un Vidimus donné sous le sceau de la cour d'Angers, le 9 novembre 1398.
(2) Cette addition nous a paru nécessaire pour compléter le sens.

pour la quelle chose, avons voulu et accordé, voulons et accordons, pour nous et pour noz hoirs et pour noz successeurs, que la dicte garenne jamés en nul temps ne puisse estre ne soy estandre par la Quinte d'Angers, si comme elle se comporte en lonc et en lé, ne en nul lieu de la dicte quinte, tant de l'un costé de Mayenne comme de l'autre.

Nous tant pour les causes dessus dictes que pour nostre grace et voulenté, par pitié et par aumosne, revoquons, quittons, annullons et abatons de tout en tout ladicte garenne à touz jours més quant à nous et à noz hoirs; francissons et quittons de toute garenne tant les habitanz et les possesseurs comme les lieux mesmes devant diz.

Et pourront les diz habitans et possesseurs qui ores sont et pour le temps avenir seront, par eulx et par les leur et par qui il leur plaira, dedens la dicte quinte prandre, ou chemin ou dehors, en boys ou hors bois, toutes bestes sauvages et oiseaux grans et menuz en telle manière comme il leur plaira, par tous lieuz où nous le peussions faire, exceptez oyseaulx de proie : c'est assavoir gerfaut et faucon. Et voulons et ottroions que jamés nul forestier ou garennier, pour nous ou pour noz hoirs, ne use de celui office dedens ladicte quinte. Et encore voulons et acordons que par tant n'ait pas chascun estrange droit de chacer dedens ladicte quinte contre la voulenté des diz habitans ou possesseurs en ycelle ; ains se aucuns estrangers se y embatoient contre leur voulenté, ilz les pourroient repeller des lieux desus diz en maniere deue; et serions tenuz nous et noz hers oster la force de ceulx qui force y feroient, quant requis en serions nous ou les noz.

Et n'est pas nostre entencion que autres perdent pour ce leurs garennes de lièvres et de connilz, se ilz les ont dedens la dicte quinte d'ancienneté : c'est assavoir dès le ruisseau de Brionneau, si comme il va de Saint Nicolas montant à la Maigneune et revenant d'ilec à la Membrerolle, et venant à Monstereul-Berffroy et venant d'ilec au port d'Espinaz en traversant vers Corse et retournant en enclouant la quinte du Plesseiz, et en tous les autres lieux de ladicte quinte d'Angers par tous les lieux de noz garennes designez ès lieux dessus diz.

Et pour ce que les garennes dessus dictes estoient et povoient estre de grant proufit et de grant valeur à nous et à noz hoirs contes d'Anjou, les quelles nous ostons et anullons si comme dessus est dit, honnorables peres en Dieu l'evesque d'Angers, le doyen et le chapitre de celui lieu, ly abbez, li colleges religieux et seculier, li baron, li chevalier, les bourgois et tout le commun des habitans en nostre conté d'Anjou, qui ont possessions dedens les dictes mettes de la garenne qui est en la quinte d'Angers, ès lieux de noz garennes ont ottroyé, acordé et voulu, ottroient, acordent et veulent de leur bonne voulenté, sanz contrainte, que, en recompensacion de ce, nous arons de chascun arpent de vigne fruital chascun an, jusques à VI ans continuelz, trente et deux deniers monnoie courant pour le temps; et de chascun arpent de terre cultivable et de chascun arpent de pré qui ne soit noïable, deux solz de la dicte monnoie; et au VIIe an ensuivant sans moïen les diz six ans, de chascun arpent de vigne fruital seize deniers, et de chascun arpent de terre cultivable et de chascun arpent de pré qui ne soit noyable douze deniers de ladicte monnaie tant seulement : à payer les sommes devant dictes à chascune feste de Toussains; et commencera le premier payement à la prochaine feste de Toussains.

Et est acordé entre nous d'une part, et les dessus nommez d'autre part, que si ès diz terrouers a aucunes landes, fresches ou pastures qui coytivées ne soient à present et ilz les soient lesdictes VII années durans, ilz payeront dès le jour que ilz commenceront à estre coytivez jusques à la fin desdiz VII ans tant seulement, en la fourme dessus dicte; et les diz sept ans accompliz, riens plus n'en sera païé pour la cause dessus dicte.

Et est encore acordé que des choses tant en demaines comme en fiez et rerefliez apartenanz au dit evesque, doyen et chappitre d'Angers : que deux, trois ou quatre prodes hommes de chascune de leurs villes seront esleuz et nommez, de par le dit evesque, doyen et chappitre; les quelx prodes hommes jureront aux diz evesque, doyen et chappitre, et non à autres, que bien et loyaument leveront, recevront et paieront la contribucion de touz ceulx qui contribuer y devront en la terre des diz evesque, doyen et chappitre : sauve tant que si nos genz, c'est assavoir deux telx comme nous y eslirons, y veulent estre, comme personnes privées, à veoir faire le serment que les homes feront, il plaist audit evesque, doyen et chapitre.

Et se il avenoit que noz genz ne feussent contens des chappellains, des hommes des diz evesque, doyen et chapitre et de touz autres de leurs condicion sur la declaracion de leurs heritages, ly evesque, ly doyen et le chapitre, en tant comme de chascun apartendroit à son terrouer, les contraindront, tant par serment comme en autre maniere, à la fin que verité fust sceue des diz heritages. Et seront estimés les diz heritages chascun arpent de vigne selon les devoirs qui en sont deuz ou par la solucion de la disme, et des terres tant par leur serement comme par arpentage; et par semblable voye sera fait de touz les heritages qui sont en ladicte garenne.

Et voulons que dès le temps que le dit evesque, doyen et chapitre et ly autre dessus nommez qui à ce contribueront auront noz presentes lettres sur cet accort, ilz puissent courre ou chacer, par eulx ou par autres, par tous les lieux abandonnez, si comme dessus est dit et divisé : c'est assavoir tantost la prochaine feste de Saint Jehan Baptiste passée. Et est acordé que se il avenoit, que jà n'avieingne, que aucun deffaillist à nommer ou à nombrer loyaument la quantité des arpents de son heritage, en maniere que des diz arpens il recelast un ou du moins jusques à demi arpent ou de plus, selon la quantité devant dicte, ilz payeront le double du recelé pour chascun an que ilz l'auront recelé; et paieront le salaire des arpenteurs, ou cas que il seroit trouvé en deffault, sans autre amende: c'est assavoir trois solz de journée pour chascuns arpenteurs. Et voulons que se il avenoit, ce que jà n'avieingne, que debast ou question meust sur les choses dessus dictes, nous, noz gens et les dessus nommez ou aucuns d'iceulx qui en ce contribueront, nous ne noz genz ne ferions excepcion contre ceulx qui en cause seroient traiz, pour ce jou qui autres y trairoient, que ilz feussent tenuz a eulx fonder en jugement par grace de roy ne de prince; ains sanz grace seroient receuz en tant comme à nous et à noz hers apartendroit. Et promettons en bonne foy les choses dessus dictes et chascunes d'icelles tenir et acomplir; et voulons si nous, nos hoirs ou noz sucesseurs venions ou atemptions en quelque maniere contre ceste presente ordenance ou temps avenir, nous, noz hoirs ou noz successeurs serions tenuz à restituer enterinéement tout ce que nous aurions receu pour raison des choses dessus dictes; se ainsi n'estoit que nous, noz hoirs ou noz sucesseurs, souffisamment ou loyalement requis, ne nous delessions de venir encontre et ne mettions à estat deu ce qui attempté auroit esté contre ladicte ordenance. Et pour ce ne demourroit pas que la dicte garenne ne demourast abatue, si comme dessus est dit.

Et voulons et accordons que se il avenoit que les chiens à aucuns de ceulx de la dicte contribucion passoient hors de de ladicte quinte, ilz n'en seroient prins ne traiz à amende, en faisant foy par leurs seremens que ilz eussent fait leur povoir de leurs chiens retraire; et en ce cas, se leurs chiens prenoient la beste, elle seroit rendue à nous et noz successeurs ou à nostre gent sanz autre amende.

Et quant à ce obligeons nous, noz biens, noz hoirs, noz successeurs et touz ceulx qui auront cause de nous et les biens d'iceulx; et especialment obligeons la conté d'Anjou et ceulx qui la tendront ou temps à venir, pour fermement tenir les choses dessus dictes et chascune d'icelles. Et de non venir encontre, par quelque voie que ce soit, ou temps avenir, nous avons donné le serement de nostre corps. Et ne voulons pas que, par ces choses ou aucune d'icelles, nul prejudice soit audit evesque, doyen et chapitre en leur droit, possessions et saisines, ne nul nouvel droit acquis à nous ou à noz hoirs ne aux autres eglises aussi.

Et nous Phelippes, ainsné filz de nostre très chier seigneur et père monseigneur le conte devant dit, conte du Maine, pour le proufit commun du pays d'Anjou, et pourceque il plaist au dit nostre très chier seigneur et père, toutes les choses dessus et chascune d'icelles voulons, acordons et nous y consentons en tant comme il nous apartient et peut appartenir ou temps avenir; et les promettons, par nostre serement, tenir et garder fermement et loyalement sanz jamés venir encontre; et ad ce obligeons nous, noz hoirs, noz successeurs, noz biens, les biens de noz hoirs et de noz successeurs.

Et d'abondant à plus grant seurté, nous Charles et Phelippes dessus diz supplions à nostre très cher seigneur monseigneur le roy de France, que il lui plaise mettre son decret et confirmacion ès choses dessus dictes; laquelle confirmacion royal et decret nous sommes tenuz de pourchacer par voye d'original à nos propres cousiz et despens, tout avant que nous en puissions riens lever par nous ne par noz gens. Et en tesmoing des choses dessus dictes, nous Charles et Phelippes dessus diz avons fait mettre noz seaulx à ces presentes lettres.

Donné à Aigrefin, près Angers, lendemain de Penthecouste, l'an de grace notre seigneur mil trois cenz vingt et un.

Nos autem premissa omnia et singula, prout superius sunt expressa, ad supplicationem patrui et consanguinei nostrorum, rata et grata habentes, ea volumus, laudamus, approbamus et auctoritate regia ac ex certa sciencia, tenore presencium, confirmamus; et in eisdem consensum nostrum interponimus et decretum, salvo in omnibus jure nostro et quolibet alieno. Actum Pictavis, anno domini MCCCXXI°, mense junii.

Ainsi signé : Facta est collacio per me FELLIS.

PÉAGE EXTRAORDINAIRE

ÉTABLI

SUR LA LOIRE

ENTRE CANDES ET CHATEAUCEAUX

DE 1370 A 1389.

LE TRESPAS DESSUS LOIRE (1).

Memoire que l'an CCCLXX, ou mois de decembre, monseigneur Bertran de Guesclin, connestable de France et lieutenant du roy nostre sire, ordenna certain subside, trespas ou acquit sur les marchandises montans, descendans et traversans par la rivière de Loire, entre Cande et Chasteceaux, pour paier certaine somme promise et accordée à Jehan Kersoualle, anglois, et à ses compaignons, ennemis du royaume,

(1) Archives du Royaume, P. 1115, fol. 38-21 et P. 1117, fol 10-13.

pour rendre et délivrer le fort de Saint-Mor, sur ladicte rivière de Loire, qu'ilz tenoient alors (1); lequel acquit ou subside fut tel (2) :

Pour muy de blé, vin ou sel II francz.

Draps de Rouen et autres, excepté bureaux, IV fr.

Pour fardeau de toile I fr.

Pour fardeau de chanvre et cordage V soiz.

Pour somme de mercerie commune II fr.

Pour millier de merrien à vin X s.

pour charge de fer III s.

Pour charge d'acier VI s.

Pour fardeau de draps de Flandres VI fr.

Pour fardeau de gros draps XI fr.

Pour fardeau de fustaine et de coton I fr.

Pour somme de grosse mercerie de soye et d'argent IV fr.

Pour somme de huille V s.

Pour somme d'alun, geme, saumace et autres chouses semblables X s.

Et de toutes autres denrées XII deniers pour livre; et du plus, plus; et du moins, moins.

Et pour chalan portant moisson IV s.

Et pour santine portant marchandie ou autres chouses II s.

Pour chalan portant le double ou plus VI s.

Au quel subside ou trespas recevoir Pierre de la Rivière et Jamet Bourssier furent commis, le XXVI° jour du dit mois de decembre. Et le receust ledit Pierre dudit XXVI° jour de decembre jusques au XIV° jour de janvier enssuivant. Et ledit met le receust dudit XIV° jour de janvier CCCLXX jusques au XIV° jour de fevrier enssuivant; et puis recommança le dit Pierre à le recevoir, et le receust du XIV° jour de fevrier dessus dit jusques au IX° jour de mars enssuivant. Et après

---

(2) Voyez notre premier volume, p. 306.

(3 On lit en marge du manuscrit, P 1115 :

Parcat Deus illis qui fuerunt seu dederunt causam ponendi istum transitum seu angariam, quia nimis duravit in prejudicium populi.

Et d'une autre main :

Nota : Adhuc durat et durabit in eternum ; ideo benedicti sint.

ce le receust ledit Jamet Bourssier depuis ledit IX° jour de mars CCCLXX jusques au premier jour d'aoust CCCLXXII.

Pour le quel trespas ou acquit et plusieurs autres trebuz et trespas qui lors se levoient au Pont de Seé et ailleurs en certains lieux, les marchans frequentans de la dicte rivière de Loire composèrent avecques monseigneur de Chasteau Fromont, lieutenant de monseigneur le duc (d'Anjou), et accordèrent à païer la somme de XVI (mil) franz d'or, tant pour païer ce qui estoit encore deu pour l'obligacion en quoy le dit monseigneur le connestable et messire Jehan du Bueil s'estoient obligez envers les diz ennemis pour la délivrance du dit lieu de Saint-Mor, comme pour convertir ès euvres et reparacions des chasteaux du dit monseigneur le duc, pour les quelles euvres et reparacions les diz trebuz et trespas avoient esté ordennez, par tant que le dit trespas et acquit ilz seroient gouverner et lever par certains commis et deputez de par eulx; et pourroient le dit acquit ordenner et imposer tel sur les marchandises passans par la dicte riviere comme ilz verront qu'il seroit affaire, et gaiges ordonnez à leurs diz commis et deputez sur ce, et le dit acquit faire lever et recevoir, jusques a ce que la dicte somme de XVI mil franz avecques les despens necessaires au fait fussent entierement païez.

Au quel acquit ainsi ordenné lever et recevoir Nicholas Carré, bourgois de Tours, fust commis, ordenné et depputé de la volenté et commun assentement des diz marchans. Et le receust du premier jour d'aoust CCCLXXII jusques à le XI° jour de décembre CCCLXXV, que la dicte recepte luy fut contredite et ostée par maistre Guillaume Danucel et sire Jehan d'Artoys, refformateurs generaulx, de par le roy et monseigneur le duc, ès pays de Touraine, d'Anjou et du Maine pour le temps.

Sur le quel fait eust III contrerolleurs, c'est assavoir : Jamet Bourssier pour monseigneur; Pierre Meurdoc bourgois d'Angers et Belin Gou d'Orliens, à present demourant à Paris, pour les marchans.

Item fut commis Jehan Courtet, lieutenant à Angers et ou

ressort du seneschal d'Anjou et du Maine, à recevoir la partie appartenant au dit monseigneur le duc, et aussi à recevoir ce qui encore estoit deu pour l'obligacion des dit monseigneur le connestable et messire Jehan de Bueil. Et fut ledit acquit ou trespas levé selonc les instructions faictes sur ce, des quelles est faicte mencion de l'autre part ou commancement de l'ordenance d'icellui fait : excepté que muy de sel, mesure de Nantes, qui estoit à deux franz fut mis à 1 franc et demi, au quel pris muy de sel, mesure de Paris, valoit LII solz tournois; et muy de froment XX solz tournois.

Item fut le dit trespas levé en main de court depuis le XIIe jour de décembre CCCLXXV inclut, jusques au premier jour de mars enssuivant exclut, qu'il fust baillé à ferme pour X mois enssuivant.

Et le receurent au Pont de Seé Pierre Guilloys et Guyon Croleavainne, bourgois d'Angers, du dit XIIe jour de decembre jusques au XXXe jour d'icellui mois. Et fut contrerolleur illeuc Jehannin Amoureuse par cellui temps. Item fut receu audit Pont de Seé par ledit Jehan Amoureuse du dit XXXe jour de decembre CCCLXXV jusques au dit premier jour de mars ensuivant; et fut Jehan Ferre Jau contrerolleur d'icellui fait le dit temps durant.

Et à Saumur fut le dit fait receu par Jehan Savoureau, du dit XIIe jour de decembre jusques au dit premier jour de mars, et le receut aussi des autres pors d'environ. Et furent contrerolleurs d'icellui fait Jehan Massé et Guillaume Le Maistre : c'est assavoir le dit Jehan Massé du dit XIIe jour de décembre jusques au Ve jour de janvier enssuivant, et le dit G. Le Maistre du dit V^e jour de janvier jusques au premier jour de mars.

Le dit trespas fut baillé à ferme de premier marché à Jehan Penet, Gabriel de l'Eglise, Raoulet de Tourville du dit premier jour de mars CCCLXXV inclut, jusques au premier jour de janvier CCCLXXVI exclut, ou quel temps a X mois, pour la somme de III mil livres aux enchières acoustumées, à payer aux termes et par la manière qui s'ensuit : c'est assavoir pour chascun des mois de mars, avril, may, juing, juillet et aoust CC livres; et pour chascun des mois de septembre, octobre, novembre et decembre CCCCL. livres. Et ou cas que la dicte ferme soit encherie, l'enchère qui y seroit mise se payeroit par esgal porcion sur chascun mois. Et fut la dicte ferme ainsi baillée par Nicholas de Mauregart, tresorier de monseigneur le duc, en la presence des genz de ses comptes.

Et est assavoir que à la baillie de ladicte ferme fut dit et accordé aux diz fermiers que, ou cas que les marchans trespassanz par ladicte riviere de Loire ou autre empetreroient devers le roy que ledit trespas cessast de lever ou leur fust osté par autre voye, les diz fermiers ne seroient tenuz à payer la dicte ferme fors ce qu'ilz auroient receu, et à rendre compte, rabatu les justes et raisonnables mises au dit fait necessaires; ou à payer CC. franz pour mois pour tant de temps que ladicte ferme ilz auroient tenue, se mieulx plaisoit au seigneur et à son conseil. Et jurerent les diz fermiers, aux saintes euvangiles de Dieu, que toutes les receptes qu'ils feront, ou leurs commis et depputez sur ce de par eux, du dit trespas ilz feront bien et loyaument enregistrer et escripre en leurs papiers, pour veoir et savoir la vérité du fait toutesfois que mestier seroit, et pour en rendre aussi bon et loyal compte à ceulx qui la dicte ferme encheriroient sur eulx.

Laquelle ferme fut encherie de CCC franz; item par les diz Jehan Penet et ses compaignons, de CCC franz; et depuis par Jehan Ferre Jau de CCCC franz, le XVe jour du dit mois d'avril CCCLXXVI amprés Pasques : au quel demoura la dicte ferme comme au plus offrant et darrenier encherisseur pour IV mil franz à payer par la manière dessus dicte.

Item fut le dit trespas moderé ou mois de mars CCCLXXVI, et mis autre pris sur les denrées trespassans par la dicte riviere, ainsi comme il est contenu ou commencement du compte de Jehannin Amoureuse.

Le dit Jehannin Amoureuse fut commis à recevoir, ledit

trespas en main de court le XXVIII⁰ jour de decembre CCCLXXVI; et le receut selonc les dictes instructions du premier jour de janvier CCCLXXVI jusques au darrenier jour de decembre CCCLXXVII inclus, dont il a compté.

Item le receut pour l'autre année enssuivant, fenie le darrenier jour de décembre CCCLXXVIII, c'est assavoir du premier jour de janvier CCCLXXVII jusques au X⁰ jour de septembre enssuivant CCCLXXVIII, selonc le pris contenu ès dictes instructions; le quel X⁰ jour de septembre fut modéré et restreint aux deux pars, et la tierce partie rabatue par ordenance du lieutenant general de monseigneur le duc. Et fut depuis receu selon la dicte restrinction, de la quelle année il a aussi compté.

Item le receut pour l'année enssuivant, fenie le darrenier jour de novembre CCCLXXIX, selonc la dicte restrinction; et en a compté semblablement.

Item a esté receu en main de court le dit trespas par le dit Jehan, du consentement des diz marchans et de leurs procureurs, selon le contenu des instructions sur ce faites depuis le premier jour de decembre MCCCLXXIX dessus dit juques au présent jour dudit mois CCCLXXXVI.

Item est à savoir que les diz marchans empetrèrent lettres du roy comment le dit trespas fust de touz poinz osté et cassé.

Et après plusieurs choses aleguées, tant des réparacions qui failloient aux chasteaux comme d'autres necessitéz que madame la royne de Sicile a à present en plusieurs manières, fut traittié par les genz de ma dicte dame aveques les procureurs des diz marchans que ilz soufreroient que le dit trespas fut encore levé pour III ans, commençant le premier jour de decembre MCCCLXXXVI, par certaine moderacion sur ce faicte.

Et par ainsi ma dicte dame donneroit ses lettres que le terme des diz trois ans escheu et passez, ne feroit le dit trespas lever dès ores en avant en aucune manière; et sur celle condicion l'otroièrent, et non autrement.

ORDONNANCES

RELATIVES

A LA POISSONNERIE D'ANGERS

EN 1408 ET 1469.

CE SONT LES ORDENNANCES DONT ANCIENNEMENT ON A ACCOUSTUMÉ A USER EN LA POISSONNERIE D'ANGERS, LES QUELLES SONT ICY MISES PAR ESCRIPT, A MÉMOIRE PERPETTUEL, PAR COMMANDEMENT ET ORDENNANCE DU ROY DE IHÉRUSALEM ET DE SICILE, DUC D'ANJOU, A CE QUE NUL N'Y PUISSE PRÉTENDRE CAUSE DE YGNORANCE, ET COMMANDÉES A GARDER SANS ENFRAINDRE AU PROUFFIT DU COMMUN PUEPLE, A PAINE D'AMENDE ARBITRAIRE (1).

Et premièrement, pour ce que en la dicte poissonnerie a plusieurs marchans qui se dient marchans jurez, commis et

---

(1) Archives du Royaume, P. 1116, fol. 66 et P. 1117, fol 65.

ordennez par lettres, *etc.* les quelx, soubz umbre de leurs offices et de ce que ilz dient que ilz ont accoustumé vendre et achater tout poisson d'eaue doulce à toutes heures en la dicte poissonnerie et dehors, par eaue et par terre au dedens de la banleue, en abusant de leurs diz offices, ont commis et perpetrez plusieurs fraudes contre leur serement qu'ilz ont fait, ou très grand préjudice des habitans de la ville et de la chose publicque, pour obvier aux dictes fraudes et afin que elles ne demeurent plus impunyes pour le temps à venir :

Ordenné est que iceulx marchans jurez et tous les autres pescheurs et poissoniers, non regratiers, pourront d'ores en avant achater dedenz la banleue et revendre, en la dicte poissonnerie et non ailleurs, par leur main, le poisson que ilz auront ainsi pesché et acheté quant leur plaira, senz ce que ilz puissent ou doibvent bailler à revendre, par manière de regrat ne autrement, à leurs femmes ne à autres personnes quelconques avant l'heure de tierce, qui sera sonnée à la cloche estant à la dicte poissonnerie par le voier de l'eaue ou par son commis toutesfois et quant mestier sera.

Item et que, par l'ordennance ancienne, yceulx marchans jurez ne puent ne doyvent prandre que XII deniers de prouffit sur le poisson qu'ilz auront ainsi acheté pour revendre en la manière que dit est : c'est assavoir XII deniers pour livre, ou tel autre prouffit comme les jurez et visiteurs sur le dit fait ordenneront.

Item et ne pourront nulz des diz marchans jurez avoir ne tenir fors que chascun une auge ou deux tines pour mettre et vendre leur poisson ; pour ce que ou temps passé ilz en ont tenu plusieurs que ilz bailloient à leurs femmes avecques partie de leur poisson pour vendre à regrat avant heure et après auxi, au préjudice des marchans et pescheurs venant dehors et du commun, en alant contre leur serement.

Item que les femmes des diz marchans jurez n'auront auctorité ne puissance aucune d'achater poisson en la dicte poissonnerie ne ailleurs pour ycellui vendre à regrat avant l'eure sonnée; més en lieu de leurs mariz, elles pourront bien occuper et vendre à leurs dictes tines, se ainsi estoit que leurs diz mariz n'y peusssent entendre, et autrement non avant heure par especial.

Item que iceulx marchans jurez et chascun d'eux et les autres marchanz forains non regratiers, tant celx qui ont chalans percez comme les autres qui amainent leur poisson en petiz viviers atachez à leurs santines, seront tenuz d'estaler et apporter leur poisson ès tines de la dicte poissonnerie, chascun en droit soy, aux jours du marché de poisson; et illec le vendre et adeverer bien et raisonnablement et senz aucun surfait. Et que ilz n'en puissent point vendre sur le port ne ailleurs en leurs diz chalanz ne santines; si n'estoit ainsi que toutevoies ou temps d'esté ilz eussent aucun poisson qui bonnement, pour la chaleur de l'eaue, ne puissent endurer estre débaillez ès dictes tines senz mourir, et que pour celle cause il les leur convenist vendres ès diz chalanz.

Item et ne pourront les diz marchans jurez prester, bailler ne louer leurs diz chalans percez à aucuns marchans forains pour mettre le poisson qu'ilz auront amené au port pour vendre, sinon après la dicte heure sonée, sur paine de l'amende; les quels marchans forains, en cas ou ilz amaineront poisson à jour du marché de poisson, seront tenuz de l'exposer en vente en la dicte poissonnerie et non ailleurs par la manière que dit est, s'ilz viennent à l'heure de la porte durant, avant le mettre en chalan; et sinon et qu'il conviengue que il soit mis en chalan, ils seront tenuz l'exposer en vente le premier jour ensuivant qu'il sera jour de de poisson, sur paine de le perdre et d'autre amende sur ce introduite

S'ENSUIT L'ORDENNANCE SUR LE FAIT DU POISSON DE MER AMENÉ EN LA POISSONNERIE D'ANGERS POUR ILLEC ESTRE VENDU ET DÉTAILLÉ.

Que tantoust et incontinent après ce que le poisson de

mer, comme rayz, congres, saumons et autres poisson sec, sera arrivé et présenté en la dicte poissonnerie, les commis et ordennez a visiter le dit poisson, appellé avecques eulx le voyer et qui bon leur semblera, visiteront le dit poisson premièrement et avant tout euvre, ainçois que le marchant soit sy hardi de rien deslier ou adeverer. Et s'il est trouvé bon et compettent, ilz donrront congié et licence au dit marchant de le vendre et detailler à toute heure, par juste et resonable pris que y mettront les diz commis se mestier est; et ce qui en sera trouvé de mauvais ilz feront geter en la rivière.

Item après ce que ledit poisson aura été trouvé bon et compettent, il sera exposé en vente par le marchant sur le premier estal où l'en a acoustumé vendre le poisson de mer, que l'en appelle *l'Estal le Roy*. Et s'il est trouvé que le dit poisson ne soit assez suffisant, toute voies le jour qu'il aura esté amenné par le marchant en la dicte poissonnerie il sera exposé en vente; mais il aura son estal appart, c'est assavoir en dessoubz du lieu ou l'en a acoustumé vendre les anguilles en la dicte poissonnerie : pour congnoistre au commun que il est séparé d'avecques l'autre qui est bon poisson de mer. Et n'est pas à entendre que si le dit poisson de mer estoit trouvé entièrement infec et corrompu, par quoy mal ou danger s'en puist ensuir ès corps des personnes qui le veulent achater pour le manger, que en ce cas il deust estre exposé en vente; més seroit geté en la rivière ou exécuté comme à tel cas appartient.

Item et chascun qui achatera du dit poisson de mer puis qu'il aura esté visité, paiera le marchant dont il l'aura achaté quant il prendra le dit poisson. Et ou cas que le dit poisson ne seroit trouvé bon, celui qui l'aura détaillé sera tenu de le reprandre de celui qui le rendroit, tout cuit avec la saulce; et sera tenu de faire rendre et restituer l'argent que le dit marchant aura receu d'icellui poisson à celui qui l'aura payé.

Il n'y aura point de clerc en la poissonnerie; et prendra

un chascun marchant tel clerc comme bon lui semblera et le paiera raisonnablement selon ce qu'il aura deservi. Et auxi chascun marchant detaillant son poisson, se bon lui semble, en prandra détailleur si lui plest.

Item chascun marchant vendra son poisson bien et convenablement, à raisonnable prix; et ne pourra le detailleur le vendre ne y mettre le prix de soy mesmes senz les diz jurez et visiteurs aveques le dit voyer.

Item les dessus diz jurez et commis à visiter le dit poisson seront tenuz, par leurs seremens, d'eulx prandre garde des fautes et maléfices qui se pourront fere en la dite poissonnerie et en faire raport à justice: c'est assavoir au conseil, au juge, au lieutenant et au prévost et au procureur.

Item les détailleurs du dit poisson de mer et leurs femmes qui vendront oystres, merlanz, harenz frais et moulles feront le serement de bien et loyaument le faire comme en tel cas appartient.

Item détailleront le saumon selon l'ordennance ancienne et à l'eschantillon ancien.

Item les diz visiteurs et le voier et leur compaignie ou l'un d'eulx aveques le voier mettront pris raisonnable sur le dit poisson de mer et sur celui d'eaue doulce, selon ce que ilz verront en leurs loyautez et consciences, senz grever le marchant ne le commun, toutes fois que mestier sera.

Item que chascun marchant qui aura amené et presenté oyttres en la dicte poissonnerie ne pourra avoir que une personne, soit homme ou femme, à vendre la somme d'oyttres. Et le feront en la manière qui s'ensuit: c'est assavoir que, après la visite, il sera compté par les visiteurs un cent et six des dictes oyttres, ne des plus grosses ne des plus menues, et le pris raisonnable mis comme dessus. Pour plus juste et plus briefve expedicion, sera mis celui cent et six en une balance: et pour chascun cent qui sera vendu, celui ou celx qui en vouldront avoir sera contrepesé par le marchant ou son commis en la manière que dit est.

Item quant à l'autre poisson de mer, comme merlanz,

harenz et moules qui se vendent à compte avecques tout poisson sec, il sera visité par les diz jurez et mis pris raisonnable se mestier est.

Item les dessus diz jurez et commis à visiter le dit poisson seront tenuz, par leurs seremens, d'eulx prandre garde des fautes et maléfices qui se feront en la dicte poissonnerie et en faire rapport à justice; c'est assavoir au conseil, au juge, au lieutenant, au procureur et au prevost.

Et si, par inadvertance ou introduction d'aucuns des marchans qui auroient amené le dit poisson en la dicte poissonnerie, les diz visiteurs avoient mis ou mettoient pris excessif sur le dit poisson, contre ne ou préjudice des habitans de la ville, et auxi à l'oposite contre les diz marchans en les grevant etc... l'en aura recours comme dessus etc...

Toutes lesquelles ordennances, le dit seigneur a voulu estre tenues et observées senz enfraindre par la manière dessus dicte : sachanz touz que si aucun d'icelx dont mencion est faicte en ycelles ou autres les enfraignent ou font le contraire, par quelque manière que ce soit, ilz en seront griefment puniz. Pour les quelles ordennances faire tenir et garder et auxi faire et ordenner telle punicion comme sur les infracteurs d'icelles pourra appartenir, le dit seigneur a commis son juge ordinaire en ses païs d'Anjou et du Maine, le lieutenant commis de par lui en office de lieutenant de seneschal et le prévost à Angers et chascun d'eulx.

Tesmoing le séel du dit seigneur ordenné pour lettres de justice, plaqué à ceste presente ordennance.

Escript par copie, le jeudi X^e jour de may, l'an de grace mil CCCCVIII : lors monsieur l'abbé de Saint Aubin, M. de La Croix et Giles Buynart, seigneurs du grant conseil et des comptes, estans en la dicte chambre.

BRIÇONAU.

II.

ORDONNANCES FAICTES SUR LE FAIT DE LA POISSONNERIE (1).

Extraict d'un papier ancien de la prevosté d'Angers.

Ou fait de la poissonnerie, a esté ordonné que marchant quelconque ne achatera au dedans de la banlieue de la ville d'Angiers poisson d'eaue doulce pour revendre, sur paine de perdre le poisson et d'amende arbitraire. Et sera vendu le poisson qui sera prins au dedans de la dicte banlieue, par les pescheurs d'iceluy et par leurs femmes en la dicte poissonnerie d'Angiers aux jours et heures accoustumez.

Item est ordonné que, pour éviter monopoles et le domage de la chose publique, il n'y aura d'ores en avant nulles compagnies de marchans de poisson d'eaue doulce quant à vendre le dit poisson; mais sera tenu chascun marchant par soy, sa femme ou son varlet, à part et sans compaignie, vendre et détailler le dit poisson. Et par ce ne leur est pas deffendu qu'ilz ne puissent avoir compaignie quant a achater le poisson des estangs du pays, saynes de la seigneurie ou de marchans forains qui amèneront grant quantité de poisson : pourveu que, avan que le vendre et distribuer, ilz le divisent et départent et chascun en vende sa part, comme dit est, sur peine de perdre le poisson d'eau doulce, d'amende arbitraire et de privacion du dit mestier.

Item et pareillement est ordonné que touz ceulx marchans de poisson seront tenuz amener et exposer en vente leur dit poisson aux jours acoustumez en la poissonnerie de poisson; et si poisson y a qui ait besoing de plus longue garde, le mettre ès challons persez qui sont atachez devant la poissonnerie, pour en avoir et mettre ès auges ce que besoing en sera sans les loger, receler ne retraire en viviers,

(1) Ibid. P. 1113 et P. 1117, fol. 68.

challons, ne ailleurs vendre ne distribuer hors la dicte poissonnerie sur paine *etc...*

POUR POISSON DE MER, EST ORDONNÉ CE QUE S'ENSUIT :

Premièrement que tout poisson de mer vert, sans excepcion de nul, sera amené par les propres marchans ou leurs varlez qui l'aménent de la mer, et descendu en la dicte poissonnerie sans riens en delaisser ne loger ailleurs. Et sera veu et visité s'il est venal, et pris mis par justice tout avant qu'il en soit aucune chose vendu ne distribué.

Item et si iceulx marchans et conducteurs de poisson pour vendre en recellent aucune porcion sans l'amener en la dicte poissonnerie, comme dit est, iceluy poisson sera confisqué et seront puguiz, tant les diz marchans et conducteurs que les retraieurs desdiz marchans, de perdicion de denrée et les autres d'amende arbitraire. Et auront les visiteurs ordonnez le gouvernement de la police, les clefs et garde de la poissonnerie et du poisson qui y sera logé et en respondront.

Item et que les diz commis à visiter, comme dit est, ne aussi les detailleurs de poisson de mer et femmes qui vendront le menu ne se pourront meller ne autrement des marchandises sur quoy ilz sont commis, par eulx, leurs femmes, leurs varlez et autres, sur paine de privacion de la dicte commission d'office et d'amende arbitraire; fors que les diz detailleurs et femmes, après l'eure passée, pourront bien achatter et soy marchander du poisson de mer qui sera demouré aux marchans de dehors, comme dessus est dit.

Item et pour vendre les merlans, macquereaux, moulles et ystres, seront commises six femmes ou moins, selon la nécessité, qui jureront solennellement les vendre et les détailler bien et loiaument, à la mesure et au pris qu'ilz seront ordonnez par justice, sans exceder ne faire au contraire. Et ne achatteront riens des dites denrées pour les revendre la veille ne le jour quelles seront amenées en la dicte ville jusques après medi, et ne se marchanderont d'autre poisson vert : sur paine de perdre la dicte denrée et d'amende arbitraire pour la première foiz, et la seconde du pillory.

Item et au regard du gros poisson de mer, y aura pareillement six détailleurs jurez ou au moins, selon la nécessité, pour vendre et détailler le dit poisson au pris qu'il sera ordonné par les commis par justice à ce faire, qui ne pourront avoir part ne compaignie ou dit poisson, sur paine d'amende arbitraire et de privacion d'office. Et n'est pas deffendu aux marchans qui ameneront le dit poisson (qu'ilz) ne facent la vente en presence et par le detail des diz tailleurs, si bon leur semble. Et feront les visiteurs cuire aucune porcion du dit poisson de mer pour l'espreuve d'iceluy, si besoing est.

Item et sera le saulmon détaillé à l'échandillon ancien et non autrement, sur peine de perdre le dit saulmon et d'amende arbitraire sur les diz tailleurs.

Item et est ordonné que si les diz vendeurs ou détailleurs du dit poisson y font deffaut, ilz seront pugniz : pour la première fois d'amende arbitraire; et pour la seconde mis en prison, privez d'office et mis en amende.

Item et seront payez les diz vendeurs et venderesses raisonnablement, selon leurs paines, par le marchant ou marchans par qui ilz besoigneront.

Ainsi signé, du commandement de messeigneurs les juge d'Anjou, lieutenant, juge de la prevosté d'Angiers et procureur d'Anjou, EUCTON.

Veue ceste presente ordonnance ou conseil du roy de Sicile, d'Arragon etc., et appointé estre publiée, observée et gardée par la forme que dit est dessus, le XVIe jour d'octobre, l'an mil CCCC soixante neuf.

III.

ORDONNANCE TOUCHANT LE POISSON VENDU EN LA POISSONNERIE D'ANGERS, FAICTE EN LA CHAMBRE DES COMPTES, OU MOIS D'OCTOBRE MCCCCLXIX (1).

Pour mettre ordre et vuider la question qui est entre les marchans de poisson sec en la poissonnerie d'Angiers et le prévost d'Angiers pour le roy de Sicile, duc d'Anjou, touchant les estaulx des diz poissonnieres estans en la dicte poissonnerie, et aussi pour le bien et utilité de la chose publique et du dit seigneur roy de Sicile, duc d'Anjou et des diz marchans, est appoincté et ordonné ce que s'ensuit.

Premièrement que les diz estaulx, qui estoient haussez en l'entrée de la poissonnerie, seront touz ensemble rasez et devalez contrebas en l'estat qu'ilz souloient estre, et quoyque soit en tel estat qu'on y pourra passer franchement ung cheval chargé de poisson; et pareillement les autres estaulx qui sont à l'entrée de la dicte poissonnerie.

Item que chascun des diz marchans ou marchandes vendans poisson sec sera remis au lieu et en l'estat qu'il estoit par avant le trouble et empeschement qui leur a esté donné depuis six semaines en çà.

Item que chascun estal à poisson sec sera de siz piez de long et non plus; et si plus en ont, ilz seront reduiz à celle raison. Et sur chascun des quels estaulx chascun poissonnier ou poissonnière vendant poisson sec tendra et sera tenue fournir chascun jour de byen deux tines et ung bacin. Et paiera tout au long de l'an au prevost d'Angiers par chascun jour de byen pour le dit estal, tant en yver que en esté, cinq deniers tournois, qui est deux deniers pour tyne et ung denier pour bacin, soit qu'ilz estallent au dit jour ou non, et ce sur paine d'amende.

(1) Ibid. P, 1113, fol. 69 et P. 1117, fol. 70.

Item et pour ce que des diz estaulx à poisson sec les ungs sont en meilleurs lieux que les autres, est ordonné et appoincté que si aucun marchant ou marchande de poisson sec veult payer plus hault pris d'aucun des diz estaulx que les diz cinq deniers par chascun jour de byen tout au long de l'an, en quelque place qu'ilz soient, qu'il y sera receu : et luy sera baillé et livré, pour le prouffit du dit seigneur, si celuy ou celle qui a acoustumé y estaller ne le veult prendre à celuy pris, le quel ou dit cas y sera preferé.

Item et est entendu que si aucuns forains estallent sur leurs diz estaulx ou temps qu'ilz ne les occuperont, ceulx qui seront tenuz y estaller et les fournir, comme dit est, en auront le prouffit de l'estallaige de celuy jour de byen, par la main du prévost d'Angiers ou de son commis à recevoir le droit de l'estallaige celuy jor.

Item aussi est appoincté et ordonné que ainsi sera fait d'ores en avant au regart et pour tant que touche les auges à poisson blanc, qui ne doivent que deux deniers par chascun jour de byen; et que ceulx, à qui elles sont ou seront livrées les fourniront de poisson et payeront par la forme dessus dicte, sur paine d'amende comme dit est.

Et est commandé et enjoinct au dit prevost garder et faire garder, tenir et acomplir ceste presente ordonnance et appoinctement, sans les enfraindre ne aucunement aller au contraire.

Fait ou conseil du dit seigneur roy de Sicile, en la présence de plusieurs des marchans et marchandes de poisson sec en ceste dicte ville d'Angiers, le XXVI° jour d'octobre l'an mil CCCC soixante neuf.

DOLÉANCES ET REQUÊTES

ADRESSÉES

A CHARLES VII,

ROI DE FRANCE,

PAR LE ROI RENÉ,

DUC D'ANJOU,

POUR LA RÉDUCTION ET LA SUPPRESSION DES IMPOTS, TAILLES, TRAITES ET AUTRES CHARGES QUI PÈSENT SUR SES SUJETS (1).

I.

MÉMOIRES POUR LE FAIT DU PAIS D'ANJOU, FAIZ EN LA CHAMBRE DES COMPTES A ANGIERS ET PORTEZ DEVERS LE ROY A TOURS, OU MOYS DE NOVEMBRE MCCCCL, LE ROY DE SECILE ESTANT AU DIT LIEU.

Pour ce que reduire à memoire et monstrer par experience les choses passées conduictes par raison doit mouvoir et advertir de donner ordre aux choses presentes, en tant qu'elles seroient traictées en confusion et sans ordre,

(1. Archives du royaume, P. 1334, fol. 3 et suiv.

le roy de Secile, duc d'Anjou, per de France, voulant humblement remonstrer au roy nostre sire les auctorités et preheminances de son païs d'Anjou, la fourme et maniere comment ses predecesseurs en ont joy et usé, et les novaletés qui puis aucun temps en çà y ont esté et chascun jour sont faictes, ou grant prejudice et dommaige du dit seigneur et de ses subgietz, à l'occasion des quelles et pour les innumerables charges qui sont ou dit pays, il est comme destruict; le dit seigneur roy de Secile dit en brief et remonstre au roy les choses qui s'ensuivent.

Premierement, comme chascun scet, le païs et seigneurie d'Anjou fut jà pieça baillé par le roy aux predecesseurs du dit seigneur roy de Secile, avecques plusieurs auctorités et preheminances, en apenaige et partaige de la couronne.

Item que le roy ne retint au dit païs fors sa souveraineté et les regalles des eglises de réalle fondacion tant seulement.

Item, entre les autres auctoritez du dit païs, le dit seigneur roy de Secile n'est tenu plaidoier autre part que en la court de parlement, s'il ne luy plaist; ne ses subgietz distraictz de la juridiction de son dit païs, fors en troys cas seulement ressortissans en parlement : c'est assavoir d'appel, de faulx jugement et denée de droit.

Item que les predecesseurs du dit seigneur, d'ancienneté, ont des dites auctorités joy et usé jusques à ce que plusieurs novalitez y ont esté faictes par officiers royaulx, ou prejudice, interestz et dommaige du dit seigneur et de ses subgietz, comme plus applain sera cy aprés declairé.

Item que au dit roy de Secile appartient la nominacion des offices royaux du dit païs d'Anjou, sans aucune excepcion, soient offices de justice ou de finance.

Item dit et remonstre le dit roy de Secile, que pour le temps de devant cestes dernieres guerres, que ledit païs d'Anjou estoit fort peuplé, riche, fertil et habondant de biens, il ne pourroit de taille, communs ans, que XX ou XXV mil francs, imposez seulement par les esleuz sans autres commissaires, ne mectre sus aucuns sureroys.

Item que la dicte taille et autres finances qui se levoient ou païs estoient entièrement données et laissées aux predecesseurs du dit seigneur. Et encores leur faisoit le roy des biens, attendu la proximité du lignaige d'entr'eulx, et de bonnes sommes sur les autres finances du royaume.

Item que aus dictes tailles contribuoient les conté de Vendosme et viconté de Beaumont, qui sont tenuz à foy et hommaige lige du duc d'Anjou : en quoy les predecesseurs du dit seigneur prenoient toutes les tailles; et és aides les deux pars, et les seigneurs des dictes terres la tierce partie.

Item que en faisant les dits dons par le roy aus dits predecesseurs, ilz ne servoient aucune porcion pour les barons et chevaliers du pays d'Anjou, comme se fait de présent et plus applain sera declairé; mais en laissant faire et disposer à leur plaisir et en donner et departir où bon leur sembloit.

Item que à la recepte des dictes tailles estoient nommez au roy gens du pays, qui les dictes receptes faisoient par la nominacion du dit seigneur, pareillement que sont les offices royaulx donnez à vie.

Item quant le roy envoioyt aucuns commissaires ou dit païs, à quelque cause que ce fust, ilz se tiroient devers le dit seigneur ou, en son absence, devers son conseil, les affaires de leur commission communiquoient; et le seigneur y obéissoit en tant que raison le vouloit. Maintenant est fait le contraire, comme plus applain sera dit.

Item quant le roy vouloit imposer taille ou aucuns autres subsides quant il n'y avoit convocations d'estatz, il le faisoit savoir aux predecesseurs du dit seigneur, pour en avoir consentement; et loy, comme seigneur du païs, en prenoit le consentement de ses barons et subgietz.

Item que en cellui temps n'avait cours la traicte du vin ne telz nouveaulx subsides; mais seulement la dicte taille avecques les charges ordinaires, comme gabelles et autres, fors les aides qui eurent cours par aucun temps.

Item que environ le temps de la prinse du Mans, faicte

par les Angloys en l'an mil CCCCXXIV, le roy nostre dit sire offrit à la feue royne de Secile Yoland, que Dieu absoille, qu'elle prenist la charge de la deffense des païs d'Anjou et du Maine; et que, oultre les finances du dit païs, lui feroit bailler et delivrer XXX mil francs chascun an des autres finances du royaume. Et ainsi sera prouvé par plusieurs gens notables dignes de foy.

Item que depuis cellui temps, le dit pays et les subgietz d'icellui ont porté entierement le fés et la charge de la guerre de toute la basse frontière, sans avoir eu aide ne secours d'autre part.

Item que pour le jour d'uy le dit païs d'Anjou porte en tailles, aydes ordinaires et ou fait de la traicte, en ces troys articles seulement, près de CXX mil francs, sans comprandre les gabelles du sel et autres charges qui d'ancienneté ont accoustumé estre levées ou dit pays. Et ceste charge et encores plus grande, sans les autres exactions merveilleuses dont cy après sera parlé, a porté et porte le dit païs de très longtemps, quoique soit, depuis la prinse et perdicion du Mans : et à celle cause est le pays en tel estat que, si provision n'y est mise en brief, il est entierement perdu et destruit.

Et pour venir aux cas particuliers, remonstre au roy les entreprinses et cas de novalitez qui ont esté et chascun jour sont faiz ou dit païs, ou prejudice du dit seigneur roy de Secile, de ses dictes auctoritez, il fait icy declairer, article après autre, chascunes des choses devant touchées.

Premièrement, en tant que touche le partaige du dit pays, le dit seigneur sçet que chascun en a congnoissance, et ainsi s'en deporte à tant.

Item au regart des auctoritez du païs d'Anjou et que la juridiction des subgietz d'icellui luy appartient, fors en troys cas dessus declairez, le dit seigneur roy de Secile est prest de faire prompte foy et de monstrer que les dites preheminances luy ont esté enfraintes et sont chascun jour : par ce que ses subgietz sont traictés en la court de Chinon et ailleurs, ou grant préjudice et dommaige d'icellui seigneur; et en seront declairez les cas plus au long au bon plaisir du roy. Et aussi ont donné et donnent souvent le bailli de Touraine et autres officiers royaulx commission, de par eulx et soubz leurs sceaulz, pour faire exploicter de justice sur les subgietz du dit seigneur, ce qu'ils ne pevent ou doivent faire par raison.

Item quant à la nominacion des officiers, tant de justice que de finance, le dit seigneur confesse bien que, au regart des officiers royaulx qui sont à vie, luy et ses predecesseurs en ont joy. Ont aussi joy de nommer aux commissions de recepte pour les tailles, d'emprunctz, de la traicte, reformacion, frans fiefz et autres choses de finance; et dernièrement la royne Yoland, mère du dit seigneur, tout en son temps et le dit seigneur du sien et jusques a naguères, que par le roy y a autrement esté pourveu, ou prejudice des droiz du dit seigneur.

Item pour monstrer que ainsi soit: quant le roy ordonnoit aucune taille en son royaume et que la quoete et porcion de chascun pays estoit faicte, il la faisoit envoier ou dit pais d'Anjou aux esleuz par ses lettres, blanches de la somme en chascune ellection et blanches aussi du nom pour la commission de recepte; affin que le seigneur du pays fist par les ellections justement esgailler la dite quoete et porcion et meetre gens de bonne preudommie et loyauté à lever les diz deniers, dont il povoit mieulx avoir congnoissance que si les dictes porcions et lettres de receptes eussent esté emplies et les sommes et noms mis devers le roy. Et le faisoit le dit seigneur des gens de son pays quant à la recepte, ce que de present ne se fait pas.

Item à l'article qu'il dit qu'il suffisoit des esleuz à faire l'impost des dictes tailles, l'article est vray et est leur ordinaire; et mesmement, par plusieurs années passées, aucuns autres officiers du roy se sont fait nommer commissaires à imposer ou dit pays les dictes tailles avecques les diz esleuz. Et supposé qu'ilz aient fait en une heure une visée sur l'impost et assiette de chascune ellection, ilz en emportent du païs, tout à la charge du peupple, aucunefoiz II mil (livres) et plus par chascun an.

Item quant aux autres surcroys mis oultre le principal, le roy, à la requeste de plusieurs, a octroyé et octroye souvent lettres pour imposer grosses sommes oultre le principal: des quelx le dit seigneur n'a aucune congnoissance, et sont mises à execucion en grant prejudice, interest et dommaige du dit seigneur et de ses subgietz.

Item et pour remonstrer veritablement que le pays ne peut plus porter la charge qu'il a et qu'il est entierement detruit et prest le peupple à desemparer : il ne portoit en temps de paix et de transquilité que XX ou XXV mil livres, comme dit est : et de present qu'il est en la necessité que chascun scet, il porte en tailles, aides et traictes CXX mil livres : en quoy le roy de Secile a seulement pour sa porcion XVIII mil livres tournois ou environ.

Item qui vouldra savoir particulierement comment et en quelle maniere, le dit seigneur dit que en la taille des gens d'armes, qui est de LX mil livres ou environ, il ne prent aucune chose : en la taille qui se appelle *la Taille du Roy*, qui luy a esté donnée, dont a esté imposé environ XV mil livres sans les fraiz, n'a eu pour sa porcion que IX mil livres. Les causes sont pour ce que le roy, non obstant le don qu'il fait de toute la taille, par autres lettres il donne au dit seigneur roy de Secile, à plusieurs barons et chevaliers ses subgietz les sommes que portent leurs terres; qui montent à IV mil livres et plus, ce que onques ne se fist aux predecesseurs du dit seigneur roy de Secile, qui luy est de grant foule, charge et dommaige; car ilz prenent le tout en leurs terres et le dit seigneur n'y prent pas le VIe denier. Le seurplus, pour descendre jusques aux IX mil livres, qui est IV mil livres tournois, a esté ceste année, rabatu par le dit seigneur aux povres parroesses du dit pays, pour les grans plainctes et clameurs qui chascun jour lui venoient. Sur les aides, qui montent XVIII mil livres, en quoy le dit seigneur doit prendre la moictié par don du roy, luy est seulement baillé par an quelque V mil livres, et aucunes fois moins. En la traicte de l'année passée qui a valu XX mil livres et plus, où il devoit prendre la moictié, a seulement eu IV mil livres tournois.

Item et par ce appert clerement que le dit seigneur n'a esté et n'est traicté en la maniere que ont acoustumé ses predecesseurs : car ilz prenoient toutes les finances du pays, comme cy dessus est touché et qu'il sera bien monstré.

Item et en tant que a esté touché des commissaires envoiéz, par le roy ou dit païs qui s'adressoient au dit seigneur ou aux gens de son conseil, ne se fait plus de present; mais vient chascun à voulenté executer et besongner, principallement en cas de finance. Et qui vouldra oïr les cas particuliers, om en dira largement, tant ou faict de la traicte comme des clouaisons des villes et en autres diverses manieres.

Item au regart de la traicte d'Anjou, elle n'avoit acoustumé d'avoir cours jusques à depuis poy de temps en çà que le roy nostre sire, par le consentement de la royne de Secile et d'aucuns du pays, par les grans neccessitez que le roy avoit lors, fut mise sus, moyennant promesse du roy de la faire abatre et non plus lever dedens certain brief temps après enssuivant; ce que encores n'a esté fait : qui est tourné à la grant perte, prejudice et dommaige du dit seigneur et du peupple de son dit pays de plus C mil francs par chascun an.

Item et pour monstrer comment est vray que le dit païs d'Anjou est fondé en vinoble, qui est la plus grant part de la revenue du dit païs : et pour occasion de la dicte traicte, les vignes en plusieurs endroiz du païs sont demourées en fresche, parceque le vin n'a pas sa plaine delivrance ne n'est pas mené hors le pays comme si la dicte traicte estoit cessée.

Item cessant la dicte traicte, se pourroit lever par estimacion du païs d'Anjou, X ou XII mil pippes de vin, oultre le nombre qui communement en passe chascun an, dont l'argent demourroit ou pays, qui vauldroit L ou LX mil escus : et le dit vin est despensé ou dit pays et donné a vil pris et ne revient que à pou de proufit.

Item le vin qui passe de present et cellui qui passeroit

cessant la dicte traicte, qui monteroit en nombre plus de XXX mil pippes de vin, dont l'argent et prouffit demourroit ou dit pays : par quoy se peut clerement veoir l'inconvenient qui par la dicte traicte vient ou dit pays d'Anjou.

Item et aussi en abatant la dicte traicte, le duc de Bretagne feroit cesser ung nouvel acquict qu'il a mis sur le v. l'entrée de son pays de Bretaigne; et par ce moïen se vendroit tousjours le dit vin plus cher ou dit pays d'Anjou.

Item et qui diroit que la dicte traicte ne vient pas du tout à la charge du dit pays d'Anjou, on respond que, passé a six ou sept ans, de tout le pays depuis Cande en amont n'est pas venu chascun an cent pippes de vin : excepté de Chinon aucune petite porcion, et de la Marche et de Touars une autre.

Item et après ce que le dit seigneur a monstré les charges importables du pays et qu'il est impossible, sans en doubter, qu'il les puisse plus porter, il remonstre encores en effect les choses qui cy après s'enssuyvent :

Premierement que depuis la prinse et perdicion du Mans, qui fut XXVI ans a ou environ, le dit païs d'Anjou d'un cousté, devers la frontiere, a tousjours esté barriere et boulevart de l'autre pays de par deça, a porté et soustenu entierement le fés et la charge de la guerre et le paiement des gens establiz ès places de la frontière, en la plus grant confusion et desordonnance des gens d'armes dont jamais fust memoire : car ilz tauxoient le pouvre peuple a leur voulenté, les prenoient prisonniers, ranczonnoient et faisoient presque touz exploictz que peussent faire les Angloys. Et n'estoit point regardé que une parroesse ne payast seulement que à une forteresse, mais à X ou à XII; le tout par la mauvaise et dampnable exaction que on appeloit *les appastilz*, qui povoit monter, selon l'estimacion qui s'en povoit faire et compris sauvegardes, baillées, cedulles, courses, croissemens, commissions, quictances et telles autres pilleries, qui se montent par an pour le party du roy à plus de C mil livres ; ainsi que le roi peut savoir et qu'il luy fut monstré bien à cler huit ans a ou environ, luy estant ou chastel d'Angiers.

Item et au regart des Angloys, ilz ont tenu la porcion du dit païs d'Anjou en appastilz, jusques aux portes d'Angiers ou bien près, jusques à la reddicion de la ville du Mans, dont le principal et autres choses qu'ilz tenoient montoit XL ou L mil francs par chascun an. Ainsi peut chascun veoir et congnoistre en quel estat et neccessité peut estre la porcion du dit pays.

Item en oultre a porté la charge de toutes les armes, entreprinses et journées qui se sont tenues en celle marche de païs et grant partie du païs de Normandie, tout sans ordre ne aucun paiement, mais à voulenté et à la destruction et charge du dit pays.

Item au regart de la porcion du dit païs d'Anjou devers Poictou, Loire entre deux, chascun scet communement, les grosses armées sont venues et descendues ou dit pays pour ce qu'il estoit le plus prouchain de la frontiere; et y ont yescu et sejourné par tant de fois que à peine se pourroit nombrer, en destruiant, pillant et robant le pays, vivant sans ordre et à voulenté, ranczonnant, brulant églises et maisons, tuans les bestes de labour et autre : en faisant touz exploictz que à pou eussent faiz ou peu faire les Angloys.

Item en la dicte porcion de pays sont, sans nombre de foiz, venuz raurieres, gens de compaignies et destruieurs de peupple, qui se sont gouvernez en la maniere que faisoient les gens d'armes par le royaume : c'est assavoir prendre, ravir et emporter tout ce qu'ilz povoient trouver.

Item soit noté que la cause qui plus les a tenu et fait sejourner ou dit pays a este la cause des entreprinses de la frontiere, et qu'ilz disoient avoir charge, commission et congié du roy : la quelle dissolucion a duré à poy près depuis la descense des Angloys en Normandie jusques à la nouvelle ordonnance faicte par le roy de l'establissement des gens d'armes par le royaume.

Item et nonobstant les dites choses, le dit pays a porté les tailles, aides ordinaires, la charge de la traicte, empruns et autres charges. Et sont encore de present, à l'occasion desquelles le dit pays se desempare chascun jour : les uns par mortalité, par la quelle depuis deux ans sont mors ou dit pays plus de X mil personnes et encores ceste presente année plus de VI mil, et les autres par la delivrance des païs du Maine, Normandie ou Perche et ailleurs, où chascun se retire au sien et pour estre chascun deschargié. Et ainsi, pour la sterilité et souffreté de biens qui a esté en plusieurs années passées et encores est en ceste presente et à la pluspart de ceulz qui a present y sont, couschent sur la paille et sont nuz et descouvers, meurent eulx et leurs familles comme de faim; et les autres vont mandiant et querant les aumosnes par le dit pays et se trennent par les villes et par les champs à grans compaignies : et devant le chastel d'Angiers, ledit seigneur estant là, s'en trouve le plus des jours VIII cent à mil personnes, en si piteux estat que chascun en devroit avoir compassion.

Item et pour donner clerement entendre la souffreté de biens du dit païs, est vray et sera clerement monstré que du païs d'Orléans et autres marches d'amont ont esté amenez en l'année passée telle quantité de blez que du païs d'amont en est yssu en argent plus de C mil frans : lesquelx blez ont esté achatez par les aucuns du païs, venduz et distribuez eux pouvres gens des champs qui mouroient de faim, aux uns pour argent, aux autres pour rendre blé pour blé; ce que le povre peupple ne pourra faire ceste année, pour ce que leur cuillete n'y peut suffire.

Item et au regart des vins de la dicte année passée, qui estoit l'attente principalle du peupple et en quoy le païs est plus fondé, a esté très mauvaiz et par ce moïen n'a esté de bonne delivrance; et n'y ont eu les genz du pays gueres de prouffit, mais plusieurs perte et dommaige.

Item et pour ces causes et autres dessus dictes, et que ce peu de peupple qui est demouré ou pays n'a peu et ne peut païer les charges qu'il a et est impossible en toutes manieres que faire le puissent pour l'avenir, se trouvera en bonnes villes du pays et ès lieux où sont les foires et marchez en très grande quantité les potz, paelles, pinces et touz pouvres utencilles, et jusques aux besches et ferremens dont les pouvres gens ont accoustumé gaingner leur vie et faire leur labeur, les quelx, par deffaut d'argent, ne sont pas achetez.

Item et pour remonstrer audit seigneur roy de Secile les necessitez et affaires dessus dictes, les genz d'eglise, nobles et grant quantité de peuple, à diverses foiz sont venuz devers luy, requerans sur ce provision. Et si ne fust l'esperance que le dit seigneur leur a donnée de les chacer et poursuir à toute instance devers le roy et à leur descharge, le peuple s'en fust presque tout allé; et qui ne le fera brief, le cas en adviendra brief.

Item et pour mouvoir le roy nostre sire à ce faire, à descharger le dit pays, luy plaise bien considerer et en son couraige mectre toutes et chascunes les choses dessus dictes, la grant loyaulté sans variacion et toute liberté qu'il a trouvée en la maison d'Anjou, ès subgietz d'icelle; et que jamais ou dit pays n'y a eu contradiction, par le dit seigneur ne ses diz subgietz, en ce que a esté le bon plaisir du roy. Et pour leur bonne et vraye obéissance, ilz ont porté tel fés et telle charge qu'ilz sont, ou près, demourez dessoubz.

Item et si le peupple est en celui estat, il faut croire et est vray que les gens d'église, barons, chevaliers, escuiers et gens d'estat des villes y ont grant participacion : car ceulx qui avoient rentes en deniers ou en blez ne pevent estre paiez, et ceulx qui avoient labouraiges et mestaieries et dommaines ne treuvent en plusieurs lieux qui les puisse labourer; ainczois les pouvres mestaiers, laboureurs, qui se souloient passer et vivre de ce petit qu'ilz avoient en labourant, se sont faiz et font chascun jour povres servanz, accueilliz de leurs maistres par neccessité et qu'ilz n'ont de quoy faire leur labour. Et sera trouvé que la plus part des dictes gens des diz estatz d'eglise et autres, pour chascun C livres de rente qu'ilz avoient, à peine en ont aujourd'huy L; dont leur est force rabesser chascun jour leurs estatz. Et les gens d'eglise en ont laissé, en plusieurs lieux, de faire grant partie du service divin.

Item et qui dira que cestes charges ont esté communes par le royaume, on respond que non. Au regart des tailles, elles sont plus excessives que autre part du royaume : car les subgietz de Poictou et de Touraine, qui sont deux pays voesins de celui d'Anjou et qui marchent l'un dedens l'autre, sont moins taux́s; et se congnoist par ce que quant ung des habitans laboureur des diz pays sera à XX livres de taille, cellui du païs d'Anjou, son voesin de pareil estat, sera à XL ou à L.

Item par autre raison, pour le fait de la guerre et des gens d'armes : car de quelque part du royaume que les gens d'armes venissent, pour sièges, journées, entreprinses ou batailles, ilz tiroient tousjours au passaige par le païs d'Anjou, pour ce que la frontière estoit en celle marche et qu'ilz ne povoient bonnement passer par autre part.

Item et pareillement au regart de la dicte traicte qui n'a esté levée en ce royaume fors ou païs d'Anjou, excepté à la Rochelle, qui n'est que de V sols par pippe. Et quant la dicte traicte n'auroit valu chascun an, depuis XXV ou XXX ans, que XX mil francs l'une année par l'autre, si en auroit il esté levé ou dit païs à celle cause DC mil francs, sans le dommaige qui par le moyen d'icelle sont demourez sur le pays, qui montent le double et plus.

Item et soit noté que, au commencement que la dicte traicte fut mise sus, elle valoit XXX ou XXXVI mil francs, et telle année fut à XL mil escuz. Et veu le pris à quoy elle est maintenant, qui est de XV, XVIII ou de XX mil francs, est bien à monstrer que près de la moitié des vignes du pays sont demourées en fresche.

Item et sera monstré veritablement que le païs d'Anjou depuis cestes derrenieres guerres, dont la charge tumba sur le dit païs trente ans a ou environ, s'il n'avoit pour ce que C ou CXX mil francs chascun an de charge, se monteroit la somme pour le dit temps de troys à quatre millions d'argent;

sans comprendre les mallestoutes, pilleries, roberies et autres dampnées exactions qui sont levées sur le peuple, comme dessus est dit, qui par avanture ont autant monté ou à peu près.

Pour cestes causes le dit roy de Secile, seigneur naturel du dit païs d'Anjou, desplaisant de tout son cuer des charges et oppressions de ses subgietz, voulant travailler de tout son pouvoir à leur soulaigement, comme tenu y est et que raison et justice le requierent, congnoissant aussi que son pays est destruit et que luy ne autres ne s'en pevent plus gueres aider, quelque pensement que on ait au contraire, a fait faire ces presens memoires pour bailler au roy et très humblement lui supplier qu'il lui plaise, bien au long et à diverses foiz, les faire veoir et visiter en son conseil, et aux choses en iceuls contenues avoir bon regard; et surtout lui donner provision raisonnable et de justice, pour obvier à la totalle destruction du dit pays qui autrement est preste d'ensuir, et aussi pour son interest en tant que touche la conservacion de ses droiz ès choses dessus dictes et chascune d'icelles.

Item et la quelle provision le dit roy de Secile supplie et requiert très humblement au roy qu'il luy plaise donner promptement. Et semble raisonnable, honnorable et prouffitable, et descharge de conscience en troys cas principaux qui s'enssuivent.

Premièrement plaise au roy faire entièrement joïr le dit roy de Secile des auctoritez et préeminences du dit païs d'Anjou, telles et semblables que ses predecesseurs ont joy et usé le temps passé, tant à cause du partaige de la couronne comme de la parrie de France, en declairant ce que fait auroit esté au contraire de nul effect, ramenant tout au premier estat et deu; et sur ce luy donner et octroier lettres confirmatoires de celles de ses predecesseurs dont il apparoistra, et desclaratoires sur les entreprinses et novalitez faictes pour celle cause contre le dit seigneur et ses subgietz; et le faire traicter, quant aux choses touchans finances et ce que en deppend, selon les requestes qu'il en fait cy dessus, qui luy semblent raisonnables et de justice, et ainsi que l'ont esté ses predecesseurs.

Item qu'il plaise au roy, considerant le grant dommaige que fait la traicte, qui est plus grant quatre fois que le prouffit qui en vient, comme bien au long a esté remonstré, la faire cesser et abatre de troys poins; et par ce moien le fera le duc de Bretage en celle qu'il a de nouvel imposée, qui tourne aussi à la charge et dommaige du païs d'Anjou : car le vin se vend de tant moins ou dit païs d'Anjou.

Item et au regart des aides ordinaires qui se lièvent ou dit païs d'Anjou, le roi de Secile, congnoissant l'excessive charge qui en vient aux subgietz du païs, non seulement pour le principal mais en plusieurs exactions qui se font par les fermiers et sergens des dictes aides, aussi pour la perdicion du temps que om fait faire les pouvres laboureurs à plaidoier, les peines et vexacions qu'ilz ont à celle cause et autrement et les seremens à quoy faire ilz sont contrains, qui sont fort à c..indre et doubter parceque il semble aux pouvres gens que pour telles exactions les seremens vraiz et non vraiz se pevent legièrement faire et maintes foiz est avenu le cas, et aussi la multiplicacion des fermiers et des sergens, touz vivans soubz celui umbre à la charge du peuple; le dit roy de Secile supplie très humblement au roy qu'il luy plaise les dictes aides faire cesser et abatre, et sur le dit pays, ou lieu de ce, mectre autre charge raisonnable par taille.

Item et qui dira que en le faisant seroit ouverture et consequence pour tout le royaume, on respond que entre les autres pays et contrées du royaume, celui d'Anjou, tout consideré, a bien merité et desservy d'avoir ceste grace, et plus grant; et semble que de ce le roy, par raison, devroit estre content en ayant equivallent de la valleur ou environ.

Item et si le roy n'estoit deliberé de faire les dictes aides abatre, ce que semble tousjours qu'il doit faire, au moins luy plaise estre content de cinquante fermes ou environ, qui ordinairement se baillent en chascun lieu. Au regart des dictes aides et des menues choses, dont autant revient de charge et d'oppression au peuple en exactions communes des grandes, qu'il luy plaise que sur certaine porcion d'icelles fermes, jusques à X ou à XII tant seulement, la somme ou à pou près des dictes aides se puissent lever; et par ce moïen cesseroient toutes les autres fermes, à l'occasion des quelles vient la mengerie, peine, vexacion et faulx seremens sur le peuple.

Item et combien que les diz païs et subgietz d'Anjou ayent evident besoing de support et que on les deust une pièce laisser reposer sans prendre ou que peu de chose d'entre eux, le dit seigneur roy de Secile, congnoissant que le roy a encore des affaires aus quels est besoing, en choses possible, luy secourir et aider, supplie très humblement au roy qu'il luy plaise estre content de faire imposer chascun an par tout le dit païs d'Anjou, ressors et terres particulières tenues soubz hommaige d'icellui, jusques à tel temps que sera divisé, pour toutes charges de tailles, aides, traite, une somme raisonnable et modérée, telle que le peuple puisse bonnement porter : et par ce moïen estre ressours et le peuple relevé de leurs dictes charges, et faire cesser la renue des commissaires pour les diz impostz et touz seurcroys; et aussi non faire d'uy en avant aucuns dons de la dicte taille aux barons et chevaliers du dit païs d'Anjou en leur terres. Et mieux est au roy bailler la dicte somme en moderacion raisonnable que grande et excessive; car de tant que le peuple est plus riche, le tresor du roy en est plus grant.

Item et encore, pour plus mouvoir le roy de ce faire, on dit qu'il doit avoir singulièrement regart à ce que le païs d'Anjou a esté la baye d'entre le pays de Normandie, que tenoient les Angloys, et l'autre du pays de darrière; et luy a si cher cousté que chascun peut congnoistre par les choses dessus dictes. Et maintenant qu'il est en l'obéissance du roy, il peut et doit raisonnablement porter sur luy grant partie de la charge que porte de present le dit païs d'Anjou.

Et finallement, pour conclure, le dit seigneur roy de Secile supplie très humblement au roy que, en considerant ce que dit est, il luy plaise les requestes dessus dictes, qui sont justes et raisonnables, benignement lui octroier, tant pour son interest que pour celui de ses subgietz.

En ce faisant, le roy fera raison et justice, ce qu'il est tenu et doit faire, acquittera sa conscience envers le peupple du pays ainsi destruit que dit est : dont non seulement les pouvres, à quelx doit estre pitié et compassion, mais touz bons catholiques, pour charité, doivent estre dolens et desplaisans. Et quant le dit païs d'Anjou sera mieulx en point et plus aysé qu'il n'est, tousjours s'en pourra aider le roy à son pla[isir], comme il a fait jusques icy.

II.

EXTRAI... ...PEGIÉ DES HUMBLES SUPPLICACIONS ET REQUEST... QUE A FAICTES PLUS AU LONG AU ROY NOSTRE SIR.. L... ...OY DE SECILE DUC D'ANJOU, TANT POUR LUY QUE... ... DESCHARGE DU PAÏS D'ANJOU ; ET BAILLÉE AUX GEN... .J GRANT CONSEIL DU ROY (1).

Pren... ...nezz qu'il plaise au roy donner audit seigneur
roy de ... le confirmacion de ses croiz de partaige, ainsi
que ser... de France, de bonne memoire, jusques au roy
Charle... ...ait successivement l'un après l'autre ; et en
sera tes... prompte foy au bon plaisir du roy.

Le r... ...ecile la supplie et fait encores. Toutes voyes, si le
roy a a... ...t telle occupation qu'il n'y puisse faire reoir, le dit
seigneur ... ra pacience jusques à plus grant opportunité
du re...

Item ... ...esser et abatre la traicte d'Anjou, pour les
raisons ... ...ées au long ès memoires du dit seigneur roy de
Secile.

(1) Les passages imprimés en italique sont placés, dans le manuscrit, en marge de chacun des articles à la suite desquels nous les avons reproduits. Ils forment la réplique du roi René aux *Reponses faictes par le roy* que l'on trouvera ci-après.

Le roy de Secile supplie humblement au roy qu'il lui plaise dès à present la faire abatre et en donner lettres, par ainsi que ceste année elle ait cours tant seulement.

Item prendre equivallent par taille pour les aides; ou si non que les aides soient abutez à une somme, et qu'elle soit exigée sur XII des plus grosses fermes et faire cesser toutes les menues.

Le roy de Secile, doubtant la consequence des autres parties du royaume, s'en deporte; mais il supplie au roy qu'il en ait sa moictié entière et non pas tiers ou quart, comme il a eu plusieurs années passées.

Item de faire imposer une taille moderée par tout le dit païs, telle qu'il le puisse porter; et qu'il plaise au roy en faire bonne porcion au dit roy de Secile, en regart à ce que on souloit faire à ses predecesseurs et aux services qu'il a faiz.

Puisque le plaisir du roy de plaire au dit roy de Secile par nostres dis seigneurs de son conseil, a esté de non fere autre rabés au dit païs d'Anjou, non obstant deues et raisonnables demonstracions, que de la moictié de la taille telle qu'elle a esté imposée en la proporcion du dit païs d'Anjou devers Poictou par aucun temps, oultre le fait des gens d'armes de l'un et de l'autre cousté du dit païs, ne se peut entretenir ainsi qu'il est sans y faire bonne et suffisant moderacion, il est content, o le bon plaisir du roy que l'autre moitié de la dicte taille, que le roy luy laisse, viengne aussi en rabés et descharge du peuple. Et n'y vault aucune chose prendre se autre moderacion ne se fait sur les charges du dit pays : car il aymeroit mieulx fort endurer qu'il ne donnast à son povoir soullegement à ses povres subgiez; parce qu'il est certain et affermé, sur la loyaulté qu'il doit au roy, que s'il n'a autre descharge et de plus grant chose, que le pays est entièrement perdu et destruit, et ne fait nul doubte du contraire.

Item que en l'impost et assiete de la dicte taille soient (imposées) les ellections comme elles estoient avant cestes guerres et depuis XXV ans.

Le dit seigneur requiert comme chose raisonnable : affin que chascune ellection ait sa cocte et porcion et ne marche l'une sur l'autre.

Item que à imposer la dicte taille ne autres pour l'avenir ne soient ordonnez par le roy autres commissaires que les esleuz; sinon que les dits commissaires y venissent pour le bien du peupple, et non pour y prendre le deffroy de leurs voyages en grosses tauxacions, comme s'est fait par aucun temps.

Le dit seigneur l'a requis et requiert encore, pour la descharge du païs.

Item que oultre le principal ne soient imposez aucuns seureroys.

Le dit seigneur le requiert pour la cause dessus dicte, et en supplie humblement le roy.

Item que sur la totalle somme de la taille se facent, en presence du dit seigneur roy de Secile, les cotes et porcions de chascune ellection : car ainsi se pourra faire plus justement et esgallement que n'a esté fait par aucun temps.

Le dit seigneur roy de Secile le requiert, pour plus justement esgailler les dictes cotes et porcions.

Item que les receveurs soient de son païs et ses subgietz, à luy agreables et gens qui aient l'œil à supporter et attendre gracieusement le pouvre peupple.

Le dit seigneur le requiert, pour bonne cause, et chet en toute raison.

Item plaise au roy estre adverti que les dons qu'il a faiz à plusieurs barons et chevaliers du païs d'Anjou de la taille en toutes leurs terres touche l'interest du roy de Secile : car les dits dons ont fait prejudice au dit seigneur de plus de III mil livres tournois chascun an, depuis que le roy en fist l'ordonnance.

Le dit seigneur le requiert aussi pour son interest; et que les dits octroiz luy ont porté grant prejudice et diminucion des dons que le roy luy a faiz.

Item, quant aucuns commissaires vendront ou dit pays,

qu'il plaise au roy qu'ilz se adressent au roy de Secile et en son absence à son conseil : car plusieurs y sont venuz besongner à voulenté sans riens en communiquer ne dire; qui a esté au grant prejudice et dommaige du dit seigneur et de ses subgietz.

Le dit seigneur roy de Secile le requiert et supplie pour bonne cause : car par ce deffaut se peut faire des abus ou prejudice du roy, du dit seigneur et de ses subgiets.

Et plaise au roy considerer que le dit seigneur roy de Secile ne fait cestes requestes fors seulement pour la conservacion de ses droiz et descharge de ses subgietz, et n'y entend aucune chose contre l'auctorité et souveraineté du roy : car il desire seullement la garder. Et a tous jours fait en ensuyvant ses predecesseurs et pense faire tant qu'il vivra; mais necessité contrainct ses subgietz de recourir a luy : et luy, comme seigneur naturel du pays, congnoissant la totalle destruction de ses dits subgietz, est venu devers le roy pour très humblement y requerre provision raisonnable.

L'article est vray, et sera monstré à toute heure au bon plaisir et ordonnance du roy.

III.

RESPONSES FAICTES PAR LE ROY AUX MEMOIRES DU ROY DE SECILE, TOUCHANT LE PAÏS D'ANJOU.

C'est ce que on a advisé sur les articles baillez par le roy de Secile.

Premierement, au premier article faisant mencion de la confirmacion de ses droiz et prerogatives, pour le present on n'y touchera.

Au second article, touchant l'abbattement de la traicte, a esté advisé que, pour ceste année, la dicte traicte demourera. Et pour ce qu'elle a esté baillée à ferme à XVIII mil francs, dont il y a II mil pour dons et mil pour les fraiz et a la royne II mil pour la traicte de Thouars, ainsi ceste année XII mil, semble que le roy de Secile en doit avoir la moitié. Et au surplus le roy sera informer sur le proufit ou dommaige du dit païs d'Anjou et de la chose publique du royaume, et selone ce qu'il trouvera, donnera la provision telle que faire se pourra et devra.

Au tiers article, touchant ung equivallent par taille en lieu des aides, *etc.*, on leur a respondu qu'il ne se peut ne doit faire, et que ce seroit la destruction du peuple ; et ilz se sont contentez de la dicte response.

Au quart article, touchant la moderacion de la taille, *etc.*, on a respondu que, pour ceste année, le roy a deliberé descharger touz les pays de de Languedoïl de la moictié de la taille, en esperance que l'année à venir, à l'aide de Dieu, il leur fera encores mieulx ; de la quelle response ilz ont esté contens.

Au Ve, touchant la reunion des ellections d'Anjou, *etc.*, a esté respondu que les generaulx adviseront sur ceste matiere et y donneront provision telle que de raison.

Au VIe article, touchant les commissaires du roy pour mectre sus la taille, *etc.*, a esté respondu que en touz les pays des autres seigneurs le roy envoye commissaires pour mectre sus la dicte taille. Et cause principalle est pour garder que les grans mengeries et charges que ceulx des dits païs ont acoustumé faire sur le peuple ne se feissent plus et pour les faire cesser ; et que pareillement est chose raisonnable que le roy envoye en Anjou comme ès autres pays, et que les dits commissaires y yront aux moindres fraiz que faire se pourra.

Au VIIe article, contenant que oultre de la taille on ne mecte nulz surcroiz, *etc.*, le roy sera content que on ne mecte que le principal et les fraiz les plus raisonnables et moderez que faire se pourra.

Au VIIIe article, faisant mencion que les cotes et porcions de chascune ellection se facent en la presence du roy de Secile ou de ses gens, *etc.*, semble que le dit seigneur roy de Secile doit estre content que les dictes porcions se facent par les commissaires du roy et par les esleuz, les quelx esleuz sont nommez par le dit seigneur roy de Secile. Et est à presumer qu'ilz ne seuffrent charger indeuement les dits pays, et que chascun gardera, en faisant le dit partaige, les droiz et descharge de son ellection, et s'il plaist au roy de Secile y envoier de ses gens pour ceste année presente, il le pourra faire.

Au IX⁰ article, faisant mencion que les receveurs de la taille seront de son pays et ses subgietz, etc., a esté respondu que le receveur de la taille n'est point office et n'est seulement que une commission pour celle foiz. Et pour ce y peut meetre le roy qui il luy plaist; et n'y vouldroit meetre ne souffrir homme qui feist nul grief ne injustice ou exaction au peupple

Au X⁰ article, faisant mencion des dons que le roy a faiz de la taille à aucuns chevaliers et barons du pais d'Anjou, qui tourne en prejudice au dit seigneur roy de Secile de III mil frans par chascun an, etc., a esté respondu que dès le commancement les dits dons furent faiz par le roy et ne dureront que ceste année: attendu la grace que le roy espère, à l'aide de Dieu, faire à son peupple l'année qui vient.

Au derrenier article, faisant mencion que quant il y a aucuns commissaires en Anjou qu'ilz s'adrecent au dit seigneur roy de Secile et en son absence à ses officiers, etc., semble qu'il est bien chose raisonnable que les dits commissaires qui yront se tirent devers le dit seigneur roy de Secile ou devers ses officiers, en leur signifiant leur charge et commission.

Ou cousté de la frontière, qui porte LXXVI lances, a este fait rabés de XVI lances, qui montent environ VI mil livres.

Responseé par replicque.

Le roy de Secile a requis et supplié au roy qu'il luy pleust descharger son païs d'Anjou de partie de la charge qu'il a à cause de CXL. lances fournies, qui se payent pour ceste année au dit pays: disant le dit seigneur roy de Secile que, ainsi que ses officiers et gens des dits pays luy ont donné à entendre, iceulx païs d'Anjou en sont plus chargez que nulz des autres pays qui ont a paier les dictes gens d'armes. Et pour ce que le roy vouldroit garder equalité en touz les païs de son royaume, il a appoincté que pour ceste année prouchaine avenir les commissaires yront par les païs d'Anjou, Poictou, Touraine et Berry, se informeront de la charge des dits pays en general et en particulier, et rapporteront devers le roy la dicte informacion : la quelle veue sera faicte telle diminucion au païs d'Anjou que raison donra se faire se doit.

Fait à Monbason, le XIe jour de decembre, l'an mil CCCC cinquante. Ainsi signé : BARDOYS.

IV.

(NOUVELLES SUPPLIQUES ET REQUÊTES DU ROI DE SICILE.)

Affin qu'il plaise au roy donner au roy de Secile plus ample et fructueuse declaration sur aucune des requestes qu'il a faictes au roy, ausquelles on luy a respondu, le dit seigneur supplie encores et requiert très humblement au roy, sur l'effect des dictes requestes, les choses qui s'enssuyvent.

Sur le premier article, de la confirmacion de ses droiz, où a esté dit que on ny touchera point presentement, le dit seigneur roy de Secile est icy prest d'en faire prompte foy par original, si le bon plaisir du roy est de les veoir et de y faire entendre.

Au IIe article, de la traicte et de faire informacion sur le prouffit ou dommaige de la dicte traicte, il est tout cler que prouffit ne fait elle aucun ou païs d'Anjou; mais merveilleux dommaige, pour les causes touchées ès memoires du dit seigneur. Et tousjours supplie au roy qu'il luy plaise la faire abatre dès à present, en ayant cours ceste année seulement.

Au IIIe article, de l'equivalent des aides, le dit seigneur roy de Secile ne en pense plus parler, pour la consequence comme il a fait remonstrer; mais il supplie humblement au roy qu'il luy plaise luy en laisser la moitié entièrement et y comprendre tierçoyemens et doublemens, dont n'a esté riens fait par aucunes années et n'a eu des dictes aides, ou lieu de sa moitié, que tiers ou quart de la valeur.

Au IV⁰ article, touchant l'equivallent de la taille, où l'en dit que le dit seigneur roi de Secile a esté content de la moderacion pour la moitié, il ne le pense avoir fait dire ne escripre ; aincezois, après la reponse a luy faicte par messeigneurs du grant conseil, a fait remonstrer article après autre, puisque le bon plaisir du roy n'estoit de faire avoir rabés en Anjou que de la moitié de la dicte taille, que l'autre moitié, dont il a le don du roy, il laissoit pour supporter ses pouvres subgietz. Tousjours a entendu et entend le dit seigneur roy de Secile, quant il a parlé de faire imposer par tout ledit païs d'Anjou une taille moderée, qu'elle portast le paiement de LXXX lances establies pour le dit pays. Et si c'est le bon plaisir du roy qu'il ne porte que celle charge, avec l'autre moitié de la taille qui se met oultre le fait des dits gens d'armes et les LXXX francs pour la rescompense des quintes, il sera charité et grant aumosne : et encores avec telle moderacion porterait descharge le pays environ LXXX mil francs.

Au VI⁰ article, des commissaires pour imposer la taille, le dit seigneur roy de Secile est moult joyeulx qu'ilz viengnent ou païs pour le bien du peuple ; et pour honneur les fera festoïer et deffraïer par tout son pays, et du sien propre. Au regart de leur tauxacions, semble chose perdue et à la charge du peupple.

Au VII⁰ article, pour faire cesser les seurcroys, ledit seigneur roy de Secile en est très content et en mercye humblement le roy.

Au VIII⁰ article, des quotes et porcions, le dit seigneur est très content de la reponce et en mercye aussi humblement le roy.

Au IX⁰ article, faisant mencion des receveurs et qu'ilz soient du pays, on a respondu que ce n'est que commission à une foiz. Semble au dit seigneur roy de Secile juste requeste qu'ilz soient ses subgietz et agreables : car ilz ne seront en plus grant contrainete de faire chose contre raison ne grief au peupple. Et ainsi s'est fait du temps de ses predecesseurs, et envoyé ou pays les commissions blanches de la somme et du nom. De la somme, est respondu ou precedent article; du nom, plaise au roy de sa grace ainsi le faire : car les deniers n'en seront que mieulx recueilliz et plus au soullegement du peupple.

Au Xe article, parlant des dons que le roy fait aux barons et chevaliers du pays de toute la taille en leurs terres, à quoy on respond que ce fut dès le commancement et qu'il ne se fera plus que ceste année : ainsi que portent les memoires du dit seigneur, le roy luy a fait don de la taille par ses lettres, et par autres lettres en a fait le don aus dits barons et chevaliers en leurs terres; et par tant se voit le prejudice du dit seigneur : aussi c'est chose non acoustumée à ses predecesseurs. Le dit seigneur seroit moult joyeulx si le roy leur vieult donner qu'il le feist, mais que ce fut sans prejudice; et semble que ce devroit estre par descharge de son receveur general, car les dons ainsi faiz ès dictes terres pevent porter grant consequance.

Au derrenier article, faisant mencion que les commissaires du roy se adressent au dit seigneur ou en son absence à ses officiers, ce que le roy luy a octroyé, il en mercie très humblement; et pour honneur du roy les fera ou dit païs bien traicter et recevoir. Et tant à la charge de leurs commissions comme autres choses possibles au dit seigneur et agreables au roy, les servira et fera donner bonne et vraye obeissance, comme son humble et obéissant parent et subgiet.

Au regart du Ve article, cy mis le derrenier, parlant de reunir les ellections, ce qu'est remis a messeigneurs les generaulx pour y donner provision, toute la difference est que, durant la guerre, XVIII ou XX parroesses de l'election de Saumur, du cousté où estoit la frontiere, ont esté imposées en l'ellection et par les esleuz d'Angiers, sans avoir deschargé l'autre portion de la dicte ellection de Saumur.

Si plaise à mes dits seigneurs les generaulx y donner provisions necessaires.

V.

(REQUÊTES DU ROI DE SICILE AUX COMMISSAIRES ENVOYÉS PAR LE ROI DE FRANCE EN ANJOU.)

Puisque le roy de Secile, duc d'Anjou, n'a peu obtenir du roy tel rabés et diminucion sur les charges de son pays que luy semble plus que neccessaire, et que le bon plaisir du roy a esté que le dit païs d'Anjou, en oultre la charge de la traicte et des aides ordinaires, porte et soustienne pour ung an, commançant ce premier jour de janvier CCCCL., la soulde et paiement de CXL lances, en ce comprins IV mil livres tournoys ordonnez au dit seigneur roi de Secile pour la rescompense des quintes d'Angiers et la moitié de la taille qui se nomme la Taille du Roy, le dit seigneur voulant tousjours humblement obéir au roy et le secourir luy et ses subgietz en choses possibles; voyant aussi les charges insupportables du païs et desirant singulierement les diminuer se povoir, en tant requiert et prie a messeigneurs les commissaires du roy presentement venuz devers luy qu'ilz et les esleuz du dit pays vueillent, en ceste matiere et autres apres nommées et declairées, (ordonner) en la manière qui s'ensuit :

Premierement, au regart de la taille des gens d'armes pour le dit seigneur, CXL lances, dont le paiement IV monte la somme de...... Puisque autre moderacion n'y a esté faicte, le dit seigneur entend et requiert que, par mesdits seigneurs les commissaires et par les esleuz, soit fait imposicion, assiette de la dicte somme par tout le dit pays d'Anjou (le plus) justement et esgallement que faire se pourra, sans aucune division du dit païs deczà ne delà la riviere de Loyre entre les deux impostz; mais en chascune des troys ellections d'Angiers, Saumur et Loudun bailler sa cocte et porcion et mectre chascune parroesse a son ellection, comme il est accoustumé de faire ès temps passez.

Item et en tant que touche la moictié de la taille du roy, dont le dit seigneur a le don et octroy, combien que l'autre moictié, que on rabat au peupple, viengne a la charge seulement du dit seigneur, par tant qu'il en a le don du roy, pour tousjours supporter ses subgietz à son povoir, en tant requiert et aussi se consent, pour pitié de ses dits subgietz, que avecques la dicte taille des gens d'armes soit imposée, et tout par une commission, la somme de..... pour toute rescompense de la dicte taille du roy. Et par ainsi ne fera que ung impost et pour chascune parroesse une commission; dont le pays sera soullegé tant des commissions de la dicte taille du roy, de toutes quictances generalles et menues execucions que autres choses qui en deppendent, dont revient grant charge au peupple.

Et en tant que touche les fraiz qui se meetent sus oultre le principal, et distribuer aux commissaires, esleuz, greffiers et receveurs, le dit seigneur roy de Secile entend que, pour ceste dicte année, ne soit aucune chose imposée des dits fraiz, mais seulement le principal, tendant tousjours a la descharge du peupple.

Et pour tant que touche la venue de mes dits seigneurs les commissaires, le dit seigneur, pour honneur et reverence du roy et amour de leurs personnes, les fera deffraier par tout son pays, eulx et leurs gens et chevaulx, et de ses propres deniers Et au regard des esleuz et greffiers, qui sont ses subgietz et créez en sa nominacion, il les requerra que, pour ceste année, ilz se contentent de leurs gaiges ordinaires sans prendre tauxacion de la dicte taille; et pense le dit seigneur que ceulx qui scevent la neccessité du peupple en seront contens pour ceste foiz.

Et au regart des receveurs pour la dicte taille, semble au dit seigneur qu'il en suffira par tout le dit pays; et que pour ceste année ils pourront servir sans gaiges, veue la neccessité du peupple. Et si mes dis seigneurs les commissaires sont advertiz d'aucun qui soit homme traictable et vueille faire ce plaisir au païs, il l'aura bien agréable. Sinon le dit seigneur offre de bailler homme solvable et receant que le roy commectra; qui, pour la pitié et compassion du dit peuppple, fera la recepte sans gaiges; et sera sa 'personne bien agreable au roy.

Et pour ce que le roy, pour la responce à l'un des articles derreniers à luy baillez par le dit seigneur de Monbason, qui touche la charge du païs, a fait bailler par escript au dit seigneur que, quant ses commissaires viendroient ou païs pour imposer la taille, ilz feroient informacion sur les dites charges: requiert et prie icelluy seigneur à mes dis seigneurs les commissaires que eulx et les esleuz aillent par le pays pour en congnoistre la necessité; et ilz verront à l'œil le piteux estat en quoy sont les pouvres subgietz du dit païs. Et le dit seigneur deffraiera les dits commissaires de ses propres finances.

Et au regart de la traicte d'Anjou, dont semblablement le dit seigneur a fait requeste au roy qu'elle fust abatue, à quoy a esté respondu que le roy fera prendre informacion si elle fait telle charge et dommaige au païs que portent les mémoires du dit seigneur; requiert le dit seigneur que, par mes dis seigneurs les commissaires, qui sont gens bien aggreables au roy, soit faicte la dicte informacion. Et le dit seigneur leur fera bailler le double des articles autres foiz baillez au roy pour le faict de la dite traicte, ès quelz sont declairez les inconveniens et dommaiges qui viennent au pays par moïen d'icelle. Et sont prestz les dits memoires à quant les dits commissaires vouldront entendre

VI.

(REMONTRANCES DU ROI DE SICILE AUX COMMISSAIRES ROYAUX, TOUCHANT LE PAYS ET LES CHARGES.)

En l'année qui est finie au darrain jour de decembre CCCCL, le païs d'Anjou, d'un et d'autre cousté de la riviere de Loire, a porté descharge pour la taille des gens d'armes, avecques les fraiz, environ LX mil francs.

Item en la taille du roy, comprenant le rabés de V mil francs que le roy de Secile y a fait, a monté en principal et en ses fraiz plus de XVII mil francs. En la maniere que messeigneurs les commissaires du roy veulent besongner pour ceste année, c'est assavoir de imposer la moitié de la taille du roy, montera en fraiz et en tout environ IX mil francs.

La taille des gens d'armes du cousté devers Poictou, qui sont LXXX lances, veulent imposer en la maniere de l'année passée, dont le principal et fraiz monte environ XXXI mil V cent francs.

La taille de LX lances, ou cousté où estoit la frontière, veulent faire imposer par LX lances, qui montera en principal et en fraiz environ XXIII mil V cent francs.

Et en la maniere que le roy de Secile vieult faire besongner, qui est le faire imposer par tout le general du païs, le paiement de CXL lances, qui monte pour ung an LII mil IX cent XX livres; en celle mesme taille faire imposer pour le dit seigneur, en la rescompense de la moitié de la taille du roy, la somme de V mil francs, le pays ne porteroit tout le principal sans y mectre aucuns fraiz, LVII mil IX cent XX livres.

Ainsi appert que la maniere du dit seigneur vient à descharge de son peupple plus que celle de messeigneurs les commissaires du roy de VI mil LXXX livres.

Et en oultre, en ne faisant que ung seul impost, le peupple gaingnera de descharge en commissions, quictances generalles et menues, execucions et autres, comme peine et travail des collecteurs et aultrement en plusieurs manières; qui se pourroient dire par estimacion, plus de IV mil francs.

Par quoy appiert clerement que le païs sera supporté en ceste maniere de IV mil francs ou environ plus que en l'autre, et aura le roy le paiement de CXL lances, comprins les IV mil francs des quintes; qui est tout ce qu'il demande par taille ou dit pays pour ceste année. Et le roy de Secile, pour la pitié du peupple, combien que de LVIII mil francs il n'en ait que V mil francs, pour obéir en sera content.

VII.

(OBSERVATIONS DU ROI DE SICILE ET DE SON CONSEIL TOUCHANT L'ASSIETTE DES TAILLES.)

Après ce que le roy de Secile a sceu la commission et charge donnée par le roy à maistre Guy Bernard, arcediacre de Tours, et Mathieu Beauvarlet, receveur général, ses conseillers, touchant l'assiette des tailles ou dit païs d'Anjou pour ceste année, commançant au premier jour de janvier CCCC cinquante, qui est en effect :

De mectre sus en la porcion du païs d'Anjou devers Poictou la soulde et paiement de LXXX lances, avecques les fraiz en la fourme et manière que en l'année darrenier passée ;

De mectre aussi en celle porcion de païs, par autre impost et commission, la moitié de la taille appellée la taille du roy, telle qu'elle s'est levée en la dicte année passée avecques les fraiz ;

Et aussi de imposer, le tout par eulx et les esleuz, en la porcion du dit païs qui souloit contribuer aux appatiz, la soulde de LX lances avecques les fraiz, qui est ès deux contrées de pays le paiement de CXL lances fournies ;

Le dit seigneur roy de Secile, par deliberacion de son conseil, la matière bien debatue pour y donner execucion à l'entencion du roy et descharge du pays, a avisé ce que s'enssuit :

Premierement que la division et separacion de son païs d'Anjou, — c'est assavoir pour avoir fait le temps passé pour les gens d'armes deux impostz d'un mesme pays, c'est assavoir ung deçà Loire et l'autre delà Loire, — ou quel n'a que troys ellections, a esté de grant préjudice et dommaige au dit païs : parce que equalité et quantité n'a pas esté gardée entre les subgietz, et seroit encore plus ceste foiz si la manière de faire en estoit continuée.

Item a esté advisé, pour le bien et descharge du païs, puisque c'est le plaisir du roy qu'il porte en ceste dicte année le paiement de CXL lances et que autre moderacion ne se y est faicte, que l'impost se face par icellui pays en général, tant deçà que delà la rivière de Loire, et par une commission; en baillant à chascune des dictes troys ellections sa cocte et porcion du paiement des dictes lances: qui monte en tout LII mil IX cent XX livres par an, comprins les IV mil livres pour la recompense des quintes; en quoy le roy ne peut avoir interest de diminucion, mais s'en pourra mieulx et plus aiséement recouvrer le dit payement par le dit pays, par plusieurs raisons.

Item au regart de la moitié de la taille nommée la taille du roy, qui appartient au dit seigneur par don du roy, pour ce que la mectre sus par ung autre impost et assiete seroit de grant charge au peupple, tant en commissions, quictances generalles et particulieres, execucions et autres choses qui en deppendent, qui monteroit plus de IV mil livres tournoys; et aussi de mectre collecteurs par chascune des dictes tailles, en chascune mesme taille que deux: pour les dictes causes et autres, a esté avisé par le dit seigneur que, avecques la taille des gens d'armes et par une mesme commission, se imposera une porcion de la dicte moictié de la taille du roy, la maindre que bonnement faire se pourra eu regart à la neccessité du peupple; sur la quelle porcion pourra le dit seigneur faire des rabés és lieux où il verra estre à faire, ainsi qu'il a fait l'année passée.

Item en tant que touche touz fraiz, pourceque le dit seigneur scet quelle charge c'est a ses subgietz et le bruit qui en est entre les gens de touz estatz du dit pays, a esté advisé que pour ceste foiz ne seront mis aucuns fraiz pour l'imposer, cuillir ne lever la dicte taille; mais seulement sera imposé le principal, c'est assavoir pour les dictes CXL lances, la dicte somme de LII mil IX cent XX livres, et telle porcion sur la moictié de la dicte taille du roy qui sera advisée pour le dit seigneur.

Item et pour ce que les dits fraiz, quant ilz se mectent, touchent les commissaires, esleuz, greffiers et receveurs, chascun pour sa porcion, advise le dit seigneur de donner aus dictz commissaires de ses propres deniers, pour leur deffray, la somme de.., pour tousjours descharger et entretenir le peupple.

Au regart des eslenz et greffiers, qui sont touz ses subgietz et demourans en son pays, il les fera contens et en prent la charge sur luy pour ceste foiz.

Item pour tant que touche les receveurs, qui ont acoustumé d'estre quatre, a esté avisé qu'il en suffist d'un pour faire la recepte, qui y servira par luy et ses commis sans gaiges. Et si les dits commissaires ont advisé aucun bien faictable pour ce faire, le dit seigneur l'aura bien a plaisir pour la dicte descharge du pays; et sinon le dit seigneur roy de Secile offre a en bailler ung au roy, bien receant et sa personne agreable au roy: qui pour le bien du peupple prendra celle charge sans gaiges, et fera bon le paiement des dictes CXL lances à qui il plaira au roy le ordonner.

Si requiert et prie le dit seigneur les dits commissaires que en la manière dessus dicte, qui est fondée en la descharge et rabés du peupple, vueillent eulx et les esleuz besongner: ce que le dit seigneur tient qui sera bien agreable au roy, veu ce qu'il aura demandé, et tout soubz son auctorité, comme raison est; contre la quelle le dit seigneur ne vouldroit riens faire ne penser, mais l'acroistre à son povoir, ainsi que luy et ses predecesseurs ont fait le temps passé. Et si les dits commissaires dient qu'ils n'ont povoir de besongner autrement que selon leur commission, en vueillent aviser le roy avant que proceder plus avant: où le dit seigneur envoiera devers luy pour celle cause, et luy faire entendre les choses qui le meuvent, qui sont toutes fondées en la descharge du peupple.

Et soit bien noté pour la conclusion, en besognant en ceste matère en la maniere que entend le dit seigneur roy de Secile, le pays sera deschargié de VIII ou IX mil frans plus qu'il ne seroit a besongner ainsi que portent les puissances des dits commissaires; et ne perdra aucune chose le roy sur le paiement des dictes CXL lances.

VIII.

(APPOINTEMENT ENTRE LE ROI DE SICILE ET LES COMMISSAIRES.)

Depuis les advis baillez aux commissaires du roy pour le roy de Secile, pour tousjours faire devoir et obeir au roy, a esté content des choses qui s'enssuivent :

Que les coctes et porcions de la somme de LIII mil frans pour le paiement de CXL lances soient faictes presentement par les commissaires et esleuz sans aucuns fraiz. Et offre le dit seigneur ordonner pour les dits commissaires a chascun cent escuz d'or, et les leur bailler de ses propres deniers; et avec les autres officiers appoincter en maniere qu'ilz soient contens. Et entend le dit seigneur que les dictes porcions se facent en general pour les troys ellections du pays.

Et au regart de la recepte pour les dictes lances, ainsi que le dit seigneur a offert, il offre encore, si les dits commissaires n'ont homme qui en prengne la charge sans gaiges, d'en nommer ung agreable au roy, receant et solvable, qui fera toute la recepte bonne aux termes de la dicte commission, et en baillera bonne et suffisant caupcion.

Et en tant que touche la taille du roy, pour la moitié, montant VIII mil frans, que le dit seigneur a advisé, pour la descharge du peupple, estre mise avec la taille des gens d'armes et par une commission, pour telle porcion que le dit seigneur y vouldra prendre, il est content que dès a present se facent par les diz commissaires et esleuz les cotes et porcions d'icelle taille jusques aus dits VIII mil frans sanz fraiz, par tout le general du dit pays, pareillement que la taille des gens d'armes; et que l'impost particulier des dits VIII mil frans soit sourcis avec l'anvoy des commissions jusques à XII jours, pendant le quel temps le dit seigneur envoyera de ses gens devers le roy. Et si c'est son plaisir que les dictes deux tailles se placent par une commission pour la descharge du pays, comme requiert le dit seigneur, se face par les dits commissaires et esleuz.

Faict et appoinctié en la presence du roy de Secile, des dits commissaires et eslenz et autres gens du conseil du dit seigneur, ou chasteau d'Angiers, le VIIIe jour de janvier, l'an mil CCCC cinquante.

IX.

(RÉPARTITION DES TAILLES PAR ÉLECTIONS.)

S'enssuivent les coctes et porcions avisées sur la somme de LXI mil livres tournois qui sont a imposer par le general du païs d'Anjou ès troys ellections d'Angiers, Saumur et Loudun : c'est assavoir de LIII mil frans pour le payement de CLX lances, et VIII mil frans pour la moitié de la taille du roy, appartenant par don du roy au roy de Secile; le tout pour ung an, commençant le premier jour de janvier mil CCCCL, et sans imposer aucuns fraiz mais le principal seulement.

XXXVII mil V cent livres.
Creu de VII cent livres tournoys.

{ ANGIERS et l'election entiere, pour leur porcion de CXL lances, XXXIII mil V cent livres ; pour leur porcion de la moitié de la dicte taille du roy, IV mil livres.

VII mil V cent livres.
Creu de II cent livres tournoys.

{ SAUMUR, pour la taille des dits gens d'armes, V mil IX cent livres ; pour la taille du roy, mil VI cent livres.

XVI mil livres.
Rabessé de mil livres.

{ LOUDUN, pour les dits gens d'armes, XIII mil VI cent livres ; pour la dicte taille du roy, II mil IV cent livres.

Somme toute des dictes troys elections : LXI mil (livres), hors touz fraiz.

Fait à Angiers par maistres Guy Bernard arcediacre de Tours, et Mathieu Beauvarlet receveur general du roy, commissaires du roy, et les esleuz des dictes troys ellections d'Angiers, Saumur et Loudun, le VIII⁰ jour de janvier mil CCCC cinquante.

X.

LETTRES CLOSES ENVOIÉES PAR LE ROY NOSTRE SIRE AU ROY DE SECILE (1).

DE PAR LE ROY.

Tres cher et tres amé frere, nous avons reçu voz lettres, par le sire de Loué (2) et maistre Jehan Fournier, et ouy bien au long ce qu'ilz nous ont dit et remonstré de par vous : qui est en effect comment les gens des troys estatz du pays d'Anjou sont venuz devers vous, pour vous requerir que voulsissiez faire en maniere envers nous que la Traicte des vins d'Anjou fust par nous abatue et abolye; et que certaine ordonnance qui naguere avoit esté faicte sur le fait des Aides, par laquelle les juges ordinaires en avoient la cognoissance en aucuns cas, feust entretenue et gardée.

Quant au premier point, touchant le fait de la dicte traicte, nous sommes, comme savez, en nostre voyage et loing des marches de par de là, et n'avons pas avec nous les genz de noz finances, par lesquelx en ce cas nous vouldrions conseillier : et pour ce ne voyons moyen convenable que puissions bonnement donner provision qu'elle n'ait son cours pour ceste année; mais pour l'année a venir, après ce que aurons parlé a vous et que vous aurons remonstré ce que en ceste matiere fait a remonstrer, serons contents d'en faire a vostre plaisir. Et pour ce que les dits sire de Loué et Fournier nous ont parlé des abuz qui se font au fait de la dicte traicte, par les fermiers d'icelle et leurs commis, ou préjudice des marchans et autrement, nous mectrons peine d'y donner telle et si convenable provision que les ditz abus cesseront.

(1) Ibid, fol. 132.

(2) Guy de Laval, chevalier, sire de Loué, conseiller et chambellan du roi René, qui le choisit pour un des exécuteurs de son testament.

Au regart du fait des dictes aides, nous avons fait mectre la chose en grant deliberacion de conseil, et avant que y ayons voulu toucher, en avons eu l'oppinion des gens de noz comptes, des generaulx de la justice a Paris, et autres noz officiers; et par le conseil et oppinion de tous eulx, y a esté besongné et ordonné par nous en la manière que pourrez veoir par la coppie de noz lettres patentes que avons sur ce commandées et ordonnées. Et pour le présent n'y povons bonnement autrement pourveoir, ainsi que ces choses avons dictes bien a plain aus ditz sire de Loué et maistre Jehan Fournier, pour les vous rapporter de par nous.

Donné a Cleppie, près Feurs en Fourez, le sixiesme jour d'octobre (1).

Ainsi signé : CHARLES.

J. de La Loere.

(1) En l'année 1432.

LA CHAPELLE

ET

LES STATUES

DE LA BARRE

PRÈS ANGERS.

1657 — 1664.

MARCHÉ POUR LA CHAPELLE. (1)

Le 19ᵉ jour d'octobre 1657, a été convenu entre les prieur, religieux et couvent de l'abbaye de Saint Nicolas lès Angers, d'une part, et maître Michel Le Manceau, architecte maçon, d'autre part, qu'en conséquence de la conclusion capitulaire des dits religieux, en date de ce jour, le dit Le Manceau s'est obligé et oblige par ces présentes, quoiqu'elles ne soient que sous seing privé, sauf à les faire recevoir par

(1) Archives de la Préfecture.

notaire royal toutes fois et quantes, de faire bien et duement bâtir, construire et garantir une chapelle, en ce qui est de son métier et son art, dans le lieu de La Barre, paroisse Saint Nicolas, dépendant de l'Aumônerie de la dite abbaye, et dans l'endroit qui lui sera montré et désigné, et la rendre faite et parfaite dans la fin du mois de mai prochain. Et laquelle chapelle sera de trente pieds de long sur seize pieds de hauteur, depuis l'aire jusques au dessous de la corniche d'arase. Et au devant de la dite chapelle y sera élevé une aiguille de pignon, garnie de rondelis; et aux deux côtés du dit pignon y sera fait deux vases jetant des flammes. Au dessus de l'aiguille y sera fait une croix sortant d'un vase ou piédestal, et aux trois autres côtés de la dite chapelle régnera une corniche de dix pouces de hauteur sur neuf pouces de saillie. Seront faits des piliers boutans par le dehors et des pilastres par le devant, ès lieux marqués dans le dessin, les dits pilastres ornés de bases, chapiteaux ioniques, architraves, frises et corniches au dessus, suivant le dit ordre; sur les quelles corniches du dit ordre doivent être posés les arrachements des voûtes d'arrête ou arcs doubleaux; aux quels arcs doubleaux seront faits des quarts de rond aux deux côtés, et aux clefs des voûtes y sera réservé du bossage pour y faire des ornements. Sera pratiqué sous une des croisées une fenêtre renfoncée dans le mur, qui aura de largeur deux pieds et demi et de hauteur trois pieds.

Les fondements seront creusés, aux dépens dudit entrepreneur, de six pieds de profondeur; et s'il faut fouiller plus bas de six pieds, ce sera aux frais des dits prieur et religieux. Fera la porte de la chapelle d'architecture d'ordre composite; dans le renfoncement du fronton et dans la frise, les ornements, lesquels, avec toutes les conditions rapportées de l'autre part et par le présent acte, seront entièrement conformes au dessin et au crayon qui en a été fait par ledit Le Manceau, demeuré par devers les dits religieux, et le quel, pour cette fin a été paraphé et signé de part et d'autre, afin d'y avoir recours.

Et pour faire tout ce que dessus et fournir généralement tout ce qui sera nécessaire pour la construction de ladite chapelle, à savoir chaux, sable, pierre et tuffeau, échafaudages, ceintrages et généralement, comme dit est, de tout ce qui est de son métier, sera payé au dit Le Manceau, pour chacune toise du dit bâtiment, la somme de douze livres et demie, tant plein que vide et sans déployer aucune architecture. Et lui sera donné, en faveur des présentes, deux pistoles de denier à dieu; et pour le paiement de la dite chapelle, lui sera fait à quatre termes et à proportion que la besogne s'avancera ; et fin de besogne, fin de paiement.

Fait et passé au dit lieu de La Barre, les dits jour et an que dessus, sous seing privé du dit prieur et père P. Landevy et François Denyau, prêtres religieux, députés nommés dans ladite conclusion pour l'effet des présentes, et aussi sous le seing-privé du dit Le Manceau.

Si l'on fait l'ordre tout entier avec l'architrave, frise et corniche, il est nécessaire de mettre au dessus de la dite corniche un dais des deux tiers ou saillie entière de la dite corniche : à celle fin que l'arrachement des voûtes ne soit point caché, ains qu'il soit découvert.

MARCHÉ POUR L'AUTEL ET LES STATUES.

Nous soussignés les prieur et religieux de l'abbaye Saint-Nicolas lès Angers, d'une part, et Pierre Biardeau, statuaire, demeurant en la paroisse de la Trinité d'Angers, d'autre part, confessons avoir cejourd'hui fait et accordé le marché qui s'ensuit. C'est à savoir que nous prieur et religieux avons agréé un dessin d'autel, à nous fait et présenté par le dit Biardeau, pour être fait et construit au lieu où il lui sera désigné, en la paroisse Saint-Nicolas ; le quel dessin, fait sur une feuille de parchemin, est conforme aux hauteurs et largeurs de la taille de notre dite chapelle ; et icelui autel sera élevé, fait et conduit en tous ses corps et arrière corps, architectures, ornements, ainsi qu'il est formé et désigné en le dit dessin : en témoignage de quoi nous l'avons paraphé pour y avoir recours.

Et le susdit autel sera bâti de pierre blanche des carrières de Montsoreau, enrichi de quatre colonnes, de deux pilastres carrés, et des tables marquées au piédestal et en l'amortissement et sous le port des figures ; les dites colonnes et deux pilastres de hauteur de six pieds. Et icelles colonnes, pilastres et tables seront de marbre des carrières de Sablé ; le tout poli en toutes les faces qui se pourront voir.

Plus sera fait trois degrés de pierre de rairie, pour monter à l'autel ; les quels degrés les deux premiers traverseront toute la largeur de la dite chapelle, et le troisième joindra la table de l'autel et sera de longueur d'icelle et de trois pieds de distance de la dite table ; et chaque pas aura un pied et six pouces de hauteur de montée. Et les vides qui se trouveront au défaut du pied de pas seront faits, remplis et parés par messieurs les prieur et religieux ainsi qu'il leur semblera bon, cette partie étant à leurs frais.

Plus sera fait toutes les figures désignées et marquées en icelui dessin. Premier sera fait la figure du Père Eternel, à mi-corps, avec les enfans angelots et les nues y attachées ; Etoffé les nudités peintes en couleur de chair, les vêtements de blanc poli, les doublures de couleur pourpre glacé sur or, les nues de gris blanc.

Plus sera fait la figure de la Sainte Vierge, tenant son petit Jésus prenant une croix à lui présentée par un ange ; la dite figure de Vierge les nudités de couleur de chair ; les vêtements de blanc poli, les bords d'or poli, les doublures de fond d'azur orné de fleurons liés les uns aux autres.

Plus deux anges de genouil, l'un présentant une croix et l'autre une couronne et des clous ; les dits anges étoffés les nudités couleur de chair, les draperies de blanc poli, les bords d'or poli, les doublures à fond orangé gazé d'or poli, façon de drap d'or, et les ailes de blanc mat.

Plus deux figures des apôtres Saint Jean et Saint Jacques ; étoffés les nudités en couleur de chair, les vêtements de blanc poli, les bords d'or poli, les doublures à fond d'azur gazé d'or, l'aigle doré d'or.

Plus sera obligé le dit Biardeau de peindre le fond de l'arcade du dit autel en façon de ciel, avec des nues, et de dorer les chapiteaux des pilastres et colonnes de marbre marquées dedans le dit dessin.

Plus sera obligé le dit Biardeau de livrer et poser les dites figures, faites de terre recuite, étoffées comme dit est, ès lieux où elles sont désignées en le dit dessin, à ses propres coûts, frais et dépens, comme aussi toutes les autres choses nécessaires pour faire le dit autel, et ce dans le temps de quinze mois prochainement venant.

Plus sera obligé le dit Biardeau, outre ce qui est compris dans le dessin, de faire deux culs-de-lampe pendants aux deux clefs des voûtes; les quels culs-de-lampe seront dorés, avec armes ou chiffres au revers des feuillages.

Plus sera dans le fond du trèfle qui est dessus la porte de la dite chapelle un *Nom de Jésus* avec ornements convenables; plus sera sur la porte du jardin un panier avec des fruits et leurs feuillages.

Toutes les quelles choses ci-dessus spécifiées s'oblige et promet ledit Biardeau faire et fournir; au moyen de quoi nous prieur et religieux de la dite abbaye nous avons promis, promettons et nous obligeons, sur tous et chacuns des biens et revenus de notre dite abbaye, de bailler et payer, pour toutes les choses ci-dessus, au dit Biardeau ou les siens, la somme de deux mille quatre cens livres tournois, quatre pipes de vin, quatre setiers de bled méteil, quatre charretées de bois de chauffage, son logement au lieu et maison de La Barre pour le temps et exécution des dits ouvrages. Et sur le présent marché lui sera donné et avancé la somme de trois cens livres tournois, à valoir et déduire sur la somme de quatre cens livres; et les autres paiements se feront de temps à autre, et le dernier à la livraison du total du dit ouvrage. Et pour les quatre pipes de vin, lui seront livrées dans huit jours; et pour les quatre setiers de bled, accordé qu'il lui en sera donné deux présentement, et les deux autres à la fin de la besogne.

Toutes lesquelles choses ci-dessus nous avons voulu, voulons et consentons qu'elles soient pleinement tenues et exécutées tant de part que d'autre, à peine de tous dépens, dommages et intérêts.

Fait sous nos seings privés, en notre dite abbaye, ce 5ᵉ mars 1659. P. LANDEVY, J. DE GOUBIZ, F. DENYAU, BIARDEAU.

Cejourd'huy 30ᵉ juin 1664, avons compté avec monsieur Biardeau, sculpteur, de la somme que lui pouvions devoir, pour et à cause du marché ci-dessus de l'autel de La Barre avec lui marchandé. Et se trouve par l'issue du quel compte que ledit sieur a reçu la somme de treize cens quarante et deux livres, comme appert par ses acquits : au moyen de quoi ne lui seroit plus dû que la somme de mil cinquante et huit livres, dont lui a été livré présentement tradat sur le sieur Coignard, marchand, à valoir sur plus grande somme due par le dit sieur Coignard; au moyen du quel tradat et payement en conséquence, et de ce que les espèces, bled, bois et vin spécifiées au dit marché lui ont été fournies, le dit sieur Biardeau et nous demeurons quittes généralement jusques à ce jour.

Fait sous nos seings, ledit jour et an que dessus : J. DE GOUBIZ, F. DENYAU, BIARDEAU.

Au moyen du compte ci-dessus, je reconnois que monsieur le prieur m'a remis en main tous les acquits concernant icelui compte, et ce à ma prière. Fait ce jour 30ᵉ juin 1664, BIARDEAU.

MÉMOIRE

SUR LA

GÉNÉRALITÉ DE TOURS

EN 1783,

PAR M. HARVOIN,

RECEVEUR GÉNÉRAL DES FINANCES (1).

La généralité de Tours, une des plus considérables du royaume, tant par son étendue que par la masse d'impôts qu'elle fournit à l'état, est composée de trois belles provinces, la Touraine, l'Anjou et le Maine.

La Touraine comprend les élections de Tours, d'Amboise, de Loches, de Chinon, de Richelieu et de Loudun.

L'Anjou comprend les élections d'Angers, de Saumur, de Montreuil-Bellay, de Chateau-Gontier, de Baugé et de La Flèche.

Le Maine comprend les élections du Mans, de Mayenne, de Laval, et de Château-du-Loir.

(1) Archives Nationales, K 1143.

La partie de la Touraine qui avoisine les grandes routes et les rivières est de la plus grande beauté, de l'aspect le plus riant, et très féconde : ce qui vraisemblablement a fait donner à cette province le surnom de Jardin de la France. Mais lorsque l'on s'écarte à cinq ou six lieues de droite et de gauche et que l'on pénètre dans l'intérieur, l'on ne trouve plus que ce que l'on rencontre le plus souvent partout ailleurs : un mélange de terrain bon, médiocre et mauvais, et une culture en proportion de la valeur de la terre.

La capitale de cette province était autrefois le centre d'un commerce très étendu. Tours, digne émule de Lyon dans la fabrication des étoffes de soie pour les ameublements, comptait dans son enceinte un nombre considérable de métiers en activité, et faisait une très grande consommation des soies qui se recueillaient presque en totalité dans sa banlieue et son territoire.

Aujourd'hui une vingtaine de métiers, épars dans quelques masures des faubourgs, occupent ou plutôt font végéter une très petite quantité d'ouvriers. Il faut regarder cette branche de commerce comme totalement perdue : c'est à l'administration à déterminer ce qu'il y a à faire pour la rétablir. Il serait presqu'impossible de la rétablir avantageusement, parce que les marchands, tant étrangers que nationaux, que ces manufactures étaient dans l'usage de fournir, ont contracté l'habitude de se pourvoir ailleurs; habitude qu'ils ne pourraient quitter qu'en rencontrant un bénéfice beaucoup plus considérable, qui tournerait alors au détriment des manufactures et à la ruine totale de ceux qui voudraient tenter de les relever.

La population de la ville de Tours se ressent bien de l'engourdissement et de l'inertie où se trouve plongée l'industrie. Cette capitale pourrait renfermer dans son sein trois fois plus d'habitants qu'elle n'en a, sans paraître surchargée. Que l'on juge du coup d'œil qu'offrent des quartiers vastes, des rues spacieuses, où il n'y a aucun mouvement, point de circulation, et où l'aspect de la désertion se présente à chaque pas.

Les regrets sont encore plus sensibles, lorsque, séduit par la position riante et délicieuse de la ville, frappé des objets de décoration et d'embellissement qu'on rencontre en arrivant, soit par le pont de la Loire, soit par le pont du Cher, on s'attend à trouver une population, une activité, un commerce florissants, une aisance générale qui en est la suite; et qu'au contraire, une fois dans l'enceinte, on est frappé du silence qui y règne, et tenté de demander au premier habitant que l'on rencontre, si les citoyens sont sortis de leur ville pour quelque fête extérieure.

Il est à présumer que feu M. Du Cluzel, intendant de la province, ainsi que MM. l'Escalopier et Lavalette, ses prédécesseurs, ont été convaincus de l'impossibilité de remonter les manufactures et le commerce, puisqu'animés du bien général et de l'avantage particulier du chef-lieu de leur généralité, ils n'ont fait que de légères tentatives pour y parvenir. Leur réputation, l'estime générale dont ils ont joui, les regrets que leur perte a occasionnés, ne permettent pas de douter qu'ils n'aient fait tout ce qui était en eux pour assurer la réussite de leurs vues bienfaisantes, qui n'ont point été couronnées de succès.

Il paraît très douteux que l'on puisse jamais arracher les Tourangeaux au sommeil léthargique dans lequel ils sont accroupis depuis longtemps, et qui a pour eux un charme inexprimable.

Un vice très dangereux, qui existe dans presque toute la généralité de Tours, c'est la mauvaise confection des Rôles des Tailles. MM. les intendants ont employé une infinité de moyens pour tâcher d'obvier aux inconvéniens graves qui en résultent; mais leurs tentatives ont toujours été sans fruit. M. Du Cluzel avait essayé de faire faire les rôles par des commissaires intacts et dont la réputation fut à l'abri du soupçon; mais le peu de succès de cette entreprise l'avait dégoûté, et depuis nombre d'années il s'était abstenu d'en nommer.

Il serait de la dernière importance que l'administration s'occupât sérieusement de rectifier les abus de cette espèce, d'où il résulte la surcharge des pauvres cultivateurs et des malheureux journaliers. L'industrie est étouffée par l'injustice de la répartition, tandis que les gros cultivateurs et les forts laboureurs ne payent que ce qu'ils veulent.

Si la répartition était une fois établie sur les bases de l'équité et de la justice, on peut assurer avec confiance que la perception deviendrait alors très facile dans presque toute la généralité, et qu'elle se ferait presque sans frais; les impositions, quoique fortes, n'excédant point les facultés des redevables.

Un objet non moins intéressant que celui dont on vient de parler, est la confection des Rôles des Vingtièmes. Le travail en est mal fait, et la refonte totale est indispensablement nécessaire à l'époque de la cessation du troisième vingtième.

Presque tous les receveurs particuliers des finances de la généralité se trouvent forcés, pour remplir leur traité avec le receveur général, de faire des avances considérables sur la partie des vingtièmes, tant à cause de la confusion qui règne dans les rôles et qui nécessite des lenteurs dans la perception, que par leur trop grande facilité à accorder des délais aux nobles et privilégiés. On peut assurer avec vérité qu'il est difficile de trouver, dans aucune généralité du royaume, des receveurs particuliers qui gagnent plus légitimement leur gratification que ceux de la généralité de Tours.

Les pluies abondantes et continuelles, qui ont occasionné presque partout des débordemens considérables, au commencement du printemps dernier, semblaient devoir menacer plus particulièrement la généralité de Tours, vû la grande quantité des rivières qui l'arrosent. Les malheurs qui en sont résultés sont heureusement bien au-dessous de ce que la renommée en avait publié dans l'origine. On aura la plus scrupuleuse attention à faire connaître successivement, en parlant de chaque élection, celles qui ont souffert de ces inondations.

Les maladies épidémiques, qui ont régné dans toute la France depuis l'excessive chaleur et la sécheresse étonnante de l'été de 1781, avaient paru céder pendant l'hiver; mais elles se sont manifestées de nouveau pendant l'été de 1782, et se sont soutenues dans toute leur violence pendant l'automne. On se rappellera que l'été 1782 a été très pluvieux et généralement froid.

Les récoltes se sont ressenties du dérangement des saisons. Les bleds ont été presque partout d'une mauvaise qualité; les fruits, dont le peuple fait un usage immodéré, sans s'inquiéter s'ils sont parvenus ou non à leur point de maturité, se sont trouvés de la plus pernicieuse espèce. De là on a vu renaître les dyssenteries, les fièvres putrides, pourprées et malignes avec plus de violence que jamais; et c'est avec bien de la douleur qu'on est obligé de dire que toute la généralité de Tours a souffert considérablement et éprouvé une grande mortalité d'autant plus affligeante qu'elle s'est portée sur les chefs de famille, dont la perte est partout bien sensible, et particulièrement dans la classe précieuse des citoyens dévoués à la culture des terres. Il faut espérer que la bonne qualité des denrées de cette année fera disparaître le fléau qui afflige cette malheureuse généralité.

Les récoltes avaient au printemps dernier, la plus belle apparence. L'été a été chaud et assez constamment beau; ainsi, il y a lieu de croire que tout va se rétablir dans l'ordre ordinaire, et que le prix du pain, qui l'année dernière était de mauvaise qualité et porté à un prix trop fort, retombera à un prix modique et sera sain.

On ne peut voyager sur les grands chemins de la Touraine, les plus beaux du royaume, et qui peuvent soutenir la comparaison avec ceux du Languedoc et avec ceux de la généralité d'Auch, qui ont immortalisé feu M. d'Etigny, intendant de cette généralité, sans être pénétré de reconnaissance des soins suivis et constants que les administrateurs ont pris de cette partie si intéressante pour le commerce en général, et en particulier pour le transport intérieur des denrées de première nécessité.

ÉLECTION DE TOURS.

L'élection de Tours est bornée au nord par celle de Château-du-Loir, à l'Orient par celle d'Amboise, au midi par celle de Loches et une partie de celle de Chinon, et à l'occident par une partie de celle de Saumur et une partie de celle de Baugé.

Elle est composée de 92 paroisses.

Le sieur Barré, commis à la recette générale des finances pour l'exercice impair, et receveur particulier pour le même exercice, est un homme de beaucoup de mérite, et digne de la confiance et de la considération dont il jouit. Il suit ses recouvrements avec exactitude, mais sans accabler les peuples par des poursuites extraordinaires. Les frais sont très modiques. Les garnisaires sont payés sur le pied de 30 s. par jour; et l'on tient la main à ce qu'ils ne se fassent pas nourrir par les collecteurs qui les emploient, ou par les redevables chez lesquels ils vont en contrainte.

L'élection de Tours, quoique traversée par les deux plus grandes rivières de la province, la Loire et le Cher, n'a éprouvé aucun dommage conséquent des inondations du printemps.

On voudrait pouvoir dire la même chose des maladies épidémiques, qui y ont fait un ravage considérable et causé beaucoup de mortalité.

M. Genty est à la tête des bureaux de l'intendance depuis nombre d'années. Nommer les administrateurs qui lui ont donné leur confiance, c'est faire de lui le plus bel éloge et le mieux mérité.

On ne saurait trop rendre hommage aux soins que M. Du Cluzel avait apporté dans le soin de ses subdélégués. Toutes les voix s'accordent sur leurs lumières et sur leur intégrité.

La partie d'administration de l'élection de Tours est confiée au zèle de M. Picquault.

M. l'ingénieur en chef des ponts et chaussées jouit de la plus grande réputation, et la mérite à toute sorte de titres.

M. Ratier est trésorier des troupes.

Le pain de la première qualité est à 3 sous, celui de la seconde à 2 s. 6 deniers, et le pain noir à 2 s. 3 d.

ÉLECTION D'AMBOISE.

L'élection d'Amboise est bornée au nord par une partie du Vendômois et du Blaisois, à l'ouest par une partie de la généralité d'Orléans, au midi par l'élection de Loches, et à l'occident par celle de Tours.

Cette élection est composée de 48 paroisses, savoir : 15 en deçà de la Loire, 21 entre la Loire et le Cher, et 12 au delà du Cher.

Le territoire de cette élection est généralement bon. Les seules paroisses qui avoisinent l'élection de Loches sont moins bien partagées : cependant le recouvrement des impositions s'y fait avec facilité et avec peu de frais.

Le sieur Guérin, receveur particulier des finances, tient sa comptabilité très en ordre, et s'acquitte avec éloge des fonctions de sa charge. Son domicile est au château d'Amboise; mais comme les abords en sont pénibles et difficiles, il a un bureau en ville, pour la commodité de ceux qui y ont affaire.

L'élection d'Amboise n'a pas souffert des inondations du printemps; mais les maladies épidémiques y ont fait beaucoup de ravages, et moissonné une grande quantité de chefs de famille.

Les frais de recouvrement se font par la voie de garnisaires, qui sont payés à raison de 30 s. par jour. Ils se font nourrir par les collecteurs tout le temps qu'ils sont employés. Ils sont autorisés à en agir ainsi par les officiers de l'élection, ce qui est un très grand abus, de la plus dangereuse et de la plus ruineuse conséquence.

On rappelle ici ce que l'on a déjà dit précédemment pour toute la généralité, touchant les vices qui se rencontrent dans la confection des rôles des tailles et des vingtièmes. On se dispensera d'en parler dorénavant, pour éviter les répétitions.

M. Fournier, président de l'élection, réunit la subdélégation de cette élection. Il paraît homme de mérite et très instruit.

Le bled de la récolte de 1782 a été de mauvaise qualité, et s'est soutenu à un prix très fort.

Le pain de la première qualité est à 2 s. 9 d., celui de la seconde à 2 s. 3 d., et le pain noir à 2 s.

ÉLECTION DE LOCHES.

L'élection de Loches est bornée au nord par celle d'Amboise, à l'orient par le Berry, au midi par une partie du Poitou, et à l'occident par l'élection de Chinon.

Cette élection est arrosée par la rivière de l'Indre, qui n'est pas navigable dans tout son cours. Elle se jette dans la Loire à une extrémité de l'élection de Chinon.

La ville de Loches est située sur les bords de cette rivière, qui la divise en deux parties.

L'élection est composée de 75 paroisses.

Les recouvremens ne s'y font pas avec facilité; et au 5 mai dernier, les frais sur les impositions ordinaires montaient déjà à 480 livres, et sur les vingtièmes à 50 livres.

Le sieur Vigé de Jolival, receveur particulier des finances, était à cette époque en arrière de ses traités, quoique en règle sur sa recette effective.

Il y a huit garnisaires d'employés pour le recouvrement des impositions, à raison de 40 s. par jour; mais il leur est défendu de se faire nourrir par les collecteurs ou les redevables.

Les frais ne tombent jamais sur les grosses cottes, quoiqu'arriérées; les collecteurs préférant de les supporter, plutôt que d'encourir la haine des riches contribuables.

Les rôles sont encore plus mal faits dans cette élection que dans les autres. Les collecteurs sont dans l'usage de les faire faire par des personnes qu'ils paient à raison d'un sol six deniers par cotte. Lorsqu'ils ne savent pas écrire, ils se font accompagner dans leur recouvrement par des écrivains, qu'ils paient pour émarger leurs rôles.

Il y a des disproportions considérables dans les rôles; mais on ne peut obvier à cet inconvénient, les habitants ne voulant pas faire de déclarations les uns contre les autres.

Les rôles des vingtièmes sont faits sur ceux des anciennes années. Les cottes n'y sont point divisées, surtout dans le rôle de la ville, qui n'en contient qu'environ 300 quoiqu'il y ait plus de 1,500 contribuables. Le rôle d'industrie ne porte que sur 3 ou 4 contribuables, au lieu d'une vingtaine qui devraient y être compris. Les offices et droits ne sont pas mieux divisés. On sent combien le recouvrement de ces impositions est difficile.

Il n'y a point eu d'inondations dans cette élection, mais les récoltes de l'année dernière ont été mauvaises.

M. Nau, président de l'élection et subdélégué de M. l'intendant, jouit de l'estime et de la considération générales.

Le pain de première qualité est à 2 s. 10 d., celui de la seconde à 2 s. 3 d., et le pain noir à 2 s.

ÉLECTION DE CHINON.

L'élection de Chinon est bornée au nord par celle de Tours, à l'orient par celle de Loches, au midi par portion de celle de Loudun et partie de celle de Richelieu, et à l'occident par celle de Saumur.

Elle est arrosée, dans sa partie septentrionale, par la Loire et le Cher qui s'y embouche; dans sa partie occidentale par l'Indre, qui se joint à la Loire au Port-d'Ablevois; et enfin dans sa partie méridionale par la Vienne, qui se jette dans la Loire à l'extrémité des confins de l'élection, auprès d'une petite ville appelée Candes.

Chinon est situé sur la Vienne.

Le voisinage de quatre grandes rivières exposait cette élection, plus que toute autre, à la fureur des eaux débordées ; aussi a-t-elle infiniment souffert des inondations du printemps. Un quart des paroisses qui la composent a perdu considérablement ; un autre quart a éprouvé des dommages, mais moins graves. Une île, formée par la Loire et la Vienne, qui contient neuf paroisses, a été la plus maltraitée. Une immensité de maisons ont été renversées. Les récoltes ont été abîmées, et une très grande quantité de pruniers ont été déracinés. Cette perte se sont fera sentir d'autant plus longtemps que les fruits sont l'objet du gros commerce de l'élection, et que d'ici à nombre d'années on ne peut espérer de le rétablir.

Un fléau plus cruel encore que celui des inondations, puisqu'il se perpétue plus longtemps, est celui des maladies épidémiques. Cette élection en souffre beaucoup. Huit paroisses en ont été attaquées plus particulièrement, et en ont éprouvé des effets plus cruels. La moitié des habitants de chacune d'elles en a été affectée, et la moitié des chefs de famille y a succombé.

L'élection est composée de 66 paroisses, y compris les trois quarts de la ville. Les recouvremens s'y font si difficilement que le sieur Gaulier, receveur particulier des finances, n'a point encore soldé l'exercice 1781, déduction faite de l'avance dans laquelle il se trouve sur l'exercice 1783. Il est le seul receveur de la généralité qui fasse autant de frais. On a vu avec douleur qu'à l'époque du 21 mai dernier, ils montaient déjà à 1,600 livres. On lui doit la justice de dire qu'il a fait ses efforts pour abonner les paroisses de son élection ; mais jusqu'à présent il n'a réussi que vis-à-vis d'une seule. Il emploie pour son recouvrement dix-huit garnisaires, à raison de 40 s. par jour.

Dans cette élection comme dans celle de Loches, les collecteurs aiment mieux supporter les frais, que de les faire payer aux gros débiteurs arriérés. Le receveur particulier ne se croit point en droit, pour faire cesser cet abus, d'envoyer directement la garnison chez eux.

M. Picherot est subdélégué de M. l'intendant.

Le pain de première qualité est à 2 s. 9 d., celui de la seconde est à 2 s. 6 d., et le pain noir à 1 s. 9 d.

ÉLECTION DE RICHELIEU.

L'élection de Richelieu est bornée au nord et à l'orient par l'élection de Chinon, au midi par le Haut-Poitou, et à l'occident par une partie de l'élection de Loudun et par le Bas-Poitou.

Cette élection, éloignée de rivières considérables et qui n'a que des ruisseaux dans tout son territoire, aurait dû se trouver à l'abri des inondations du printemps et des malheurs qui en sont résultés; cependant elle en a éprouvé toutes les rigueurs. Les productions en ont cruellement souffert, et particulièrement les chanvres, qui font un objet majeur de commerce. Elle n'a pas été moins maltraitée par les maladies épidémiques, et par la mortalité qui a attaqué les chefs de famille.

L'élection de Richelieu fait un commerce assez considérable en grains et en eau-de-vie, principalement avec la ville de Nantes. La guerre ayant rendu ses enlèvemens plus difficiles et plus rares, le commerce est ralenti depuis quatre ou cinq ans. Pour qu'il reprenne son activité, il faut que les négocians de Nantes aient trouvé le placement de ses denrées, dont leurs magasins sont remplis.

Cette élection est composée de 78 paroisses. Les recouvremens s'y font avec assez de facilité, et les frais ne montent qu'à environ 500 livres par exercice. Les receveurs particuliers des finances emploient sept garnisaires, qui sont payés sur le pied de 30 s. par jour, et nourris par les collecteurs. Ces garnisaires ne marchent jamais que sur la réquisition des collecteurs, qui sont poursuivis par les receveurs, par voie d'huissier, lorsque le cas y échoit.

Les sieurs David frères, qui sont pourvus chacun d'un office de receveur particulier des finances, et qui possèdent ces offices dans leurs familles depuis la création de l'élection, jouissent de l'estime et de la considération générales, et les méritent. Leur comptabilité est tenue dans le plus grand ordre.

M. Julian est subdélégué de M. l'intendant.

Le pain de la première qualité est à 2 s., et le pain bis à 1 s. 6 d.

ÉLECTION DE LOUDUN.

L'élection de Loudun est bornée au nord par une partie de celle de Saumur et une partie de celle de Chinon, à l'Orient et au midi par celle de Richelieu, et à l'Occident par une très petite partie de celle de Montreuil-Bellay et par la marche de Poitou.

Cette élection, par sa position, n'est pas exposée aux inondations, n'ayant presque que des ruisseaux qui la traversent; aussi ne se plaint-on pas que celles du printemps y aient causé aucun dommage. Il n'en est pas de même des maladies épidémiques qu'elle a essuyées l'année dernière. Heureusement que ces maladies n'étaient point mortelles, et qu'elles n'ont occasionné qu'une perte de temps considérable pour ceux qui en ont été attaqués.

Cette élection est composée de 47 paroisses, y compris celles de la ville.

Les collecteurs font les rôles, et ont la plus grande attention à n'imposer que très légèrement les gros propriétaires et à faire supporter le fardeau de l'impôt aux plus petites cottes: aussi peut-on dire en vérité qu'il faut que les peuples de cette élection ne soient pas surchargés, puisque, malgré l'inégalité atroce de la répartition, les recouvrements se font presque sans aucuns frais.

Le receveur particulier des finances n'emploie pas de garnisaires. Il n'a qu'un seul huissier, qu'il fait marcher quand la nécessité le requiert.

Les collecteurs ne veulent point entendre parler d'abonnement, et il est impossible de leur faire comprendre l'avantage considérable qu'ils en retireraient.

Le commerce de cette élection consiste en vins, en eaux-de-vie et en grains.

Les filles de cette élection, jalouses de conserver leur liberté, n'entrent jamais en service. Elles s'occupent à fabriquer de grosses dentelles, dont on fait avec les îles un commerce d'à peu près 100,000 francs par an.

Le sieur Chartier de Langés, receveur particulier des finances, est un homme honnête et doux, qui tient ses journaux dans le plus grand ordre et sa comptabilité parfaitement en règle.

M. Poirier est subdélégué de M. l'intendant.

Le pain blanc vaut 2 s. 6 d., et le pain noir 1 s. 9 d. On sent que ce taux est trop fort; mais il est la suite des mauvaises récoltes de l'année dernière.

ÉLECTION D'ANGERS.

L'élection d'Angers est bornée au nord par l'élection de Château-Gontier, à l'orient par celles de Saumur et partie de celle de Baugé, au midi par celle de Montreuil-Bellay et partie de celle de Saumur, et à l'occident par le comté Nantois.

Cette élection, une des plus considérables de la généralité, est arrosée par la Loire, la Mayenne, le Loir, la Sarthe, et par une infinité de petites rivières telles que le Layon, l'Érôme, l'Aubance, etc. etc.

On sent combien cette situation précieuse est favorable pour le commerce et le débouché des denrées que fournit, en abondance et en excellente qualité, toute la province d'Anjou et particulièrement l'élection d'Angers. Les grains, les vins, les eaux-de-vie sont les principales productions, qui s'y recueillent en assez grande abondance pour suffire à la consommation intérieure et fournir à l'exportation.

La ville d'Angers, située sur la Mayenne, à deux lieues au dessus de son embouchure dans la Loire, devrait être le centre d'un brillant commerce et d'une grande activité. Il y a peu de villes de l'intérieur qui aient un site plus favorable pour le trafic de mer, plus de facilité pour l'importation et l'exportation. Les habitants négligent ces précieux avantages et préfèrent l'indolence dans laquelle ils sont élevés aux soins et au travail assidus que nécessiteraient des entreprises majeures et des spéculations hardies. Privée d'énergie, la génération actuelle végète, comme a végété celle qui l'a précédée et comme végétera celle qui lui succèdera.

L'industrie des habitants d'Angers se borne à l'exploitation lente et paresseuse de quelques carrières d'ardoise, dont les environs de la ville abondent et qui pourraient être d'un grand rapport si les bras ne manquaient pas; à la vente des bestiaux, des bleds et des vins; à la fabrication de bas au métier et de quelques toiles peintes. Ces différents ateliers n'occupent que très peu d'ouvriers, vû le peu d'étendue des spéculations de ceux qui sont à la tête des manufactures, et leur défaut d'intelligence et d'activité pour se procurer le débit d'une plus grande quantité d'objets qu'ils pourraient faire fabriquer.

Un superbe établissement, qu'il faut distinguer et qui mérite les justes éloges de ceux qui l'ont détaillé dans toutes ses parties, c'est la Manufacture Royale des Toiles-à-voiles pour la consommation de la marine du roi.

M. de Sainte James, trésorier général de la marine, à qui appartient cette manufacture, n'a rien négligé de tout ce qui pouvait donner à cet établissement la splendeur et l'utilité qu'il rassemble. Des bâtiments considérables, où sont repartis par ordre les différents ateliers, depuis la première préparation des chanvres jusqu'à l'entière fabrication des voiles, offrent à l'œil observateur et curieux le tableau satisfaisant de la vigilance et de l'activité. L'humanité laborieuse peut trouver dans cette manufacture, depuis l'age de dix ans jusqu'à la vieillesse, des ressources certaines contre l'oisiveté, et la misère qui en est la suite. Plus de huit cents ouvriers de tout âge sont journellement employés, tant dans cette manufacture que dans une autre semblable qui en dépend et qui est située à... (1.), village de l'élection d'Angers.

(1) Le nom est en blanc. Il s'agit sans doute de Beaufort.

L'humanité du propriétaire ne se borne pas à assigner à chaque ouvrier qu'il emploie un salaire honnête et proportionné à sa force et à son travail. Sa bienfaisance veille à la conservation de la santé des citoyens précieux qu'il occupe. Persuadé que la bonne nourriture en fait la base la plus solide, il n'y a pas de jour où, par ses ordres, il ne se fasse une distribution de bon bouillon, pour tremper la soupe de toute la colonie renfermée dans l'enceinte de la manufacture. Que de bénédictions ne mériteraient et n'obtiendraient pas tous les gens riches, s'ils s'occupaient davantage à purifier la source de leurs richesses en les faisant filtrer par les canaux de la bienfaisance ?

Mais est-il à craindre que la consommation des toiles l'éprouve beaucoup de diminution et ne mette dans la nécessité de réduire considérablement la quantité des ouvriers, attendu que le nombre des vaisseaux du roi qui tiennent la mer est très limité pendant la paix.

On peut conclure, d'après ce que l'on vient de dire, que la ville d'Angers, avec plus de moyens encore que celle de Tours, se trouve dans une inaction à peu près semblable ; que la population y est très faible, en proportion de ce que son enceinte pourrait comporter d'habitants, et des ressources qu'offre son territoire en denrées de première nécessité dont la qualité répond à l'abondance.

L'élection d'Angers est composée de 227 paroisses. Les recouvremens s'y font avec beaucoup de facilité. Le sieur Blanchard de Pegon, qui réunit les deux offices de receveur particulier des finances, jouit de l'estime et de la considération générales. Il les mérite assurément bien par la douceur et l'honnêteté de ses mœurs, les connaissances utiles et agréables qu'il sait allier, et l'intelligence avec laquelle il remplit les fonctions qui lui sont confiées.

Sa comptabilité est dans le plus grand ordre, et il est toujours en avance de ses traités. Ce n'est pas assurément qu'il fatigue les peuples par ses poursuites, et qu'il multiplie les frais ; puisque pour tout l'exercice 1781, ils n'ont monté qu'à 300 livres, et qu'au 1er juin 1783, ceux faits pour cet exercice n'étaient que de 72 livres. Il est dans l'usage d'employer pour son recouvrement trois chefs de garnison, qui opèrent par commandement, comme font les huissiers, et qui sont payés sur le pied de 3 livres par jour.

On est assez content, dans cette élection, du travail du sieur Beugnet, contrôleur des vingtièmes; et les rôles y sont moins mal faits que dans la majeure partie de la généralité.

M. de la Marconnais est subdélégué de M. l'intendant.

L'élection d'Angers n'a pas beaucoup souffert des inondations ni des maladies épidémiques; mais la mauvaise qualité et le peu d'abondance des bleds ont fait monter le pain à un prix beaucoup trop fort. Au 1er juin 1783, le pain blanc coutait 3 s.; le pain bis, 2 s. 9 d.; le pain noir 2 s. 6 d.

ÉLECTION DE SAUMUR.

L'élection de Saumur est bornée au nord par l'élection de Baugé, à l'orient par celle de Chinon, au midi par une partie de celle de Loudun et une partie de celle de Montreuil Bellay, et à l'occident par celle d'Angers.

Cette élection est arrosée par la Loire, sur le bord de laquelle est situé le chef-lieu, par la Dive, le Layon, etc.

Elle a beaucoup souffert des inondations. Les quartiers bas de la ville de Saumur ont été très endomagés; plusieurs maisons ont été renversées en totalité ou en partie.

Cette élection est composée de 85 paroisses, y comprises celles de la ville et des faubourgs.

La ville de Saumur et les cinq paroisses qu'elle renferme sont tarifées. Les droits du tarif portent sur la viande, sur le vin, sur le foin et sur le bois.

La ville de Doué, qui fait partie de l'élection, est aussi tarifée. Son tarif porte généralement sur tous les objets de consommation, à l'exception du bled.

Il n'y a dans toute l'élection que les paroisses tarifées qui soient abonnées et qui payent sans aucuns frais. Le recouvrement dans les autres paroisses ne paraît pas aussi facile et nécessite des frais qui, année commune, montent à 900 livres. On emploie aux recouvremens douze garnisaires, qui sont payés à raison de 22 s. par jour, compris le logement. Les collecteurs ne les nourrissent pas. Le recouvrement des frais se fait sans être taxé, les officiers de l'élection se refusant à le faire. Ils se contentent seulement de décerner et de taxer deux commandemens par exercice, lesquels se font par le ministère d'un huissier.

Les rôles des vingtièmes sont parfaitement bien faits dans cette élection. L'on y estime beaucoup le contrôleur actuel.

M. Delaage est receveur particulier des finances.

M. de Bagneux est subdélégué de M. l'intendant.

On ne se plaint pas beaucoup du ravage des maladies épidémiques dans cette élection. Le bled y est à un prix moins fort que dans celle d'Angers. Le pain blanc vaut 2 s. 6 d.; le pain bis 2 s., et le pain noir en proportion.

ÉLECTION DE MONTREUIL-BELLAY.

L'élection de Montreuil-Bellay est bornée au nord par celle d'Angers et une partie de celle de Saumur, à l'orient par une autre partie de celle de Saumur et portion de celle de Loudun, au midi et à l'occident par le Bas-Poitou.

Elle n'est arrosée par aucunes rivières considérables; aussi n'a-t-elle point souffert des inondations. Cette élection est composée de 57 paroisses, qui presque toutes sont du Poitou (1). Les rôles y sont assez bien faits par les collecteurs, et le recouvrement y paraît facile. On y emploie cinq garnisaires, qui sont paiés à raison de 20 s. par jour, et 2 s. pour le gîte. Les collecteurs ne les nourrissent pas. Les frais, qui sont très modérés et qui ne passent pas 250 livres à peu près par exercice, sont supportés par les petits redevables et par les colecteurs, qui préfèrent cette charge per-

(1) Pour le spirituel, c. a. d. dépendant de l'évêché de Poitiers et de celui de la Rochelle, qui en était un démembrement.

sonnelle au danger d'encourir l'animosité et la haine des gros contribuables, qui sont arriérés et jamais poursuivis. La quotité de la solde des frais est faite par M. l'intendant.

Il est de la plus grande nécessité de renouveler les rôles des vingtièmes, et particulièrement celui de la ville. Il y a plus de trente ans que ces rôles n'ont été refaits ni corrigés, ce qui met tous les ans le préposé en perte sur la recette. Il n'y a que six mois qu'il y a un contrôleur des vingtièmes dans l'élection.

La ville de Cholet, célèbre par la fabrique de toiles qui porte son nom, et par le commerce considérable qu'elle fait, semblait mériter la préférence sur Montreuil-Bellay pour tenir le rang de chef-lieu d'une élection. La toile de Cholet, connue partout, n'est pas la seule que l'on fasse dans cette ville. On y en fabrique de la très belle, lorsqu'on la commande, et elle le dispute alors en beauté et en durée à la toile de Chateau-Gontier et de Laval; mais l'habitude où l'on est de ne tirer de Cholet que des toiles communes et à bon marché fait, que très rarement on y demande des toiles de belle qualité, et que le peu qui s'en débite est acquis par des gens de la province, instruits de la qualité et de la beauté de celles qui s'y fabriquent lorsqu'on en donne commission.

Le sieur Guyet, receveur particulier des finances, est un homme très honnête.

M. Guenyveau est subdelegué de M. l'intendant et président de l'élection.

Les maladies épidémiques n'ont point fait beaucoup de ravages dans cette élection; mais le bled y est à un taux trop fort. Le pain blanc vaut 2 s. 8 d.; le pain bis 2 s., et le pain noir 1 s. 8 d.

ÉLECTION DE CHATEAU-GONTIER.

L'élection de Chateau-Gontier est bornée au nord par celle de Laval, à l'orient par celle de la Flèche, au midi par celle d'Angers, et à l'occident par la Bretagne.

La Mayenne traverse cette élection et sa capitale; c'est la seule rivière considérable qui arrose son territoire.

Les inondations du printemps n'ont point causé de dommages, mais les pluies abondantes ont beaucoup retardé les semences.

La ville de Chateau-Gontier fait un commerce très considérable de toiles et d'étamines. Les qualités en sont aussi belles que celles de Laval.

L'élection est composée de 69 paroisses.

Le sieur Budet est un ancien officier, qui prête son nom à madame la comtesse de Montecler, sa nièce, pour la conservation des offices de receveur particulier des finances. Le sieur Deslandes est reçu à l'élection sur la procuration du sieur Budet. Le bureau de ce commis est dans le plus grand désordre, de sorte qu'il n'a pas été possible de constater sa situation: ses journaux de 1781 comme ceux de 1783 sont encore en blanc.

Le receveur général dans sa tournée a vu, le 17 mai dernier, les officiers de l'élection, à qui il a fait remettre les journaux qu'ils avaient paraphés et qui sont en blanc, afin qu'ils rectifiassent les erreurs qu'ils ont commises eux-mêmes dans leurs procès-verbaux. Ils ont promis de tenir la main à ce que ces journaux fussent en règle au 1er août dernier, de les arrêter ensuite, et d'en user ainsi tous les mois. La besogne n'a pu être consommée à l'époque qu'ils avaient fixée; et par une lettre qu'ils ont écrite au receveur général dans le courant d'août, ils l'ont prévenu que l'ordre ne pourrait être totalement rétabli dans la comptabilité du sieur Deslandes qu'au 1er novembre prochain; mais qu'à cette époque tout serait dans la plus grande règle.

Le receveur général n'a pas caché à madame de Montecler les risques qu'elle courait par la négligence de ce commis, qui a promis de son côté que très incessamment tous ses registres seraient à jour. Lorsqu'une fois ce travail indispensable sera fait, on lui fera rendre compte à madame de Montecler de sa position vis-à-vis d'elle; car ce commis ne lui en a rendu aucun depuis quatorze ans qu'il a la gestion de la charge.

Il y a une douzaine d'hommes dans la ville de Chateau-Gontier qui se mêlent de faire les rôles des collecteurs, à raison d'un sou 6 deniers par cotte.

On emploie, pour le recouvrement, un chef de garnison qui ne fait que des commandements à raison de 15 s. chaque. Il en a été fait pour 393 l. dans le courant de l'exercice 1782. Il a été impossible de savoir du sieur Deslandes combien il y en avait eu de fait pour l'exercice 1783.

On est très content du travail du contrôleur des vingtièmes, qui a vérifié toutes les paroisses de l'élection et refait les rôles en conséquence.

M. Dublineau est subdélégué de M. l'intendant.

Le bled est à un taux très fort. Le pain blanc vaut 3 s.; celui de la seconde qualité 2 s., et le pain noir 1 s. 9 d.

ÉLECTION DE BAUGÉ.

L'élection de Baugé est bornée au nord par celle de la Flèche, à l'orient par celle de Tours, au midi par celle de Saumur, et à l'occident par celle d'Angers.

Cette élection n'étant arrosée par aucune rivière considérable est moins exposée que d'autres aux malheurs qu'entrainent les crues subites des eaux: aussi a-t-elle le bonheur d'échapper aux inondations du printemps.

En revanche les maladies épidémiques s'y sont fait sentir violemment l'année passée. Au mois de mai dernier elles régnaient dans quelques paroisses.

Il ne se fait dans cette élection aucun autre commerce que celui des noix, dont la vente produit année commune plus de 100,000 écus: tant il est vrai de dire que l'objet le moins conséquent devient quelque chose d'intéressant par sa multiplicité.

Une très grande partie du territoire de cette élection est en friches. On a fait des tentatives pour tâcher d'en tirer parti et en mettre une certaine quantité en valeur; mais le succès n'a pas répondu aux espérances, faute de bras et d'engrais.

Il y a quelques années que deux particuliers de Rouen avaient spéculé sur ces défrichemens, et obtenu de M. Lambert, conseiller d'état, 1,500 arpens de friches dans les paroisses de Mouliherne et d'Auverse. Leurs premières tentatives réussirent assez bien pendant deux ans, et ils firent des récoltes presque abondantes ; mais ensuite les terres cessèrent de rendre aucun produit, ce qui les força de renoncer à leur entreprise et d'abandonner 156,000 livres, que leur avait coûté leur spéculation. Ce n'est pas que M. Lambert ne leur eut fait la composition la plus avantageuse, puisqu'il ne s'était réservé que la onzième gerbe à commencer de la cinquième année.

L'élection de Baugé renferme beaucoup de forêts ; mais le défaut de rivières navigables enlève aux habitants les moyens de faire de leur exploitation une branche utile de commerce et une source de circulation.

Elle est composée de 80 paroisses.

Le recouvrement s'y fait avec assez de facilité, et les frais sont très modérés. Ils n'ont monté, pour toute l'année 1782, qu'à 305 livres.

Le receveur particulier des finances emploie cinq garnisaires, qui sont reçus à l'élection et taxés à raison de 20 s. par jour. Les collecteurs sont dans l'usage de les nourrir et de se servir d'eux pour émarger les rôles, la majeure partie de ceux qui passent à la collecte ne sachant pas écrire.

Le sieur Lenoir de La Motte a l'agrément des offices de receveur particulier des finances de cette élection ; mais comme sa minorité ne permet pas qu'il soit encore pourvu, le sieur de la Ferrière est commis, par arrêt, à l'exercice des charges.

La dame Lenoir de La Motte, mère du titulaire, veille elle-même à la gestion des offices et s'en acquitte avec toute l'intelligence et l'exactitude possible. Peu de comptabilité st tenue plus en règles que la sienne. Sa situation, vis-à-vis de la recette générale, est toujours conforme à ses traités. Elle a trouvé le moyen d'abonner toutes les paroisses de son élection à vingt-deux et à vingt-trois mois. Pour ne pas occasionner trop de perte de temps aux collecteurs par de fréquents voyages, elle leur a permis de ne venir au bureau que trois ou quatre fois l'année, ce qui nécessite de sa part de fortes et fréquentes avances. Il est bien heureux pour une élection d'avoir un receveur qui veille avec autant de soin à alléger aux contribuables le fardeau de l'impôt.

Beaucoup de receveurs en auraient la volonté, mais ils n'en ont pas les moyens.

M. Luciot est subdélégué de M. l'intendant.

Le prix du bled est à un taux énorme dans cette élection. Le pain blanc vaut 3 s. 1 d.; le pain de seconde qualité vaut 2 s. 7 d. à la ville, et 2 s. 6 d. à la campagne.

ÉLECTION DE LA FLÈCHE.

Cette élection est bornée au nord par celle du Mans, à l'orient par celle de Chateau-du-Loir, au midi par celle de Baugé et à l'occident par celle de Chateau-Gontier.

Elle est arrosée dans toute sa longueur par la rivière de Sarthe. Le Loir passe dans son extrémité méridionale.

La ville de La Flèche est située sur sa rive gauche. Ces deux rivières n'ont occasionné aucun dommage sensible dans les débordemens du printemps. On ne se plaint pas non plus que les maladies épidémiques aient causé aucun ravage.

L'élection est composée de 102 paroisses.

La Flèche, une des plus jolies villes qu'il y ait dans la généralité, est célèbre par le fameux collège qui y est établi et qui jouit de la plus grande réputation dans toute l'Europe. Les jésuites, qui étaient autrefois à sa tête, n'avaient rien négligé pour rendre ce collège florissant. Les bâtimens, les cours, les jardins, les décorations sont multipliés avec profusion. Il y a des villes dont la surface n'occupe pas plus de terrain que l'enceinte entière de cette maison d'éducation. Les revenus qui y sont attachés sont très considérables. Ce sont aujourd'hui des prêtres de la doctrine chrétienne qui sont à la tête de ce collège. Cet établissement entraîne une très grande consommation, et procure aux paroisses des environs de la ville un débouché assuré pour leurs denrées.

Les marchés qui se tiennent toutes les semaines à la Flèche sont très considérables. On y voit entre autres une infinité de bestiaux de toute espèce, qui s'y commercent facilement.

L'abondance des prairies nécessiterait qu'il y eût toujours un régiment de cavalerie, pour procurer la consommation des fourrages. Le départ des carabiniers s'est fait sentir plus sensiblement dans cette élection que dans celles d'Angers, de Saumur et de Chinon ; parce que dans ces dernières ils ont été remplacés par des régimens de cavalerie ou de dragons, et que celle de la Flèche est la seule où il n'y ait pas eu de remplacement.

En général il est aisé de s'apercevoir que l'aisance règne parmi les habitans de la campagne : aussi les recouvremens se font ils avec la plus grande facilité. Les frais ne sont presque rien, et il est arrivé au sieur Bodin, receveur particulier, de faire des exercices entiers sans qu'il y en ait eu pour un sou. On ne saurait trop faire l'éloge de l'humanité, de la probité et de la bonne gestion de ce receveur, qui est chéri, considéré et respecté dans toute son élection. Ses registres sont tenus dans le plus grand ordre, et ses engagemens avec la recette générale observés scrupuleusement.

M. Chaubri, chevalier de l'ordre du roi, son avocat au présidial, est subdélégué de M. l'intendant. Il jouit dans ces deux places de la meilleure réputation, et a mérité le surnom bien flatteur de protecteur et de père des pauvres.

Les mauvaises récoltes de 1781 et la mauvaise qualité des bleds de 1782, ont occasionné la cherté du pain qui existait encore au printemps dernier. La première qualité se vendait 2 s. 6 d. ; celui de la seconde valait 2 s.

ÉLECTION DU MANS.

L'élection du Mans est bornée au nord par une partie de la généralité d'Alençon et une portion du Haut-Perche, à l'orient par le Haut-Perche au midi par les élections de la Flèche et de Chateau-du-Loir, et à l'occident par les élections de Laval et de Mayenne.

Cette élection, la plus considérable de la généralité, est arrosée par plusieurs petites rivières qui y entretiennent la fécondité et l'abondance.

La principale rivière est la Sarthe. Il y a eu des inondations au printems qui n'ont pas causé de grands dommages. La paroisse de Fresnay-le-Vicomte est la seule qui ait souffert considérablement. Le pont de bois qui établit sa communication avec le Mans, a été emporté. Il a fallu beaucoup de temps pour rétablir la circulation, ce qui a occasionné à cette paroisse une perte réelle qui mérite considération.

Un malheur d'une autre nature a affligé la paroisse de Lignières-la-Doucelle. Un incendie considérable s'y est manifesté au commencement de cette année : quarante maisons ont été la proie des flammes. Heureusement que personne n'y a péri et qu'on est parvenu à sauver les récoltes ; mais tous les meubles et ustensiles ont été brûlés. Le dommage est estimé de 40,000 à 50,000 livres. Les particuliers incendiés supportaient 297 livres d'impositions.

Le commerce de l'élection, et plus particulièrement de la ville du Mans où il est très considérable, consiste en étamines, qu'on exporte soit au dedans soit au dehors du royaume ; en cire, dont on fabrique en abondance les bougies dites du Mans ; et enfin en volailles, qui sont renommées partout pour leur finesse, leur graisse et leur bonté.

Il se trouve aussi dans l'élection quelques forges, dont le rapport est fort avantageux.

344 paroisses composent cette élection. La ville du Mans en a 16, dont la capitation se perçoit par les receveurs particuliers des finances, et les vingtièmes par quatre préposés

Les rôles des vingtièmes y sont très bien faits. On doit leur correction aux soins et à l'intelligence du sieur Fromage, qui y était contrôleur. Le sieur Le Roy lui a succédé; mais comme il a eu ordre de passer à Baugé en la même qualité, il va être remplacé par le sieur Thevenin de Bois-le-Roy.

On ne saurait rendre trop de justice aux soins que le sieur Richard de Fonville, propriétaire des deux offices de receveur particulier des finances, a pris pour alléger aux contribuables de cette élection le fardeau des impositions. Son zèle a été couronné du succès le plus complet. Il est parvenu, à force de patience et de douceur, à faire abonner toutes les paroisses. Très peu manquent d'exactitude et de ponctualité aux termes de leur abonnement; et celles là seules supportent quelques frais, qui sont de la plus médiocre conséquence. Ils se font par la voie d'un huissier qui est payé à raison d'un écu par jour. On sentira le prix du service que le sieur de Fonville a rendu aux contribuables de son département, quand on saura et qu'on pourra s'assurer qu'autrefois les frais montaient par an à 10,000 francs et souvent davantage. Le sieur de Fonville est un excellent comptable, qui tient ses journaux dans le plus grand ordre et est dans des avances considérables vis-à-vis de la recette générale. Il a réuni un travail bien circonstancié des paroisses de son élection, fait en forme de cadastre; ouvrage qu'il serait bien intéressant de propager dans toutes les généralités du royaume, afin d'anéantir l'arbitraire, et de mettre les administrateurs à même de répartir la masse de l'impôt sur des bases fixes et invariables.

Lors de la tournée du receveur général, au mois de mai 1785, le sieur de Fonville était encore très malade : il sortait d'un état qui l'avait mis bien près du tombeau. Il est fort âgé, et exerce ses charges depuis fort longtemps. Sa retraite ou sa mort sera une perte sensible pour son élection: heureusement qu'il a monté le travail de façon que son successeur n'aura rien de mieux à faire que de suivre ses principes, et d'opérer à son exemple.

Il n'est attribué que 3 deniers pour livre aux receveurs particuliers, pour les cottes d'office dont ils font le recouvrement.

M. Prudhomme de la Poussinière est subdélégué de M. l'intendant.

Quoique le pain ne soit pas aussi cher que dans beaucoup d'autres élections de la même généralité, cependant le prix en paraît encore trop haut, eu égard au salaire que gagnent les journaliers des villes et de la campagne. Ceux des villes sont payés à raison de 20 s. par jour, et ceux de la campagne à raison de 15 s.

Le pain de la première qualité vaut 2 s. 6 d., et celui de la campagne 1 s. 6 d.

ÉLECTION DE MAYENNE.

L'élection de Mayenne est bornée au nord par l'Avranchain, à l'orient par l'élection du Mans, au midi par l'élection de Laval, et à l'occident par la Bretagne.

La Mayenne est la rivière la plus considérable qui arrose cette élection, qui n'a pas souffert des inondations; mais les pluies continuelles qu'il a fait au printems ont fait un tort notoire aux semences, et influé beaucoup sur les récoltes.

Il n'y a qu'un très petit canton de cette élection qui produise du froment. Le sarrasin est la denrée principale, et celle dont se nourrissent les habitans de la campagne.

L'élection est composée de 67 paroisses.

Le sieur Le Fèvre d'Argencé, receveur particulier des finances pour l'exercice pair, exerce par commission l'exercice impair, à la place du sieur de Jouvance, qui ne sera majeur que dans deux ans, et à qui l'office a été conservé au décès de son père par considération pour madame sa mère. Il est à désirer que le sieur de Jouvance se forme sur les bons exemples que lui donne le sieur Le Fèvre d'Argencé. On ne saurait trop faire l'éloge de l'intelligence, de la probité, de l'exactitude et des connaissances de ce receveur. Sa comptabilité est tenue dans le plus grand ordre. Il est toujours en avance sur ses traités, et cependant ménage avec le plus grand soin les contribuables de son élection. Pour en donner la preuve la plus convaincante, il suffit de dire qu'il n'y a point de garnisaires, et que les frais les plus forts qu'il fasse par exercice montent à 80 livres. De pareils citoyens sont bien précieux, et les administrateurs d'une province ne sauraient trop leur témoigner de considération et d'estime.

Le sieur d'Argencé réunit à tout ce qu'on vient de dire de son mérite, le bonheur intéressant pour ceux qui le connaissent d'être le chef d'une famille nombreuse, charmante et parfaitement élevée. M. Hocher de la Terrerie est subdélégué de M. l'intendant.

La première qualité de pain est à 2 s. 6 d.; la seconde à 2 s., et la troisième à 1 s. 6 d.

ÉLECTION DE LAVAL.

L'élection de Laval est bornée au nord par l'élection de Mayenne, à l'orient par celle du Mans, au midi par celle de Chateau-Gontier et à l'occident par la Bretagne.

Cette élection, ainsi que celle de Mayenne, a eu le bonheur d'être garantie des inondations du printemps. La rivière principale qui l'arrose et partage en deux sa capitale, est la Mayenne.

La ville de Laval est connue par son commerce considérable de toiles. Elle y réunit aussi celui des étamines. Ces deux branches font un objet de cinq à six millions de circulation par an, et occupent plus de 10,000 ouvriers.

Cette ville peut contenir 25,000 habitans. Elle est fort mal bâtie et encore plus mal pavée. Les rues en sont très étroites; les maisons très tristes et sans aucune distribution.

L'élection est composée de 64 paroisses.

Le sieur Coustard Du Plessis, receveur particulier des finances, est attaqué depuis longtemps d'une maladie dangereuse, dont on ne se flatte pas qu'il guérisse. Il désire ainsi que la dame Du Plessis son épouse, que sa charge passe à M. d'Aubert, leur gendre, qui est un homme dont on dit beaucoup de bien. La dame Du Plessis s'est toujours occupée de la gestion de l'office de son mari, même dans le temps où il jouissait d'une bonne santé. Depuis qu'il est devenu valétudinaire, elle est entièrement à la tête de ses affaires, et elle s'en acquitte avec toute l'intelligence et la sagacité possibles. Ses journaux sont tenus dans la plus grande règle, et elle est en avance vis-à-vis du receveur général.

Son recouvrement se fait presque sans aucuns frais.

Assez ordinairement ils n'excèdent pas 200 à 300 livres par exercice ; au 16 mai dernier il n'y en avait pas encore de faits pour l'exercice 1783.

Il n'y a pour les recouvremens qu'un seul chef de garnison, qui est nommé par les officiers de l'élection et payé sur le pied de 50 s. par jour, et un garnisaire à qui l'on donne 25 s.

La dernière récolte a été assez abondante, mais de très mauvaise qualité. Les habitans des paroisses qui avoisinent la Bretagne sont très pauvres, très malheureux et ne mangent que du mauvais pain.

M. de Ligonnière est subdélégué de M. l'intendant.

Le pain de la première qualité vaut 2 s. 6 d. ; celui de la seconde 2 s., et le pain noir 1 s. 6 d.

ÉLECTION DE CHATEAU-DU-LOIR.

L'élection de Château-du-Loir est bornée au nord par une partie de celle du Mans et une partie du comté de Dunois, à l'orient par une autre partie du comté de Dunois et une partie du Vendômois, au midi par une autre partie du Vendômois, et à l'occident par l'élection de la Flèche et une portion de celle du Mans.

Cette élection semble avoir pris son nom de la rivière du Loir, qui ne passe cependant qu'à son extrémité méridionale et à mille ou douze cent toises de son chef-lieu. Le reste de l'élection n'est arrosée que par de si petites rivières qu'elles ne méritent que le nom de ruisseaux. Les inondations du Loir n'ont causé dans cette partie d'autre accident que d'emporter le pont de communication de la grande route de Tours à Château-du-Loir. Le reste du territoire de l'élection n'en a pas éprouvé.

Cette élection est composée de 85 paroisses. Le recouvrement de la taille s'y fait avec la plus grande facilité; mais celui des vingtièmes éprouve beaucoup de lenteur, quoique les rôles soient très bien faits.

Le sieur Courcité, commis du receveur particulier des finances, est toujours en avance vis-à-vis de la recette générale, et ne fait presque jamais de frais. Il y a même eu des exercices où il n'en a été fait aucuns. Les journaux du sieur Courcité sont tenus avec beaucoup d'ordre, et il entend parfaitement la manutention qui lui est confiée.

On ne se plaint pas que les maladies épidémiques aient fait autant de ravages dans cette élection que dans le reste de la généralité.

M. Hardouineau occupe depuis longtemps avec distinction la place de subdélégué de M. l'intendant.

Le pain blanc est à 2 s. 6 d., le pain bis à 2 s. 1 d., et le pain noir à 1 s. 5 d.

FIN.

TABLE GÉNÉRALE

DES

CHARTES, MÉMOIRES

ET

AUTRES DOCUMENTS.

I.   CARTÆ DE REBUS ABBATIÆ MAJORIS MONASTERII IN
      ANDEGAVIA (1).   Pages.

    Cartæ de Carbaio. 1
    Cartæ de Liriaco. 15
    Cartæ de Relliaco. 28
    Cartæ de pedagiis et teloneis. 50
    Cartæ de Bessiaco. 60
    Cartæ de Camilliaco. 65
    Cartæ de Castro Celso. 68

(1) Supplément aux chartes des XIe et XIIe siècles qui sont conservées dans les archives de Maine et Loire.

		Pages.
	Carta de Dalmariaco.	73
	Cartæ de Monte Johannis.	74
	Carta de Poenceio.	77
	Carta de Sancto Quintino.	78
	Cartæ de Vern.	79
	Index cartarum.	85
	Appendix cartis.	89
II.	LES CITOYENS NOTABLES D'ANGERS EN 1310.	91
III.	EXTRAITS DE L'HISTOIRE DE L'ABBAYE DE SAINT-FLORENT PRÈS SAUMUR, PAR DOM JEAN HUYNES.	
	Les reliques de Saint-Florent, 1475-1498.	99
	L'abbé du roi et l'abbé des moines, 1501-1509.	122
IV.	TRÉSOR DES CHARTES (Archives nationales).	
	Table analytique des chartes d'Anjou.	153
	Table analytique des chartes de Craon.	220
	Table chronologique.	227
	Table alphabétique.	236
V.	CARTÆ DE FORTELICIA ANDEGAVIS.	
	De emenda et satisfactione dampnorum et deperditorum illatorum a rege Francorum, Ludovico IX, in ædificatione castelli, murorum et fossatorum, anno MCCXXXII°.	245
	De custodia et exercitibus civitatis Andegavensis.	253
VI.	CHARTES DU PONT-DE-CÉ, DE 1170 A 1291.	255
VII.	CHARTES CONCERNANT LA CHASSE, DE 1281 A 1321	271
VIII.	PÉAGE EXTRAORDINAIRE ÉTABLI SUR LA LOIRE ENTRE CANDES ET CHAMPTOCEAUX, DE 1370 A 1589	287

		Pages.
IX.	ORDONNANCES RELATIVES A LA POISSONNERIE D'ANGERS, EN 1408 ET 1469.	295
X.	DOLÉANCES ET REQUÊTES ADRESSÉES A CHARLES VII, ROI DE FRANCE, PAR LE ROI RENÉ, DUC D'ANJOU, POUR LA RÉDUCTION DES IMPÔTS, TAILLES, TRAITES ET AUTRES CHARGES, DE 1450 à 1452.	

Mémoires pour le fait du païs d'Anjou, faiz en la chambre des comptes à Angiers, et portez devers le roy à Tours, ou moys de novembre 1450, le roy de Secile estant au dit lieu. 305

Extraict abregié des humbles supplicacions et requestes que a faictes plus au long, au roy nostre sire, le roy de Secile duc d'Anjou, tant pour luy que pour la descharge du païs d'Anjou; et baillée aux gens du grant conseil du roy. 320

Responses faictes par le roy aux mémoires du roy de Secile, touchant le païs d'Anjou. 323

Response, par réplicque, du roy de Secile. 325

Nouvelles suppliques et requêtes du roi de Sicile. 326

Requêtes du roi de Sicile aux commissaires envoyés par le roi de France en Anjou. 329

Remontrances du roi de Sicile aux commissaires royaux, touchant le pays et les charges. 331

Observations du roi de Sicile et de son conseil, touchant l'assiette des tailles. 333

Appointement entre le roi de Sicile et les commissaires. 334

Répartition des tailles par élections. . . . 337
Lettres closes envoyées par le roy nostre sire au
  roy de Secile. 332
XI. LA CHAPELLE ET LES STATUES DE LA BARRE PRÈS ANGERS (1657-1664). 341
XII. MÉMOIRE SUR LA GÉNÉRALITÉ DE TOURS, EN 1783, PAR M. HARVOIN, RECEVEUR GÉNÉRAL DES FINANCES.
 Observations générales 347

TOURAINE.
- Election de Tours. 352
- Election d'Amboise. 353
- Election de Loches. 354
- Election de Chinon. 355
- Election de Richelieu. 357
- Election de Loudun. 358

ANJOU.
- Election d'Angers 359
- Election de Saumur. 362
- Election de Montreuil-Bellay. 363
- Election de Chateau-Gontier. 364
- Election de Baugé. 366
- Election de la Flèche. 368

MAINE.
- Election du Mans. 370
- Election de Mayenne. 372
- Election de Laval. 373
- Election de Chateau-du-Loir. 374

www.ingramcontent.com/pod-product-compliance
Lightning Source LLC
Chambersburg PA
CBHW060613170426
43201CB00009B/1006